뉴로맨틱 잉글리쉬

BOOK 1

New Romantic English

저자 **박우상 교수** (Dr. David)

DISCOVER MEDIA

뉴 로맨틱 잉글리쉬 Book 1

초판발행 2024년 8월 23일

저자 | 박우상
발행인 | 홍성주
편집/표지디자인 | 인컴

발행처 | 디스커버미디어
주소 | 서울특별시 서초구 마방로 10길 15, B동 711호
전화 | 02-525-8081
홈페이지 | https://drdavid.modoo.at
블로그 | https://blog.naver.com/drdavid1204
이메일 | discovermedia@naver.com

출판등록 제 2021-000083호 (2019년 10월 7일)

가격 26,000원 | **ISBN** 979-11-969503-2-3 (03740)

BOOK 1

뉴로맨틱 잉글리쉬

New Romantic English

영어 선생님들의 영어교수 저자 **박우상 교수 (Dr. David)**

DM
DISCOVER MEDIA

미국에서 오랫동안 미국인들에게 영어와 미국학을 가르치고 귀국하여 국내 영어교육계 최고 권위의 영어 감수자이자 자문위원 그리고 영어 선생님들의 영어 교수로서 대한민국의 글로벌 영어 교육을 리드해 온 박우상 박사 (Dr. David). 그가 미국에서 4반세기에 걸쳐 자료를 수집, 분석, 정리하고, 미국인들과 국내 영어 선생님들의 영어 교육에 사용하였던 텍스트를 국내 일반 독자들을 위해 재편집한 '뉴 로맨틱 잉글리쉬' (New Romantic English – Book 1, 2, 3)를 국내의 '디스커버미디어' (Discover Media)에서 출간하게 되었습니다.

'뉴 로맨틱 잉글리쉬'는 국내에서 초판이 발행되고 2015년에 개정판으로 발행되어 국내 영어교육계에서 호평과 찬사를 받은 '로맨틱 그래머 잉글리쉬' (2012)와 'Romantic Grammer)' (2015)에 더욱 풍부한 예문들과 해설, 배경 사회문화 해설, 그리고 관련된 사진들과 문제들을 크게 보강한 개정 증보판입니다. 이 책은 전 세계가 열광한 9편의 최고의 고전적인 사랑의 영화들 – Titanic (1997), The Notebook (2004), Love Story (1970), Groundhog Day (1993), Sweet Home Alabama (2002), Message in a Bottle (1999), Ghost (1990), A Walk to Remember (2002), The Bridges of Madison County (1995)-로부터 엄선된 명대사와 명장면들에서 사용된 영어 표현에 있어 주의할 발음, 단어, 숙어, 관용 표현, 구문, 문법, 어법과 용례들을 철저하고 명쾌하게 설명하고, 관련된 사회문화의 배경 설명을 곁들인 총체적 영어 학습서입니다. 이 책은 자료 수집, 분석, 정리, 집필에서부터 실제로 미국인들의 영어 교육에 사용되고 선생님들과 영어 전문인들의 연수와 심화 교육에 사용되기까지, 강산이 세 번 바뀌는 오랜 세월 동안 미국과 한국에서 철저하고 엄격한 준비와 사용과 검증을 거친 작품입니다.

이 책의 한 낱말 한 낱말에 대한 설명이나 어법과 예문 하나하나에 대한 해설에서, 독자 여러분은 완벽한 영어 구사력과 영어 해설뿐만 아니라, 영어 교육의 진정성으로도 정평이 있는 박우상 교수의 탁월한 지식과 지성과 감성을 느끼고 배우게 될 것입니다. 또 영어 교육과 학습에서 항상 '언어'적인 면과 '지성'적인 면을 동전의 양면처럼 함께 강조하는 박우상 교수의 예문들과 해설에 담겨 있는 인간과 세계에 대한 이해와 사랑, 영어권 사람들의 꿈과 희망, 기쁨과 용기, 실망과 슬픔을 통해, 영어로 표현된 삶과 문화와 그 세계를 통해, 독자 여러분은 살아 숨 쉬는 재미있고 즐거운 영어를 공부하게 됩니다. 따라서 여러분은 영어로 말하고 글을 쓸 때, 프레젠테이션을 하거나 연설/웅변을 할 때, 영어를 듣고 읽을 때뿐만 아니라 어떠한 영어 인증시험을 치를 때도 영어 소통 능력이 현저하게 발돋움한 모습을 보게 될 것입니다. 영어

지식과 정보와 영어 소통력을 지성과 비전의 차원으로, 그리고 더 나아가 삶의 예술로 승화시키고 세계 인들과 손잡고 세계를 리드하는 것을 영어 교육의 목표로 하는 박우상 교수의 '뉴 로맨틱 잉글리쉬'와 함 께 '디스커버미디어'에서 출판된, 또 앞으로 출판될 다른 주옥같은 작품들도 독자 여러분이 많이 사랑해 주시길 부탁드립니다.

'뉴 로맨틱 잉글리쉬' - Book 1, 2, 3의 독보적인 장점들

→ 주의할 발음으로부터 풍부하고 다양한 내용의 영단어, 숙어, 관용어구, 특수표현들의 철저한 설명

→ 타의 추종을 불허하는 다양한 구문 구조들과 문법 어법 사항들의 정확하고 명쾌한 해설

→ 국내 영어 학습서들에서 배울 수 없는 어구, 구문 구조, 문법/어법, 표현들의 격식성 (formal/ informal)과 스타일 (written/ spoken), 그리고 문맥과 인간관계/상황적 적절성의 (proper/ natural) 설명

→ 국내의 영어교육이 거의 가르치지 않는 용례 (usage)와 특정 문맥에서 함께 사용되는 어구들의 연어 (collocation)의 설명

→ 영어학자이자 미국학자인 저자만이 할 수 있는 단어, 숙어, 구문, 문법, 어법, 표현들의 균형 잡힌 사회문화적/역사적 배경 해설

→ 국내의 영어 학습서에서 찾아볼 수 없는 생생하고 완벽하며 다양한 예문들

→ 한국 영어교육이 극히 취약한 구어체 (spoken/ colloquial)와 비격식체 (informal style) 영어의 풍부한 사용

→ 585개의 어구, 표현, 구문, 문법/어법 사항들 간의 유사성과 차이의 명쾌하고 철저한 이해를 돕는 비교/대조의 교차참조 (cross-reference) 색인 (index)

일러두기 (이 책의 사용법)

주목! '뉴 로맨틱 잉글리쉬'에 사용된 모든 영어 예문들은 의미의 해석이나 자연스러운 한국어를 중심으로 번역되지 않고, 학습자들이 영어의 언어적 (어구에서 문법, 어법, 용례, 구문까지) 형태와 의미에 각별히 주목하게 함으로써, 학습자의 언어적 학습 효과를 최대한으로 높이기 위해 영어 원문에 충실하도록 번역되었습니다. 예를 들어 완료시제, 수동태, 관사 a와 the, 관계사절 등 많은 영어의 형태, 어법, 구문들을 영어 구사력의 최대한의 증진을 위해 자연스러운 한국어보다 영어적 어감을 최대한 살려 번역하였습니다. Punctuation (구두점)과 모든 문장부호들 또한 영어권의 표기 방식과 편집 기준을 따랐습니다.

주목! 미국에서의 영어 연구와 교육에 30여년을 바친 박우상 교수는 영어 학습에서 음의 듣기와 말하기를 언어 습득과 소통의 핵심으로 여깁니다. 이 책에서도 인쇄된 책의 한계에도 불구하고 수시로 한국인이 잘못 배우고 듣고 말하는 발음들을 바로 잡습니다. 학습자 여러분도 이 책에서 뿐만 아니라 영어 학습에서 정확한 음의 습득과 발음 그리고 음에 기반한 소통에 각별한 관심과 숙달을 위한 노력을 기울여 주시고, 박우상 교수의 온/오프라인 강의도 종종 시청하시면 크게 도움이 될 것입니다.

주목! 항상 "영어는 이해만으로 이루어지지 않는다."는 closing remark로 강의를 끝내는 박우상 교수의 주문대로, '뉴 로맨틱 잉글리쉬'를 포함한 모든 작품에 나오는 문장/표현들과 관련된 예문들을 독자 여러분께서 소리 내서 반복 또 반복해서 읽고, 또 종이에 손으로 써 볼 것을 절대적으로 권합니다. 박우상 교수의 해설은 대단히 step-by-step 친절하고 자세하여 쏙쏙 이해된다는 것이 독자분들의 이야기입니다. 그러나 그 이해가 정말로 훌륭한 output 영어, 뛰어난 구사력/소통력으로 구현될 수 있도록 주옥 같은 문장들과 예문들을 반드시 반복하여 소리 내어 읽어 주십시오.

주목!

이 책 안의 수많은 설명들을 따라 제시되는 동일한, 유사한, 반대되는, 또는 구별해야 하는 표현들, 구문, 문법, 어법 등은 각각 교차참조 (cross-reference) 번호가 괄호 속에 ( ) 붙어 있으며, 여러분의 학습 효과를 확실하게 향상시키기 위해 귀찮아하지 마시고, 이 교차 참조들을 자주 이용해 방금 학습한 항목의 이해를 더욱 넓고 깊고 명쾌하게 만들어 주십시오.

여러분의 학습 효과를 극대화하기 위해 박우상 교수께서 세밀하게 심혈을 기울여 만들어 제공한 것입니다. 그리고 각 권의 맨 뒤에도 그 cross-references가 색인 (index)으로 첨부되어 있습니다.

주목!

이 책에 나오는 표현들은 대단히 다양합니다. 예를 들어 조동사 will의 경우 (be going to의 경우도) 주어의 의지를 나타내는 경우, 말하는 이의 의지를 나타내는 경우, 주어에 관한 경향/성향, 주어에 관한 미래의 예견/예측의 어법이 각각 다수의 예문들을 통해 설명됩니다.

그 설명들 중에 각 어법의 핵심 의미/기능/스타일의 설명이 종종 동일한 것은, 독자로 하여금 중요한 어법을 반복 설명과 추가적인 예문들을 통해 완벽하게 마스터 하기를 돕기 위한 의도적인 것임을 알려드립니다.

주목!

이 책에 사용된 글쓰기와 편집의 기본 원칙과 스타일은 독자 여러분을 글로벌 영어 글쓰기와 편집에 적응시켜 드리기 위해 의도적으로 영어권의 전통과 권위가 있는 관행들을 따랐습니다. 괄호, 하이픈 (hyphen), 대쉬, 슬래쉬 (slash), 콜론과 세미콜론 등으로부터 외래어나 작품명 등의 이탤릭체 표기, 인용부호, 생략부호, 반괄호 번호의 미사용 등에 있어서 국내의 글쓰기와 편집 원칙과 다른 것들을 접하실 때 교육적 배려가 반영된 것임을 알려드립니다.

저자 소개

저자 박우상 교수 (Dr. David)는 서울대학교 영어교육과를 졸업하고 서울대학교 대학원과 미국 일리노이 대학교 (University of Illinois at Urbana- Champaign) 대학원에서 영어학을, 펜실베니아 대학교 (UPenn)과 시카고 대학교 (University of Chicago)에서 미국 정치학을, 그리고 위스컨신 대학교 (University of Wisconsin at Madison)에서 미국사와 미국법을 전공한 정통 영어학자이자 미국학자입니다. 미국 위스컨신대에서 resident scholar로 대단히 다양한 주제로 영어학과 미국사에 관한 강의와 강연을 하였고, 미국 영어교육 컨설팅사인 The Thomas Jefferson Institute 대표와 Greene Communications, Inc.의 Chief Adviser로 미국의 교육, 언론, 출판, 문학, 법률 기관과 회사들에 영어 커뮤니케이션 교육, 감수, 컨설팅을 하였으며, 저명한 미국학자들과 미국학 백과사전인 Dictionary of American History (전 10 권, 2003, Charles Scribners & Sons)를 공저하였습니다.

거의 30년간 미국에서 학업과 연구, 강의와 집필 등의 활동을 마치고 귀국한 박우상 교수는 국가영어능력시험 (NEAT) EBS-ECT 감수위원장과 R&D 센터장, 그리고 교과부, 한국개발연구원 (KDI) 및 다수 도/시 교육청과 교육과정평가원의 영어정책 자문과 영어출제 감수를 담당했으며, 초중고교 영어 교사/강사들의 영어연수 교수, 다수의 정부기관, 교육기관, 조직, 국제기업 등의 영어 감수 및 자문위원으로 활동해 왔습니다. 아울러 The Linguistic Society of America (미국 언어학회), The American Historical Association (미국역사학회) 등 다수의 영어학과 미국학 관련 학회의 정회원으로도 활동해 오고 있습니다.

또한 박우상 교수는 영어해설 칼럼니스트로 평화신문 (가톨릭, 미주판)에 '박우상 요한 박사의 복음영어' (Gospel English)를 2007년 이후 현재까지 매주 17년째 계속하여 800여 칼럼을 집필해 오고 있으며, 'Dr. David English 영어연구소'를 통해 영어 교사/전문인들 교육과 컨설팅, 영어 감수, 통번역 지휘, 저서 집필과 강의 활동 등을 하고 있습니다.

박우상 교수는 "**인간과 세계를 이해하고 사랑하는 영어교육, 꿈을 추구하고 실현하게 하는 영어교육, 나의 삶을 행복하게 하는 영어교육, 그리고 이웃에 봉사하고 세계에 기여하는 영어교육**"을 4대 모토 (motto)로 하는 'English Education with a Soul' (영혼을 가진 영어교육)을 추구하고 있습니다.

New Romantic English ①

박우상 교수 Dr. David 저서

Dictionary of American History
전 10권, 공저, 2003, 미국 Charles Scribners & Sons; Editor-in-Chief: Dr. Stanley Kutler

영한 상장 예식 (English-Korean Funeral Rites)
2008, 뉴욕: 평화신문 미주판

로맨틱 그래머 잉글리쉬 Romantic Grammar English
2012, Seoul: English House

Baby WordWorld, Supplemental Storybooks
2013, Orda Korea, 오르다, 전 13권

그래머 인사이트 Grammar Insights
2014, Yes English

로맨틱 그래머 Romantic Grammar
2015, Yes English, '로맨틱 그래머 잉글리쉬' 개정판, 전3권

영작문의 정석
2021, 비비트리북스

Dong Mong Seon Seup - Children's First Textbook
동몽선습-최초의 아동 교과서, 2021, 충북 괴산군, 영어 출판물

이제 우리 아이도 영어 고수
2024, 비비트리북스

뉴 로맨틱 잉글리쉬 - Book 1, 2, 3
2024, 디스커버미디어

글로벌 디지털 시대의 영어교육 혁신
이의갑, 박준언, 박우상 공저, 2024, 디스커버미디어

커피타임 잉글리쉬 - Book 1: 사람 묘사 영어
김규호, 박준언, 박우상 공저, 2024, 디스커버미디어

복음영어 (Gospel English) - 봄, 여름, 가을, 겨울
2024 출간예정, 디스커버미디어

글로벌 영어의 정석-기본편
2024 출간예정, 디스커버미디어

박우상 교수 Dr. David Online

Website: http://drdavid.modoo.at

 YouTube 박우상 교수의 영어인문학, 영어의 발견, 미국의 발견

NAVER 박우상 교수, Dr. David, 닥터데이비드 검색

 Dr. David

9

사랑! 사춘기 소녀, 20대 문학 청년이 아니어도 누구나 언제나 가슴이 설레고 뛰게 하는 우리 모두의 삶의 큰 주제입니다. 어쩌면 우리들 삶의 기쁨, 희망, 그리고 원동력인지도 모릅니다. 이 책은 한 남자와 한 여자가 두근거리는 가슴으로 나누는 첫 눈길과 말 건넴, 첫 손길과 첫 키스, 연인들의 뜨거운 사랑의 속삭임과 맹세로부터 나를 근본적으로 더 나은 인간으로 변화시키고 삶과 죽음까지 초월하는 경이로운 사랑, 그리고 너무도 애절하게 끝내 이룰 수 없는 사랑의 이야기들을 중심으로 엮어져 있습니다. 그러나 이책은 아쉽게도 처음부터 끝까지 귓가에 감미롭기만 한 사랑의 이야기만은 아닙니다. 이 책은 사랑의 전율과 감동을 영어로 속삭여 주면서도 실은 여러분께 수많은 어휘, 어구, 숙어와 발음으로부터 어법, 문법, 용례, 스타일, 말과 글을 이끌어 가는 테크닉 등을 가르치고, 영어라는 한 언어에 담긴 인간과 사회문화와 세계에 눈을 뜨게 하는, 글로벌 시대의 본격적인 영어 학습서입니다.

한 언어를 이해하고 숙달하는 것은 동시에 그 언어를 사용하는 사람들의 내면과 그 언어가 사용되는 사회문화와 세계를 이해하고 숙달하는 것입니다. 이 둘은 동전의 양면과 같습니다. 언어 습득과 학습을 이 핵심적인 관점에서 볼 때, 국내 영어교육에서 영어는 흔히 진공 속에서 기계적으로 움직이는 생명력을 결여한 물체에 불과하며, 그 교육은 대부분 도식적이고 영어권의 인간과 사회문화에 뿌리내리지 못하고 있습니다. 그러나 언어는 그것을 사용하는 인간과 사회가 한 순간순간 살아가고, 하루하루 꿈꾸고 사랑하고 절망하고 다시 일어서는, 한마디로 살아 숨쉬고 움직이는 생명체입니다.

이 책은 여러분에게 영어가 실제로 사용되는 언어적 그리고 사회 문화적 문맥과 환경 속에서 영어를 느끼고 배우도록 합니다. 이 책은 지금까지 한국의 영어 교육의 주류를 이루어 온 영어 한 줄에 한국어 번역한 줄의 나열, 한국어 속의 미로를 헤매다가 눈도장과 깜으로 끝내는 학습이 아니라, 한 낱말, 한 어구, 한 문장, 한 어법, 한 용례 등을 그 말을 하고 듣는 사람(들)의 내면과 그 언어를 사용하여 기뻐하고 슬퍼하며 꿈꾸고 좌절하고 다시 일어서는 사람들과 사회의 스토리들 속에, 정확하고 철저하고 완벽하고 체계적으로 설명합니다. 이 살아 움직이는 영어 표현들과 체계적인 설명을 통하여, 여러분의 영어는 한국의 영어교육자들과 학습자들의 고질적인 문제점들인 영어의 주요 어법과 실제의 용례들에 대한 무지와 신화적인 오해들, 그리고 가장 절실한 문제인 콩글리쉬, Broken English, 영어답지 않은 영어, 죽은 영어 등을 포함한 영어 구사력과 소통력의 문제를 바로잡고 극복하도록 합니다. 아울러 영어라는 한 언어의 전반에 관해 날카로운 언어 형사의 눈을 기르게 됨으로써, 여러분 스스로가 더욱 효과적이고 성공적인 영어 학습자로 도약하도록 이끌어 줍니다.

한 언어를 공부하고 소위 정복한다는 것은 결코 쉬운 일이 아닙니다. 최소의 노력으로 최대의 결실을 거두고 싶은 것은 인간의 본능입니다. 그러나 씨 뿌리는 만큼 거두게 되는 것은 거역할 수 없는 진리입니다. 여러분께서 오늘 이 시간 한 낱말, 한 발음, 한 어구, 한 문장, 한 어법, 한 용례를 하나씩 하나씩 정확하고 철저하고 완벽하게 배우시고 소리 내어 반복적으로 읽고 말하고 써 보면서 땀 흘려 노력하실 때, 오직 그 때 여러분의 영어는 분명히 한걸음 한걸음 앞으로 나아갈 것입니다. 그 스마트한 학습과 반복적이고 부단한 노력 없이는 일 이 년, 아니 오 년, 아니 십 년을 유학을 해도, 아니 삼사십 년 반세기를 이민 생활을 해도 McDonald's에서 Big Mac을 그것도 대충 주문하는 이상의 영어는 여러분에게 와 주지 않습니다.

좋은 선생님과 좋은 학습 자료와 함께, 그러나 그보다 더욱 중요하게는 성실하고 꾸준히, 그리고 가장 중요한 것으로 바로 오늘, 바로 지금 노력하십시오. 그리고 좋은 영어는 도식적으로 주입하고 앵무새처럼 내뱉는 것이 아니라, 바로 훌륭한 생각과 멋진 지성과 아름다운 마음에서 나옵니다. 여러 분야의 좋은 책들을 읽으시고, 멋진 분들과 의미 있는 대화 나누시고, 아름다운 마음을 가꾸시고, 때로는 외로움 속에 깊은 생각을 추구하십시오. 그리고 영어만큼이나 아름다운 한국어도 많이 사랑해 주십시오. 여러분의 영어를 방해하지 않을 뿐만 아니라, 더욱 멋지게 빛내 줄 것입니다.

이 '뉴 로맨틱 잉글리쉬'를 통하여 공부하시는 여러분의 영어가 단편적인 영어 지식의 습득을 넘어 여러분의 삶 자체를 보다 행복하고 보람 있게 하고, 가까이는 이웃과 사회에 멀리는 세계에 기여하게 되기를 온 마음으로 기원합니다. 아울러 저의 다른 작품들과 강의들에서도 여러분을 다시 뵙게 되기를 소망하며, 여러분의 변함 없는 성원에 깊이 감사드립니다.

저자 **박우상 (Dr. David)** 드림.

1960년대 초부터 발전하기 시작한 정보, 통신, 미디어 테크놀로지와 항공 운송 기술에 힘입어 세계가 점점 가까워지면서, 지구촌 (the global village)이라 부르기 시작한 지도 어느새 두어 세대가 지나고 있습니다. 최근의 코로나 팬데믹 직전에는 연간 10억 이상의 사람들이 해외로 여행을 가서 세계인들과 만나고 소통하며 글로벌 문화를 경험했습니다. 오늘날 국제 통화와 전 세계 컴퓨터의 80퍼센트 가량이 영어로 대화하거나 정보를 알리고 저장하고 있으며, 주요 학술 논문들과 국제 학술지와 학회의 90퍼 센트가 영어로 요약되거나 발표되거나 소통되고 있습니다. 또한 국제적인 무역, 이민/이주는 물론 인종 간의 결혼과 어울림, 다국적 취업과 교류 등이 그 어떤 때보다 가속화되면서, 영어는 글로벌 공통어로 서의 지위와 역할을 수행하고 있습니다.

그러나 이러한 가속화 되고 있는 글로벌 세계와 디지털 시대에도 불구하고, 대한민국의 영어교육은 안 타깝게도 지난 아날로그 시대의 모습 그대로입니다. 저자 박우상 교수님의 표현대로 "양복은 걸쳤는데 아직 수염을 기르고 상투를 쓰고 있는" 모습에 여전히 머물러 있다고 해도 과언이 아닙니다. 이제 초등 학교에서 영어가 교육되고 제한된 수이지만 원어민 교사들이 있다고는 하나, 아직도 수십 년 전의 케케 묵은 문법과 실용성이나 교육적인 가치도 의미도 없는, 세계인들과 소통하기에 적절하지 않은 예문과 지문들이 범람하고 있으며, 발음 교육, 듣기, 말하기, 쓰기 교육은 miserable, dismal, pathetic이라 는 형용사가 지나치지 않은 수준입니다. 초중고 과정의 수많은 영어 학습서들로부터 한국인의 평생 영 어 구사력의 골격을 구성하는 국가 대표격 영어 시험인 수능영어에 이르기까지, 명백한 언어적 오류들 은 물론 지적, 지성적, 감성적, 발달 심리적 영역들에 있어서 국제적인 수준에 크게 미치지 못하는 것이 사실입니다. 그래서 10년, 20년, 30년을 영어를 공부하고도 눈도장 찍는 방식으로만 배운 한국형 영어 지식은 슬프게도 영어 울렁증만을 선사합니다.

이제는 그런 구시대적이고 구태의연한 영어 학습서들과 교육 컨텐츠와 학습 방식을 과감히 버려야 할 때입니다. 이제는 옛날의 편협하고 도식적인 설명과 죽은 예문들과 결별해야 합니다. 이제는 새 시대 새 세계의 주역인 학생들과 학습자들은 국가에, 학교에, 선생님들에게 진정으로 글로벌한 컨텐츠의 영 어를 언어적으로 정확하고 사회문화적으로 적절하게 듣고 말하고, 읽고, 쓰게 하는 총체적 방법의 영어

수험 능력의 향상뿐만 아니라, 근본적으로 영어로 세계인들과 어울리고 소통하고 리드할 수 있는 능력의 개발에 도움이 되는 학습서, 자료, 커리큘럼, 교사/강사, 온/오프라인 학습의 장을 활용하여 부단히 노력해야 합니다. 그렇게 획득한 훌륭한 영어 구사력과 소통 능력이 명쾌하고 체계적인 지식을 만날 때, 한국인들에게는 거의 운명적인 영어 수험 능력 또한 정상에 오를 것입니다.

사랑을 주제로 한, 영어권에서는 이제 최고의 고전적인 작품으로 꼽히는 9편의 영화의 로맨틱한 컨텐츠가 영어 지식에 결합된 '뉴 로맨틱 잉글리쉬' Book 1, 2, 3권은 미국과 한국에서 영어 연구와 교육에 평생을 바친 영어학자이자 미국학자인 박우상 교수님의 세계 정상급의 학문과 지성이 응축된 작품입니다. 이 책을 통해 독자 여러분은 재미없고 심리를 압박할 뿐인 기존의 영어 학습서들과 달리, 전율처럼 다가오는 달콤한 사랑과 함께 흥미진진한 영어 공부를 만날 것입니다. 또한 박우상 교수님의 완벽한 영어, 친절한 어학 해설, 영어권의 사회문화와 글로벌 세계에 관한 공정하고 균형 잡힌 지식과 지성이 총체적으로 융합된, 세계가 손 잡고 소통하는 살아 있는 영어를 여러분은 배우시게 될 것을 확신하며, 이 책을 통해 여러분의 영어가 일취월장하기를 기대합니다.

NEW ROMANTIC

love means never having to say you're sorry

목 차 _ TABLE OF CONTENTS

• Book 1

01

ENGLISH
BOOK 1

Titanic

영화 내용 Plot Summary

1912년 4월 15일 새벽 2:20에 세계 최대의 규모와 최첨단의 기술을 자랑하며 절대로 침몰할 수 없는 선박으로 일컬어지던 여객선 Titanic 호가 영국으로부터 미국 New York으로 항해하던 중, 빙산에 충돌하면서 북대서양의 어둠 속에 침몰한다. 이 비극적인 항해 중에 상류사회에서 결혼을 앞둔 젊은 여성 Rose DeWitt Bukater와 파리의 거리에서 초상화를 그리며 분방하게 살아가던 젊은 떠돌이 화가 Jack Dawson 간에 극한 상황을 뛰어 넘는 절대적인 사랑이 펼쳐진다. Titanic이 침몰하면서 Rose와 Jack은 함께 표류하다가 Jack은 북대서양의 칠흑같은 어둠 속에 살을 에는 바다 물결에 쓸려 Rose를 떠나가고, Rose는 구조되어 84년 후 100세의 할머니가 되어 비극으로 끝난 Titanic 항해에서 꽃 핀 Jack과의 끝없는 그러나 못다 이룬 사랑을 회상한다.

감독/Screenplay Writer: James Cameron
주연 Jack Dawson 역: Leonardo DiCaprio, Rose DeWitt Bukater 역: Kate Winslet
작품 포스터/사진 © Twentieth Century Fox, Paramount Pictures, Lightstorm Entertainment, et al.

01

타이타닉

1997 Flim

Scene

Jack   Well, I worked on a squid boat in Monterey. ❶ Then I went down to Los Angeles to the pier in Santa Monica and started doing portraits there ❷ for ten cents apiece.

Rose   Why can't I be like you, Jack, just head out ❸ for the horizon ❹ whenever I feel like it? Say we'll go there sometime to that pier, even if we only ❺ ever just talk about it.

Jack   No. We'll do it. We'll drink cheap beer. We'll ride on the roller coaster till we throw up. ❶ Then we'll ride horses on the beach ❻ right in the surf.

Rose   ❼ Teach me to ride ❽ like a man.

Jack   And chew tobacco like a man.

Rose   And spit like a man.   [*Titanic* (1997 film)]

Words & Phrases

- **squid** 명 오징어
- **Monterey** (ˋmɑn·tə·ˊrei) (발음에 유의) 미국 서부 California 주 중서부의 태평양 해안가에 위치한 작은 역사적인 도시 (인구 약 33,000)
- **pier** 명 부두
- **Santa Monica** California 주의 남부에 있는 Los Angeles에 둘러싸인 태평양 연안 도시 (인구 약 95,000명)
- **portrait** 명 초상화. 발음에 유의: 대부분의 경우 [ˊpɔr·trit]으로 발음
- **apiece** 부 하나/한 사람당, 하나/한 사람씩 쳐서, 각각; for each (thing, person, etc.); each.
  [주의] 부사 apiece는 한 낱말로 붙여 쓴다.
- **head** 자동 (...쪽으로) 향하다, 향해 가다
- **horizon** 명 지평선, 수평선
- **feel like ...** ...를 원하다, ...를 바라다, ...를 하고 싶다
- **cheap** 형용 값싼

18   뉴 로맨틱 잉글리쉬 BOOK - 1

- **beer** 명 맥주
- **ride** 자동 타다. '...를 타다'라는 타동사로도 흔히 쓰인다.
- **roller coaster** 명 놀이공원 같은 곳의 고가 궤도 위에서 고속으로 위아래로, 때로는 옆으로 경사

  지게 달리며 즐기는 소형의 놀이 기차. 영국 영어에서는 흔히 switchback이라고 한다.
- **throw up**   (비격식체) 토하다; vomit; toss up (비격식체); heave up (비격식체); barf (속어);

  throw/toss/spill one's cookies/tacos (속어: 자주 사용된다)
- **surf** 명 해변에 밀려들어 오는 바닷물, 또는 바닷물이 해변에 밀려와 거품을 일으키며 만드는 줄/선
- **like a man**   남자처럼, 남자답게; in a manly manner/fashion/way
- **chew** 타동 ...를 씹다
- **spit** 자동 침을 뱉다

빠른 속도로 기울어가는 집안의 체면을 세우기 위해 어머니의 강요에 의해 예정된 상류사회의 갑부와의 결혼을 앞두고 방황하던 Rose는, 자기를 자살 시도 직전에 구한 젊은 초상화가 Jack과 곧바로 사랑하는 사이가 된다. 두 사람은 Titanic 호의 갑판 위에서 대서양의 수평선을 바라보면서 자기들 삶의 과거와 오늘을 이야기하며, 사회경제적 제약을 초월하여 펼쳐질 두 사람의 사랑에 대한 상상의 날개를 펼친다.

번 역 • • • •

Jack   Monterey에서 오징어잡이 배를 타고 일한 적이 있죠. 그리곤 Los Angeles로 내려가 Santa Monica 부두에서 한 장에 십 센트를 받고 초상화를 그리기 시작했어요.

Rose   Jack, 난 왜 자기처럼 내가 원할 때는 언제나 지평선으로 향해 (주저없이) 그냥 나가지 못할까요? 비록 우리가 언제나 그냥 말로 밖에 할 수 없다 하더라도 언젠가 우리 거기 그 부두에 가겠다고 말해 줘요.

Jack   (말로 만이) 아니예요. 그렇게 할 거예요. (거기에 가서) 싸구려 맥주를 마실 거구요. 토할 때까지 롤러 코스터를 탈 거예요. 그리고는 바닷물이 들어와 해변에 부서지는 바로 그 안쪽에서 말을 탈 거구요.

Rose   남자처럼 탈 수 있게 가르쳐 줘요.

Jack   그리고 남자처럼 담배를 씹고.

Rose   그리고 남자처럼 침을 뱉고요.

영어의 이해 with Dr. David

1 then = 순서 (시간/사건) 그리고는, 그리고 나서(는), 그 다음으로(는)

Then I went down to Los Angeles ...
그리고는 전 Los Angeles로 내려갔어요.

Then we'll ride horses ...
그리고 우린 말을 타고 ...

Cross-reference
비교: then = 결론/결과
➡ (116) (368)
  (416) (440)

비교: then = 시간 (과거/미래)
➡ (530)

여기서 then은 바로 어떤 특정한 시간 (at that time: 그때)을 가리키거나 조건이나 가정을 따르는 결론을 이끄는 것 (in that case; if so: 그러면, 그런 경우에는)이 아니 라, 일련의 사건들의 연속선상에서 시간적으로나 순서 상으로 뒤따르는 사건에 관한 진술을 이끄는 부사이다.

'그리고는, 그리고 나서, 다음으로(는), 이어서' (next in order or time) 등으로 번역될 수 있다. [➡ (366) (466)]

example The cadet's life is divided into three areas: military, academic and athletic. The day starts with military formation, **then** comes breakfast, classes from 7:35 to 11:45 a.m. and **then** again from 1:50 to 3:50 p.m. Athletics come next, **then** dinner, **then** some personal time and three to four hours of study each night.
생도의 생활은 군사, 학문과 체육 세 분야로 나누어져 있다. 생도의 하루는 군사 대형으로 시작하고, 뒤에 아침 식사가, 그리고 7시 35분부터 11시 45분까지, 그리고 나서 다시 1시 50분부터 3시 50분까지 수업들이 따른다. 체육이 뒤따르고 그리고 나서 저녁 식사, 그리고는 약간의 개인 시간과 매일 밤 세 시간에서 네 시간의 공부 시간이 된다.

미국 West Point 육군 사관학교 생도의 하루 일과 **Topic**

athletic 형 운동의 **athletics** 명 운동 **athlete** 명 운동선수
military formation 군사 대형 (훈련)

example James Dean walked into Hollywood and with East of Eden, Rebel Without a Cause and Giant created a trilogy of youthful alienation. **Then**, at 24, he crashed his Porsche Spyder 550 on a California highway and died.
James Dean은 Hollywood에 걸어 들어가서 East of Eden (에덴의 동쪽), Rebel Without a Cause (이유 없는 반항), 그리고 Giant로 젊은이의 소외를 다룬 세 편을 만들어냈다. 그리고는 나이 스물넷에 California 주의 한 고속도로 위에서 자기의 the Porsche Spyder 550을 들이받고는 사망했다.

20 뉴 로맨틱 잉글리쉬 BOOK - 1

trilogy 명 (책이나 영화의) 3부작 **youthful alienation** 젊은 날의/젊은이들의 소외

[사진] 24세에 요절한 영화배우이자 미국 젊은이들의 영원한 친구이자 애인인 James Byron Dean (1931-1955)

James Dean에 대한 미국 젊은이들의 사랑은 한마디로 놀랍다. 한가을에 James Dean의 고향인 Indiana 주의 Fairmount에서 벌어지는 James Dean 축제의 절정인 James Dean look-alikes (James Dean을 닮은 사람들)의 contest. 전국 각지에서 몰려든 James Dean을 닮은 사람들이 Dean의 모습, 동작, 버릇, 말

투 등을 선보이며 열띤 경쟁을 벌인다. 나이가 제법 든 사람들도 James Dean의 상표적인 머리 스타일인 머리를 위로 빗어 올린 pompadour 스타일을 하고 Marlboro 담배를 물고 참가한다. 사진 맨 왼쪽에는 50대로 보이는 한 아저씨가 아들 또래의 청년들과 한데 어울려 치열한 경쟁 속에 즐거운 시간을 갖고 있다. 물론 마음만은 10대-20일 것이다. 한밤에 벌어지는 이 contest 중에 여성 팬들의 함성이 이 시골 마을의 가을밤 하늘에 울려 퍼진다.

사진: © 박우상 (Dr. David)

example My husband regularly goes out to "hit a bucket of balls for an hour" on Saturdays. **Then** he comes home late that afternoon.
제 남편은 토요일이면 정기적으로 "한 시간 동안 골프 볼을 한 버킷(만) 치겠다"며 나가요. 그리고서는 그날 오후 늦게나 집에 오는 거예요.

2 for = 가격/댓가

for ten cents apiece
하나에 10센트씩 받고

여기서 **for**는 가격, 댓가, 지불을 나타내는 전치사이다.

Cross-reference
비교: for = 목적지
➡ 3, 269
비교: for = 경우/입장
➡ 23, 183
비교: for = 이익/혜택
➡ 44
비교: for = 정체/동일
➡ 162
비교: for = 기간/지속
➡ 196, 573
비교: for = 의미/상징
➡ 385
비교: for = 추구 ➡562

example President Thomas Jefferson bought the American West from France in 1803 **for** $15 million.

Thomas Jefferson 대통령은 1803년에 미국 서부를 (실은 Mississippi 강의 서부 전역의 광대한 영토) 프랑스로부터 1,500만 달러에 사들였다.

참고 이것을 미국사에서 the <u>Louisiana</u> <u>Purchase</u> (1803)라고 하며, 흔히 미국의 역대 대통령들의 최고의 업적들 중에도 가장 위대했던 결정으로 간주한다.

[사진] 1803년 4월 30일에 있었던 미국과 프랑스 간의 the Louisiana Purchase 체결을 기념하는 미국의 기념우표. 우표 그림의 배경에 있는 미국 지도에서 the Mississippi River 서쪽인 녹색의 광대한 대륙의 영역이 미국의 영토가 되었다.

우표: © the United States Postal Service (USPS)

example At 5, Jimmy Carter was boiling peanuts picked from the family's peanut farm and selling half-pound bags **for** 5 cents apiece on the streets.

다섯 살에 Jimmy Carter (미대통령, 1977-1981)는 가족의 땅콩 농장에서 캐온 땅콩을 삶아서 길거리에서 반 파운드에 5센트씩 받고 팔았다.

주목 상당한 지속적인 습관을 나타내는 과거진행 시제로 쓰여 있다.

apiece (1 word) 부 개당, 1인당 : for each (piece, thing, or person)

example At garage sales and flea markets, shoppers expect to buy a gem **for a song**.

차고 세일과 벼룩 시장에서는 쇼핑하는 사람들이 보석과 같은 것을 헐값에 사기를 기대한다.

garage 명 차고   **flea market** 벼룩시장   **gem** 명 보석; (비유적) 귀중/소중한 또는 뛰어난 것/사람   **for a song** at a very low price; as a bargain; 얼마 안들이고, 거의 공짜로, 헐값에

3 for = 목적지

head out for the horizon
지평선을 향해 나아가다

Cross-reference
비교: for = 가격/댓가:
➡ 2
비교: for = 경우/입장
➡ 23, 183
비교: for = 이익/혜택
➡ 44
비교: for = 정체/동일
➡ 162
비교: for = 기간/지속
➡ 196, 573
비교: for = 의미/상징
➡ 385
비교: for = 추구
➡ 562

여기서 for는 목적지 (destination)를 나타내는 전치사이다. (물론 여기서의 horizon은 문맥상 자기가 추구하는, 사회적 제약에 구속되지 않는 자유롭고 넓은 세계와 삶을 추상적으로 가리킨다).

'...에 도착하다, 도달하다, 다다르다' 또는 '...를 향해 떠나다'라는 의미로 목적지/도착지를 나타내는 표현은 전치사의 사용이 동사에 의해 그 용례 (usage)가 결정되며 다음과 같이 요약될 수 있다.

Head는 목적지를 나타내는 전치사로 to를 사용하기도 한다.

head for/to + 목적지

reach (= 타동사) + 목적지:
reach New York via Anchorage 앵커리지를 경유해서 New York에 도착하다
arrive at/in + 목적지:
arrive at Central Park; arrive at Kennedy International Airport
arrive in New Yor City; arrive in New York State

go/get/move to + 목적지:
Lots of Americans are moving to the Rocky Mountains.
많은 미국인들이 Rocky 산맥으로 이사하고 있다.

depart/leave for + 목적지:
The largest number of airplanes depart for O'Hare Airport right next to Chicago.
가장 많은 수의 비행기들이 Chicago 바로 옆에 있는 O'Hare 공항으로 떠난다.

be bound for + 목적지:
Thousands of people around the world hopped on ships bound for Alaska in 1898-1899.
세계 각지에서 수천 명의 사람들이 1898-1899년에 Alaska 행 배에 올라탔다.
➡ 269

example More jobs and fewer hassles have many Americans heading **for** the Rockies.

일자리가 보다 많고 hassle (사는데 있어서 성가시거나 귀찮거나 골치 아픈 일)이 적어서 많은 미국인들이 Rocky 산맥 지역 (the Rockies)으로 이주해 가고 있다.

---

hassle 명 옥신각신하는 분쟁/실랑이   **head** 자동 향해 가다
the Rockies the Rocky Mountains, 로키산맥

---

example In the 40's, as blacks and Puerto Ricans arrived in New York City en masse, more than a million whites left **for** the ballooning suburbs.

1940년대에 흑인들과 Puerto Rico 사람들이 New York에 대거 들어오자, 백만 명이 넘는 백인들이 급속히 커지는 교외 주거지역들로 떠났다.

---

en masse 부 무더기로, 큰 무리/그룹으로   **suburb** 명 교외
balloon 자동 풍선처럼 부풀다, 급속히 증가하다; mushroom

---

example Thousands of people around the world hopped on ships bound **for** Alaska in 1898-1899.

세계 각지에서 수천 명의 사람들이 1898-1899년에 Alaska 행 배에 올라탔다.

Alaska의 gold rush: the Alaskan (또는 Klondike) Gold Rush (1896-99)   Topic

---

hop 자동 껑충 뛰다, 뛰어오르다 **be bound for** + 목적지: ...행이다

다음의 표현들 중에 어법상 잘못된 표현을 모두 골라 보세요.

❶ Abraham Lincoln reached to the White House from a log cabin in rural Kentucky.

❷ The Titanic was bound for New York Harbor.

❸ The Lewis and Clark expedition (1804-1806) left the Ohio Valley for the Pacific Coast.

❹ With the news of the discovery of gold in California, thousands and thousands of people packed up overnight and departed to the Golden State.

[정답과 해설]

번역 >>>

❶ Abraham Lincoln은 Kentucky 주 시골에 있는 한 통나무 오막집으로부터 백악관에 도착했다.

[reach는 타동사이므로 목적지를 목적어로 바로 취한다. (X) reached to/at/in the White House; (O) reached the White House]

❷ Titanic 호는 New York 행이었다 (New York 항으로 향하고 있었다).

[be bound for + 목적지: ...행이다. 선박의 이름은 the Titanic처럼 앞에 정관사 the를 붙인다. 그러나 항구 (Harbor) 이름 앞에는 the를 붙이지 않는다.]

❸ Lewis and Clark 탐험대는 Ohio강 계곡을 떠나 (서부의) 태평양 연안을 향해 떠났다.

[leave + 장소 A + for + 목적지 B: B를 향해 A를 떠나다, A를 떠나 B로 가다]

❹ California에서 금이 발견되었다는 소식과 함께 수천의 사람들이 즉시 짐을 싸서 금의 주로 떠났다.

[depart + for + 목적지: ...로/를 향해 떠나다]

정답: ❶❹

log 명 통나무 **cabin** 명 cottage; 오두막집 **expedition** 명 원정, 탐험
the Golden State California 주의 별명

4 whenever 의미 (1) (2)

whenever I feel like it
내가 그러고 싶을 때마다

Whenever는 '...할 때마다'라고 흔히 번역되는데, 미묘한 어감의 차이지만 기본적으로 두 가지의 의미를 가진다.

의미-1 하나는 '그때에 (그때가 어떤 때인지에) 상관없이/무관하게' (no matter when; at whatever time; regardless of when)라는 의미로 한 번 발생하는 사건에 관해 진술하는 경우이다.

의미-2 Whenever의 또 다른 의미는 '...할 때면 언제나/항상' (every time that; at any time that)이라는 의미로 언급되는 사건이 여러 번 발생할 수 있음을 내포한다.

의미-1 Farmers grow major crops such as corn, wheat, rice and cotton and receive a direct payment **whenever** the price per bushel falls below a "target price."
농부들은 옥수수, 밀, 쌀 그리고 면화같은 주 농작물을 기르고는 부쉘당 가격이 "목표 가격" 이하로 떨어질 때는 언제나 (그것이 어떤 때이건) (정부로부터) 직접 지불 (구매가)을 받는다.

---

crop 명 경작물, 수확물   **per** 전치 각/매 ...당/마다
bushel 명 부쉘: 곡물류 측정 단위 (양): 약 36리터

의미-1 **Whenever** any of our fellow citizens faces discrimination on the basis of national origin, it is no laughing matter. We are a city and nation of immigrants; this is our greatest strength. Any such discrimination is fundamentally anti-American.
우리들의 동료 시민들이 민족적 기원을 근거로 해서 차별을 마주하게 될 때는 언제나 그것은 웃고 지날 일이 아닙니다. 우리는 이민자들의 도시이고 국가입니다. 이것이 우리의 가장 큰 힘입니다. 그러한 어떤 차별도 근본적으로 반미국적인 것입니다.

---

discrimination 명 차별   **fundamentally** 부 근본적으로, 기본적으로

의미-2 **Whenever** I visit New Orleans, I go out of my way to attend a jazz concert or nightclub.
나는 New Orleans를 방문할 때면 언제나 재즈 콘서트나 나이트클럽을 가보려고 매우 애를 쓴다.

주목 go out of one's way + to-부정사: go to all lengths + to-부정사; bend/ lean/ fall over/ backward + to-부정사: ...하기 위해 최대한 또는 대단히 애쓰다.

의미-2 You'll need plenty of rice on hand **whenever** you're preparing a Cajun meal.
케이준 식사를 준비할 때에는 언제나 많은 양의 쌀이 준비되어 있을 필요가 있을 겁니다.

Cajun 형용 미국 남부 Louisiana 주의 (이 지역의 음식, 음악 등 문화의, 또는 이 지역 사람의)

---

5 ever = 강조의 부사 언제나/항상

even if we only ever just talk about it
비록 우리가 (실제로 가보지 못하고) 항상 말로 밖에 할 수 없다 하더라도

여기서 ever는 '그것이 언제든, 언제나, 항상' (at any time; at all times; all the time; always)이라는 의미의 강조 부사이다.

Cross-reference
비교: ever: 비교급 강조:
➡ 21
비교: ever: 최상급 강조:
➡ 189
비교: ever: 조건절 강조:
➡ 195
비교: ever: 서수사 강조:
➡ 254
비교: ever: 경우/경험 강조:
➡ 282, 551
비교: ever: 부정 강조:
➡ 388

example The sexual revolution involved both exploitation and liberation, and feminists remained **ever** on uneasy terms with it.
(1960년대-1970년대의) 성해방 (운동)은 (성적) 착취와 해방을 함께 갖고 있어서 여권주의자들은 성해방 (운동)과 관련하여 언제나 불편한 관계에 있었다.

---

involve 타동 동반/수반/포함하다 **exploitation** 명 착취, 이용 <exploit: 타동 활용/이용하다, 악용/착취하다> **liberation** 명 해방 **uneasy** 형 불편한, 불안한 [on + 형 + tems(with...): (...와) ...한 관계에 있는. 여기서의 tems(관계)는 항상 복수형]

---

example The essence of government is power; and power will **ever** be liable to abuse.
정부의 핵심은 권력이며, 권력은 언제나 남용될 가능성이 있게 마련이다.

---

liable 형 ...하기 쉬운, ...의 경향이 있는: ...에 지배/종속되기 쉬운: subject liable to abuse: (권력) 남용의 경향이 있는: 남용되기 쉬운, 여기서의 abuse/ ə·´byus/ 명 남용

---

example Armstrong's engaging personality and **ever**-present grin made him the international ambassador of jazz, America's greatest musical contribution to the world.

사람을 끄는 개성과 항상 짓는 웃음으로 인해 Armstrong은 미국이 음악으로 세계에 가장 크게 한 기여인 재즈의 국제적인 대사가 되었다.

Armstrong, Louis Daniel "Satchmo" (1901-1971): 재즈 음악가, 밴드리더 (bandleader); 별명: the Ambassador of Jazz; "Satchmo" = satchel + mouth (가방처럼 큰 입)
engaging 형 사람을 끄는   **ever-present** 항상 있는, 언제나 존재하는   **grin** 명 환한 웃음
ambassador 명 (외교관) 대사   **contribution** 명 기여, 공헌

---

 right = 강조의 부사 바로, 곧

---

right in the surf
surf (바닷물이 들어와 해변에)부서지는 바로 그 안쪽에서

• •

여기서 right는 흔히 '바로, 곧, 딱, 정 ...' (exactly; precisely, directly)으로 번역될 수 있는 의미의 강조 부사이다. ➡ 201

Gus: Hey, Harry. What are you eatin'?
Harry: Cheeseburger. You want a bite?
Gus: No. They go **right** to the love handles.   [*Mr. Wonderful* (1993 film)]

Gus: 아이, Harry. 뭘 먹고 있어?
Harry: 치즈버거. 한입 먹어 보겠어?
Gus: 아니. 치즈버거는 바로 허리 군살로 가.

---

bite 명 (비격식체) 한 입 (양의 음식)   **love handles** (비격식체) 허리 양 옆으로 나온 지방살. 복수형으로 쓴다.

---

example The '70s brought the women's movement **right** into the kitchen.
1970년대는 여성운동을 바로 부엌 안으로 들여왔다. (여성 대중에게 보편화 시켰다)

example
Simon (to Mack): You ever been to the Grand Canyon? Those rocks and those cliffs – they're so old. And, and, and it ain't done, either, you know. It happens

<u>right</u> while you're sitting there watching it. It's happening <u>right</u> now while we're sitting here in this ugly town, you know. Thinking our time here, it's a split second.

[*Grand Canyon* (1991 film)]

Simon (Mack에게): Grand Canyon에 가 보신 적 있나요? 그 바위들이며 그 절벽들이며, 그것들 아주 오래되었죠. 그리고 아직 끝나지 않았어요, 그죠. 그것은 (그 거대한 변화는) 우리가 그걸 바라보면서 거기 앉아 있는 바로 그 동안에도 일어나요. 아시죠, 우리가 여기 이 험악한 타운에 앉아 있는 바로 이 동안에도 일어나고 있어요. 여기서 우리 인간의 시간을 생각하면 그건 한 찰라예요.

(Have) you ever been to the Grand Canyon?
it ain't done 'it's not done/finished'의 Uneducated (저교육자적) 또는 folksy (구수한) 표현
it ain't done과 **It happens ...**에서의 **it** 문맥상 the making of (those rocks and those cliffs of) the Grand Canyon   **this ugly town** Los Angeles
a split second 명 (1초도 안 되는) 눈깜짝할 순간

Exercise

다음의 예문에서 밑줄 친 **right**과 같은 의미로 사용된 두 개를 고르세요.

The Amazon River flows east from the Peruvian Andes <u>right</u> through northern Brazil and empties <u>right</u> into the Atlantic Ocean

❶ The explanation that the Amazon Rainforest is the richest tropical forest in the world in terms of biodiversity is a <u>right</u> one.

❷ <u>Right</u> after their first encounters with Europeans in the 16th century, large numbers of indigenous Amazonians fell victim to diseases brought by Europeans such as typhus and malaria.

❸ Europeans explorers and settlers did not treat native people <u>right</u> for a long time.

❹ Indigenous people do not grow Brazil nuts on plantations but collect them <u>right</u> from the forests near the banks of the Amazon.

[정답과 해설]

해설 >>>
❶에서의 right은 '올바른, 정확한' (correct)이라는 의미의 형용사이고, ❸에서의 right은 '올바르게, 온당하게, 제대로' (correctly, properly)라는 의미의 부사이다. 반면에 보기의 문장과 ❷와 ❹에서의 right은 둘 다 '바로, 딱, 정확히, 곧바로' (exactly, precisely, directly, immediately) 등 의미의 강조 부사이다.

 Amazon 강은 페루의 안데스 산맥으로부터 동쪽으로 흘러 바로 브라질 북부를 관통해서 바로 대서양으로 흘러 들어간다.

❶ Amazon 우림은 생물의 다양성이라는 견지에서 보면 세계에서 가장 풍부한 열대 삼림이라는 설명은 옳은 설명이다.

❷ 16세기에 유럽인들과 처음 접촉한 바로 후에 많은 수의 Amazon 원주민들이 유럽인들이 들여온 장티푸스와 말라리아 같은 질병들에 희생되었다.

❸ 유럽 탐험가들과 정착인들은 원주민들을 오랜 동안 올바르게 대우하지 않았다.

❹ 원주민들은 Brazil nut을 (상업적 경작지인) 플랜테이션에서 기르지 않고 Amazon 강둑 근처의 숲에서 채집한다.

정답: ❷❹

empty 자동 (강이 물을) 비우다, 흘러 들어가다　　**in terms of ...: in (the) light of ...; ...의 관점에서 (보면)**　　**biodiversity** 명 생물다양성　　**indigenous** 형 native; 원주민의, 토착의 **fall victim to ...:** ...에 희생되다　　**explorer** 명 탐험자　　**settler** 명 정착인 **bank** 명 강둑, 강기슭

---

7 teach + 목적어 + (how) to-부정사

Teach me to ride like a man.
남자처럼/답게 (말을) 타는 것을/타도록 가르쳐 주세요

한국의 영어교육에서는 '...에게 ...하는 것을/ ...하도록 가르치다'라는 표현으로 기계적으로 teach + 목적어 + how + to-부정사를 사용하도록 가르치는데, 그것은 이 예문이 보여 주듯이 옳지 않다.

일반적으로 '...에게 ...하는 것을/ ...하도록 가르치다'라는 표현은 teach + 목적어 + to-부정사의 형태를 취하며, teach + 목적어 + how + to-부정사는 가르치되 어떻게 하는 것인지 구체적으로, 단계적으로 수단, 방법, 과정 등을 보이면서 또는 시범을 보이면서 가르칠 때 사용한다. 즉, 사용빈도는 teach + 목적어 + to-부정사 형태가 teach + 목적어 + how + to-부정사 형태보다 훨씬 더 높다.

example　Schools should **teach** black and white students **to be** friends.
학교는 흑인과 백인 학생들에게 (서로) 친구가 되도록 (되라고, 되는 것을) 가르쳐야 한다.

비교 Schools should **teach** black and white students **how to be** friends.
학교는 흑인과 백인 학생들에게 (일반론적인 말로만 떠들지 말고 구체적으로) 어떻게 친구가 될 수 있는지 가르쳐야
한다.

8 like = 전치사 = 은유/비유; 예:

like a man
남자처럼/답게

흔히 전치사로 쓰이는 like는 두 가지 의미를 가질 수 있다.

의미-1 Like의 기본적인 의미로 like의 목적어를 은유, 비유, 또는 유사한 성질의 대상으로 들어 앞에
오는 어구나 진술의 이해를 돕는 기능을 하며, 흔히 '(마치) ...처럼, ...같은, ...같이, ...같은 식이나 종류
로' (in the same way as; of the same kind as; similar to; resembling closely; possessing the
characteristics of) 등으로 번역될 수 있다.

의미-2 은유나 비유 또는 유사성의 대상이 아니라 앞에 오는 어구나 진술의 의미 범위에 들어 있는 예
(example)를 구체적으로 들어 이해를 돕는 어법으로, 흔히 '예를 들어/들자면, ...처럼, ...같은, ...같이'
(for example; such as) 등으로 번역될 수 있다.
여기 like a man에서의 like는 첫 번째 의미로 쓰였다. ➡ 273, 433, 474

주목 Southern drawl
여기서 또 주목할 것은 Jack과 Rose는 둘다 의도적으로 계속해서 man을 마치 미국 남부의 Texas
cowboy처럼 (´mi:·æn) (미´~앤)으로, 소리가 위에서 아래로 떨어지면서 길게 늘어지게 발음한
다. 이런 식으로 모음을 길게 늘여 하는 발음은 미국 남부 발음의 특징으로, **Southern drawl**이라
고 한다. 여기서는 남자다운 남자로 Texas cowboy를 연상하게 하는 발음이다.

참고 Rose는 미국 동부, 그리고 Jack은 미국 중서부 (Wisconsin) 주 출신이다.

의미-1

Jennife: You're driving **like** a maniac.
Olive: This is Boston. Everybody drives **like** a maniac.

[Love Story (1970 film)]

Jennifer: 자기 미친 놈처럼 운전하고 있어.
Oliver: 여긴 보스턴이야. 모두가 미친 놈처럼 운전해.

maniac 명 미치광이, ...광/열성 팬. < **mania** 명 광기, 열광

Jennifer와 결혼할 생각을 하는 Oliver가 Jennifer와 함께 부모님께 인사 드리러 집으로 차를 몰고 가고 있다. Boston은 미국의 대도시들 중에서 지형이 가장 까다롭고 복잡해 운전이 가장 힘든 것으로 정평이 나 있다.

example Many children's sports coaches belittle the girls and humiliate the boys by saying they "play **like** girls."
많은 아이들의 스포츠 코치들은 여자애들을 무시하며 남자애들을 (신통치 못하게 하면) "여자애들처럼 경기하네." 라고 말하면서 모욕을 준다.

---

belittle 타동 make little of; slight; ignore; look down on; 경시하다, 무시하다, 깔보다
humiliate 타동 모욕하다, 수치/모욕감을 주다

의미-2 We've lost leisure in this turbocharged world. Things **like** sharing a cup of tea with someone at a kitchen table, saying "thank you" or holding the door give life texture and meaning.
우리는 이 급속히 움직이는 세상에서 여유로움을 잃어버렸다. 예를 들어 부엌 테이블에서 "고마워"라고 하면서 누군가와 차를 한잔 같이 마시는 것이라든지, (남을 기다려 주면서) 문을 붙들고 있는 것이라든지 하는 것들은 삶에 운치와 의미를 준다.

---

turbocharged 형 엔진의 용량을 최대로 올린; (비유적으로) 극히 가속화된
texture 명 (음식이나 조직의) 질감, 느낌; 여기서는 비유적으로 삶의 운치

---

example

Warren: I miss her. I just didn't know how lucky I was to have a wife **like** Helen until she was gone. *[About Schmidt* (2002 film)]
Warren: 그녀가 그리워. Helen 같은 아내를 가졌으니 내가 얼마나 운이 좋았는지 그녀가 떠날 때까지 몰랐어 (그녀가 죽은 후에야 깨달았어).

보험회사의 고위 간부로 은퇴한 Warren이 최근에 죽은 아내 Helen을 회고하면서 생전에 잘 대해 주지 못한 것을 아쉬워하며 Helen을 그리워한다.

Jack ❾ Keep your eyes closed. Do you trust me?

Rose I trust you. (Jack slowly lifts her arms wide open to the air.)

Jack All right. Open your eyes.

Rose I'm flying, Jack!

[*Titanic* (1997 film)]

Words & Phrases

- **closed** 형 닫혀 있는. 원래 close (닫다)의 수동적 상태를 표현하는 과거분사형이다.
- **trust** 타동 신뢰하다, 믿다
- **lift** 타동 들어 올리다
- **fly** 자동 날다

장 면 · · · ·

상류사회의 남편과 결혼하여 편안한 일상에 안주하기로 마음을 바꾸었던 Rose가, 결정적으로 마음을 다시 바꾸어 어느 이른 저녁에 Jack을 만나러 Titanic 호의 갑판으로 나온다. Jack은 그녀를 배의 맨 앞 (bow)으로 데려가 난간에 기대어 하늘을 나는 자세를 취하게 이끈다. 상류사회의 사회경제적 속박으로부터 완전히 자유롭고자 하는 갈망과 마치 날아갈 것만 같은 사랑의 마음을 상징적으로 표현하는 극적인 장면이다.

Jack	눈을 감고 있으세요. 절 믿죠?
Rose	당신을 믿어요. (Jack이 그녀의 두 팔을 공중에 활짝 벌려 들어 올린다.)
Jack	좋아요. 눈을 뜨세요.
Rose	Jack, 제가 날고 있어요!

영어의 이해 with Dr. David

9 keep + 목적어 + 과거분사

Keep your eyes closed.
눈을 감고 있으세요

Cross-reference
비교: leave + 목적어 +
과거분사 ➡ 504

keep + 목적어 + 과거분사의 구조로 '목적어를 ...된/되어 있는 상태로 유지하다'라는 의미이다. 이것은 타동사 + 목적어 + 목적 보어 구조의 한 유형으로, 여기서 과거분사는 목적어를 수동태적으로 (동작을 받거나 당한 것으로) 설명하는 목적격보어이다. 위의 경우 '당신의 눈을 닫혀 있는 상태로 유지해라', 즉, '눈을 감고 있으라'는 뜻이 된다.

example **Keep** the television turn**ed** off during the Thanksgiving meal. It is acceptable, however, to check the score between courses.
Thanksgiving Day (추수감사절, 11월 넷째 목요일) 식사 동안에는 텔레비전을 끄고 계십시오. 그러나 음식 중간에 점수를 확인하는 것은 허용될 수 있습니다.

문화배경 Thanksgiving dinner의 식사 예절에 관한 충고이다. 그러나 거의 대부분의 미국 가정에서 구운 칠면조 (roast turkey)가 없는 Thanksgiving Day를 상상할 수 없는 정도에 버금가게, Turkey Bowl이라 불리는 football 경기들을 텔레비전으로 관전하는 것 또한 Thanksgiving Day의 거의 핵심적인 일이다.

example Tobacco manufacturers manipulate nicotine levels to **keep** consumers addict**ed**.
담배 제조사들은 소비자들을 중독된 상태로 유지하기 위해 니코틴의 수준 (함량)을 조작한다.

manipulate 타동 조작하다　　**consumer** 명 소비자　　**addict** 타동 중독시키다

Rose　When ⑩ the ship docks, ⑪ I'm getting off with you.

Jack　This is ⑫ crazy!

Rose　I know. ⑬ It doesn't make any sense. ⑭ That's why I trust it.

[*Titanic* (1997 film)]

Words & Phrases

- **dock** 자동 배가 항구나 부두에 닿거나 들어가다

- **make sense** 이치가 맞다; 말이 되다; 이해가 되다.

- **get off** (배, 기차, 비행기 등으로부터) 내리다. 여기서는 애인과 은밀히 떠나다, 도망치다 (run off; elope)라는 의미도 내포되어 있다.

장 면 ● ● ● ●

Titanic 호의 보일러실 옆에서 뜨거운 사랑에 빠진 Jack과 Rose가 갑판 위에 올라와, 배가 미국의 New York 항에 닿는 즉시 Rose의 약혼을 무시하고 두 사람이 함께 떠날 것을 다짐하며 포옹 속에 키스를 나눈다.

번 역 ● ● ● ●

Rose　배가 항구에 도착하면 당신하고 같이 내릴래요.

Jack　이거 미친거죠.

Rose　알아요. 말이 되지 않죠. 그래서 내가 이걸 믿는 거예요.

영어의 이해 with Dr. David

 the: 문맥상 또는 암묵적으로 이해되는 the:

when the ship docks
(이) 배가 (항구에) 도착하면

여기서 사용된 정관사 the는 앞에 이 낱말들이 이미 사용되어서 그것을 뒤에서 다시 가리키기 위해 사

용된 것이 아니라, 이 정관사가 수식하는 낱말들의 정체가 문맥상 또는 상황상 뚜렷이 드러나 있기 때문에 사용된 것이다. 즉 말하는 이와 듣는 이가 그 낱말의 정체를 문맥상 또는 상황에 비추어 암묵적으로 이해하기 때문에 사용된 것이다.

위의 경우 ship 앞에 정관사 the가 있는 것은 이미 앞에 언급되었던 어떤 배 하나 (a ship)를 다시 언급하는 것이 아니라, Rose와 Jack 두 사람 사이에 그 배가 어떤 배인지, 즉 두 사람이 지금 타고 있는 바로 이 배 the Titanic을 가리킴이, 문맥이나 상황에 의해 뚜렷이 이해되기 때문에 언급되는 대상의 정체를 특정화하는 정관사 the가 앞에 온 것이다. ➡ 118, 137, 270, 289, 308, 501, 529

example
Lucy (daughter to her dad): I'm lucky. Nobody else's daddy ever comes to **the** park. *[I Am Sam (2001 film)]*
Lucy (아빠에게): 난 운이 좋아. 다른 애들 아빠는 아무도 절대 공원에 안 와.

설명 ▶ 여기서의 park 앞에 the가 사용된 것은 Lucy 또는 또래의 아이들이 주로 가서 노는 공원 (예를 들어 주로 가는 동네 공원)을 가리키는 어법으로, 그 park의 정체가 뚜렷함을 말하는 이와 듣는 이가 암묵적으로 이해함을 함축한다.

example The Thanksgiving holiday centers around being grateful, starting with **the** food on **the** dinner table.
Thanksgiving 명절날은 디너 식탁 위에 놓인 음식으로 시작해서 감사하는 마음을 중심으로 이루어진다.

설명 ▶ Thanksgiving Day에 관해서라면, 미국인들은 누구나 자기 집에 딱 하나 있는 (= 정체가 뚜렷한) 디너 식탁 위에 놓인 roast turkey와 pie 등을 중심으로 한 자기의 전형적인 Thanksgiving dinner를 뚜렷하게 생각에 떠올린다. 그러한 특정한 정체성을 함축하는 의미로 the가 쓰인 경우이다.

---

center around ...: ...를 중심으로 하다/움직이다   **grateful** 형 thankful; 고마워하는

---

⑪ 현재 진행 = 말하는 이의 미래 지향적 의지/요구

I'm getting off with you.
당신과 함께 내릴 거예요.

- -

이 문장의 동사부는 be + -ing (현재분사) 형인 현재진행 시제이다.

그러나 여기서의 현재진행 시제는 형태만 현재진행이지, 실제로 가리키는 시간 관계는 미래로서 예정되어 있는, 또는 곧 다가오는 미래의 행위에 대한 말하는 이의 단호한 의지, 고집, 결심, 또는 주장을 나타낸다.

주어가 말하는 이(I)가 아닌 경우에는 대부분 말하는 이가 주어인 사람에게 자신의 강한 의지나 단호한 요구를 전달하거나, 거의 명령조의 어감을 나타나게 된다. 현재진행의 이러한 용법은 문어체에서보다 구어체에서 현저하며, 빈도상 긍정문보다 부정문에서 보다 자주 사용된다.

이것은 한국의 영어교육에서 전혀 가르치지 않는 것이지만, 현대 영어의 구어체에서 대단히 흔히 쓰이는 어법으로 분명히 이해하고 숙달하여야 한다.

example

Jeffrey (to his father): I've just decided now. **I'm** not go**ing** to college. I'm gonna be a car salesman. This is my life, O.K.? Let me live it. Leave me alone.

[*The Flamingo Kid* (1984 film)]

Jeffrey (고등학교를 막 졸업한 Jeffrey가 아버지에게): 저 이제 결정했어요. 저 대학 안 가요. 저 자동차 세일즈맨이 되겠어요. 이건 제 인생이에요, 아시겠어요? 제 인생 제가 살게 놔 주세요. 절 내버려 두세요.

example Once upon a time, kids were coached to thank Grandma nicely no matter how uncool her present. Now, there's more emphasis on the kids' self-expression, and they don't hesitate to say: "Eeeeuuuuh! Yuck! I**'m** not wear**in'** that! You can't make me!"

옛날에는 애들은 할머니가 주신 선물이 아무리 신통치 않아도 할머니께 예의 바르게 감사드리도록 교육받았다. 지금은 애들의 자기 (의사의) 표현에 더 큰 강조가 주어져 애들이 주저없이 "유우우--! 그거 안 입을 거예요. 저에게 (입도록) 강요하실 수 없어요!"라고 말한다.

---

coached 코치/교육/훈련을 받다　　**uncool** 형 별볼일 없는, 좋지 않은　　**emphasis** 명 강조
self-expression 자기 표현　　**hesitate** 자동 주저하다, 머뭇거리다

---

example

Jim: I know one thing. **I'm** not go**ing** back in that zoo.
Judy: **I'm** never go**ing** back!

[*Rebel Without a Cause* (1955 film)]

Jim: 한 가지는 (분명하게) 아는데. 나 그 동물원엔 다시 안 들어갈 거야.
Judy: 나 (또한) 절대 안 돌아가!

---

rebel (´re·bəl) 명 반항아. '반항하다'라는 뜻의 동사로 쓰일 때의 발음은 (ri·bel)이다.
'I'm not going back in that zoo.'에서의 **that zoo** Jim이 자기의 집/가정을 냉소적으로 가리키는 말

부모들에게서 그리고 사회로부터 충분한 관심과 인정과 사랑을 받지 못하는, 그래서 좌절되고 혼동되고 외로운 Los Angeles 교외의 두 고등학생 Jim (James Dean역)과 Judy (Natalie Wood역)가 어느 날 밤 동네의 한 작은 공원에서 만나 서로에게 이끌리면서, 집에 다시는 들어가지 않겠다고 서로에게 공언하고 있다.

example

Mr. Mooney: Mr. Flanagan, here. (Mr. Mooney hands a $10,000 personal check to Brian.)
Brian: What the hell is this?
Mr. Mooney: That's for you.
Brian: $10,000? Is that all your daughter's worth?
Mr. Mooney: O.K., how much will it take?
Brian: I don't want your goddamn money. You can't buy me out of Jordan's life.
Mr. Mooney: You think I'**m** lett**ing** some bartender walk into my family and destroy my daughter's life?
Brian: It's her choice!
Mr. Mooney: The hell you say!

[*Cocktail* (1988 film)]

초점 You think (that) I'**m** lett**ing** some bartender walk into my family and destroy my daughter's life?
너 내가 어떤 바텐더 녀석 하나 집안에 들어와 내 딸애 인생 망치게 놔둘거라고 생각하니?
= I'**m** not lett**ing** any bartender walk into my family and destroy my daughter's life.
  절대 그렇게 놔두지 않을 거야.

Mr. Mooney: Flanagan씨, 여기 있소. (Mr. Mooney가 Brian에게 만불짜리 개인 수표를 건네준다.)
Brian: 젠장 이건 뭐야?
Mr. Mooney: 자네에게 주는거야.
Brian: 만불? 당신 딸의 값어치가 그게 다요?
Mr. Mooney: 좋아, 얼마면 될까?
Brian: 당신의 그 망할놈의 돈을 원하는게 아니야. 당신 나를 돈으로 사서 나를 Jordan의 삶으로부터 쫓아낼 수 없어.
Mr. Mooney: 너 내가 어떤 바텐더 녀석 하나 집안에 들어와 내 딸애 인생 망치게 놔둘거라고 생각하니?
Brian: 당신 딸의 인생은 당신 딸이 선택하는 거요.
Mr. Mooney: 이 자식 그걸 말이라고 해?

레스토랑에서 웨이츄레스로 일하면서 화가를 지망하고 있는 Jordan은 자메이카의 한 해변가 휴양지에서 휴가를 보내던 중 임시직으로 바텐더 일을 하고 있는 Brian Flanagan(Tom Cruise역)을 만나 사랑에 빠지고 임신을 하게 되었다. 그러자 Jordan의 부유한 아버지 Mr. Mooney가 Brian을 불러 만불을 건네 주면서 Jordan으로부터 떠날 것을 요구한다. Jordan을 진심으로 사랑하는 Brian은 분노하면서 그 제안과 요구를 거절한다.

'What the hell is this?'와 'The hell you say!'에서처럼 the hell은 흔히 극히 품위없고 무례한, 거의 욕설에 가까운 표현이다.

주목 What the hell is this?:

(순한 표현으로) What the heck is this? (the heck: 대부분의 경우 품위있는 표현은 아니다. 그러나 the hell보다는 많이 순하며 때로는 친구나 동료같은 가까운 사이에 친근감이나 익살의 어감을 주기위해 쓰이기도 한다.);
What in the world/on earth is this?; What ever is this?; Whatever is this?
'O.K., how much will it take?'에서의 it: getting out of Jordan's/my daughter's life; Jordan의 인생으로부터 떠나 주는 것

---

worth (wûrth) 명 가치   **destroy** 타동 파괴하다
goddamn 극심한 욕이다. 여기서는 money를 수식하는 형용사로 쓰여 있다.

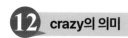

crazy의 의미

This is <u>crazy</u>!
야, 이거 환상적이다, 끝내준다, 너무나 잘된 일이다

crazy는 기본적으로 '정신이 나간, 미친'이라는 의미를 그 핵심에 갖고 있는 형용사이다. 그러나 여기서의 crazy를 그렇게만 이해한다면, 이 문맥에서의 crazy의 의미를 제대로 느끼지 못한다.

여기서의 crazy는 'fantastic, wonderful, excellent, perfect, very exciting or thrilling, incredibly good'이라는 의미의 속어로서, 비격식체의 구어체 표현에서 믿을 수 없이 또는 너무도 기쁘고 신나거나 좋거나 환상적이거나, 꿈에도 그리는 일이 이루어진 듯한 (그런 의미에서 맨정신으로는 이해하거나 받아들이기 힘든) 일이나 사물을 묘사한다.

사용 빈도는 crazy보다 떨어지지만, 기본적으로 같은 의미인 insane 역시 이와 같은 의미로 쓰이기도 한다.

대부분 '나쁜, 형편없는, 못된'을 뜻하는 bad가 경우에 따라서는 (특히 비격식 구어체에서 slang으로) 반어법으로 'nice, wonderful, fantastic' (멋진, 훌륭한, 끝내주는)을 뜻하며, 유사하게 흔히 '못된, 형편없는'을 뜻하는 mean이 특히 기술, 솜씨, 실력 발휘 등에서 'skillful, great, wonderful' (대단한, 놀라운)을 뜻하는 반어법으로 사용된다.

Melanie: Honey, you're amazing! Those flowers were **insane**!

[*Sweet Home Alabama* (2002 film)]

Melanie: 자기야, 자기 너무도 놀라워 (멋져)! 그 꽃들 환상적이었어!

장면 ▶ 자신의 패션 쇼 직전에 남자 친구인 Andrew가 아파트로 보낸 많은 장미꽃들을 받은 Melanie가 패션 쇼에 나타난 그에게 달려가 껴안으며 하는 표현이다.

example Oh, the Bruno Mars concert was so **bad**! He sang all my favorite songs, and the atmosphere was electric with excitement.

오, 그 Bruno Mars 콘서트는 정말 끝내줬어. 내가 좋아하는 노래들을 다 부르고, 분위기도 흥분의 도가니였지.

electric 형 신나는, 전율/감동을 불러 일으키는; thrilling, exciting, electrifying

example The chef's really **mean** in the kitchen. He turns the simplest ingredients into a gourmet meal.

그 셰프는 주방에서 (솜씨가) 정말 대단해요. 아무리 간단한 재료들이라도 미식가의 식사로 바꿔 놓죠.

simple 형 간단한, 단순한, 소박한   **gourmet** 명 미식가

13 it = 상황의 it

this + it

It doesn't make any sense.

이것 도대체 말이 되지 않아, 이성적으로 전혀 이해가 안 돼.

Cross-reference

비교: this + it:
➡ 13, 48, 348, 566
비교: (that + it): ➡ 119
비교: these/those + they:
➡ 451

여기서의 주어인 It은 앞에 언급된 어떤 구체적인 대상을 가리키는 용법이 아니라, 상황이나 문맥에 의해 그 의미가 드러나고 이해되는 소위 '상황의 it (situation 'it')'이다. 여기서는 문맥상 '우리의 이 미친 듯이 환상적인 사랑' (this crazy love of ours)이라는 뜻이다.
➡ 102, 150, 249, 305, 394, 415, 468

그리고 여기서의 it은 앞에 오는 대명사 This (This is crazy!에서의)를 받는 것으로, 영어에서는 이렇게 현재 진행 중이거나 가까이에 있는 사건이나 사물을 처음에는 일단 this로 받은 뒤에 그 이후부터는 it으로 받는 경향이 현저하다. ➡ 48, 348, 566

언급하는 대상물/사건이 그렇게 직접적이거나 가깝지 않은 경우에는, 대명사 that을 먼저 사용한 뒤에 그 다음부터 it으로 받는 경향도 있다. 복수형인 경우, 일단 these 또는 those로 받은 뒤에 그 이후부터는 they로 가리키는 경향이 있다. 이렇게 앞에 온 대명사 (또는 지시형용사) this/that 또는 these/

those를 뒤에서 대명사 it/they로 가리키는 어법은 국내의 영어교육에서는 가르치지 않지만, 실제의 영어에서는 대단히 높은 빈도로 사용되는 어법이므로 명확히 이해하고 숙달할 필요가 있다.

example Football is king in Texas. **This** game is supposed to be fun, but when it's played in Texas, **it** seems to be only about winning and losing, about life and death.
미식축구는 Texas 주에서는 왕이다. 재미있어야 할 (재미가 중심이어야 할) 이 경기가 Texas 주에서 벌어질 때는 오로지 이기느냐 지느냐, 사느냐 죽느냐가 전부인 듯하다.

---

about winning and losing 이기고 지는 것을 핵심으로/중심으로 하는

---

example We will have differences. Men of different ancestries, men of different tongues, men of different environments, men of different geographies do not see everything alike. If we did, we would all want the same wife – and **that** would be a problem, wouldn't **it**!

[Lyndon B. Johnson 대통령]

우리는 다른 점들이 있게 마련입니다. 다른 조상을 가진 사람들, 다른 언어를 쓰는 사람들, 다른 환경을 가진 사람들, 다른 지리를 가진 사람들은 모든 것을 똑같이 보지 않습니다. 똑같이 본다면 우리는 모두가 똑같은 와이프를 원하겠죠. 그럼 그건 문제가 되지 않겠습니까!

---

ancestry 명 (가족의) 조상들, 계보, 혈통   **tongue** 명 혀, 언어   **environment** 명 환경
geography 명 지리(학)

의문사절 = 주격 보어

That's <u>why I trust it</u>.
그것이 (바로) 왜 내가 그걸 믿는가 하는 거예요 / 내가 그걸 믿는 이유예요.

이 문장은 That's ... (그것은 ...이다)와 Why do I trust it? (나는 왜 그것을 믿는가?)이라는 두 문장이 결합된 결과인데, 이 의문문이 의문사절이 되어 더 큰 문장 (That's ...)의 일부분으로 들어가면서, 의문문에서의 조동사 + 주어 (do I)의 도치어순이 조동사가 탈락되고 주어 + 동사 (I trust)의 정상어순으로 바뀐 것이다. ➡ 47, 360, 380, 458, 545

이유를 설명하는 이 문장은 이유 (reason)를 선행사로 하는 관계부사 why를 사용하여 That's <u>the reason why</u> I trust it., 또는 why 대신에 관계부사 that을 사용하여 That's the reason that I trust it., 또는 이유를 나타내는 전치사 for와 관계대명사 that을 결합하여 That's the reason for which I trust it., 또는 reason 뒤에서 why, that, 또는 for which를 생략하여 That's the reason I trust it.이라고 표현할 수도 있다.

Jack　You must ⑮promise me that you'll survive, that you won't give up, ⑯ no matter what happens, ⑰ no matter how hopeless. Promise me now, Rose. And never let go of that promise.

Rose　I promise.

Jack　Never let go.

Rose　I'll never let go, Jack.

[*Titanic* (1997 film)]

Words & Phrases

- **promise** [타동] 약속하다. 명. 약
- **survive** [자동] (재난, 사고, 병 따위로부터) 살아남다
- **give up** 포기하다
- **hopeless** [형] 희망이 없는
- **let go** 붙들고 있는 것을 놓다, 가게 하다, 포기하다; 제약으로부터 풀다; 해고하다. 목적어를 취할 경우에는 let ... go 또는 let go of + 목적어의 형태로 표현한다.

장 면 • • • •

참사랑의 핵심은 주는 것. Jack과 Rose가 함께 하는 이 극적인 마지막 장면에서 Jack은 Rose가 살아남을 작은 희망을 위해 자기를 기꺼이 희생한다. Jack은 침몰하는 Titanic 호에서 떨어져 나온 문짝 위에 기진맥진해서 엎드려 있는 Rose에게 절대로 희망을 포기하지 않고 살아 남을 것을 다짐하게 하면서, 자신은 문짝 한 모서리에 매달려 얼음같이 차가운 대서양의 물 속에 몸을 담군 채 사투를 한다. 그러나 기운이 다하고 몸이 굳은 Jack은 자연의 힘에 굴복하면서 의연하고 행복한 모습으로 대서양의 차가운 밤 물결에 몸을 맡겨 떠내려가고, Rose는 구명보트에 의해 구조된다. 그들의

사랑의 역사는 비록 나흘도 채 되지 않는 짧은 것이었지만, 그들의 사랑은 깊고 영원히 Rose의 가슴 속에 남는다.

Jack 무슨 일이 일어나더라도, 아무리 희망이 없다 하더라도 당신은 살아 남겠다고, 포기하지 않겠다고 내게 약속해 줘야만 해요. Rose, 지금 약속해요. 그리고 그 약속을 절대로 포기하지 말아요.

Rose 약속해요.

Jack 절대로 포기하지 말아요.

Rose 절대 포기하지 않을게요, Jack.

영어의 이해 with Dr. David

15 타동사 + 목적어 (사람) + (that)-절 (= 목적어, 명사절)

promise me that you'll survive
나에게 당신은 살아 남겠다고 약속하다

'...에게 ...할 것을/하겠다고 약속하다'라는 표현으로, promise + 목적어 (사람) + (that)-절 목적어의 구조를 사용하는 경우이다.

'주어가 목적어에게 ...라고 ...하다'라는 구문으로 흔히 진술, 보도, 설득 등의 동사와 함께 사용된다. 문어체, 구어체, 격식체, 비격식체 등에서 모두 대단히 자주 사용되는 구문이며, 구어체와 비격식체에서는 접속사 that이 자주 생략된다.

이 구문에서는 목적어 (사람)는 소위 간접목적어이기 때문에, 그 앞에 '...에게'라는 한국어에 상응하는 방향의 전치사인 to를 사용하지 않음에 주의해야 한다.

이 구문 형태를 취하는 동사들의 대표적인 예:

주목 ▶ admonish (훈계하다), advise (충고하다), alert (조심시키다), assure (확신/확약을 주다), bet (내기를 걸다), convince (납득시키다), counsel (조언하다), grant (인정하다), inform (알리다), instruct (지시하다), kid (농담으로 말하다), notify (통고하다), persuade (설득시키다), promise (약속하다), reassure (재차/거듭 확신/확약을 주다), remind (상기시키다), show (보여주

다), **signal** (신호를 보내다), **teach** (가르치다), **tell** (말하다), **thank** (감사(를 표현)하다), **threaten** (위협/협박하다), **tip off** (귀뜸하다, 일러주다), **warn** (경고하다).

주의: 비교 이 유형의 동사들과 대조적으로 한국어로는 '...에게 ...라고 (말)하다'라는 같은 의미이지만, 사람 목적어 앞에 전치사 to를 사용하여 주어 + 타동사 + to + 목적어 (사람) + (that)-절의 구조를 취하는 동사들의 예를 들면 다음과 같으며, 숙지하고 정확한 어법 (구문)으로 사용할 수 있어야 한다.

acknowledge (인정하다), **admit** (인정하다), **announce** (발표하다), **comment** (언급하다), **complain** (불평하다), **concede** (인정/시인하다), **confess** (고백하다), **describe** (설명/묘사하다), **explain** (설명하다), **grumble** (투덜거리다), **hint** (암시하다), **point out** (지적하다), **peach** (설교하다), **propose** (제안하다), **protest** (항의하다), **prove** (증명하다), **recommend** (권고하다), **remark** (말하다), **report** (보고하다), **reveal** (알리다), **say** (말하다), **suggest** (제안하다), **testify** (증언하다).

example You must **promise me that you'll survive**.   [*Titanic* (1997 film)]
살아남을 거라고 꼭 약속해 줘요.

example
Harry (to Sally): Hi, it's me. It's the holiday season, and I thought I might **remind you** that **this is the season of charity and forgiveness**.

[*When Harry Met Sally* (1989 film)]

Harry (Sally에게): 야, 나야. 연말 휴가철이고 해서, 너한테 이게 자선과 용서의 철이라는 걸 상기시켜 줄까 하는 (상기시켜 주는 게 좋겠다는) 생각이 들었어.

example Our culture values looks over personality and substance. Let's **teach kids** that **character means more than being sexy**.
우리의 문화는 성격이나 실체보다 외모를 중시합니다. 아이들에게 사람됨이 섹시함보다 더 중요하다는 것을 가르칩시다.

example The neighborhood kids believe in Santa. I don't want my kids to **tell them** that **there's no such thing**. So I **convinced my children** (that) **there is a Santa, but he just doesn't come to our house**.
이웃 애들은 Santa를 믿지요. 저는 저의 애들이 그 애들한테 (싼타라는) 그런 것은 없다고 말하기를 원치 않아요. 그래서 전 저의 애들한테 싼타라는 것이 있는데, 그러나 우리 집에는 그냥 오지 않는다고 설득해 두었습니다.

Santa나 신 (God)으로서의 예수 문화를 따르지 않는 유대교의 한 엄마가 크리스마스 철이면 주류 사회, 특히 이웃의 아이들로부터 불어오는 Santa와 크리스마스 바람에 대해 자기 아이들을 재치 있게 대처시킨 방법

[사진] 예수의 신성을 믿지 않는 유대인들 (Jews)은 Christmas 대신에 흔히는 크리스마스보다 1-2주 전에 8일간의 축일인 Hanukkah (또는 Chanukah) ('hɑ·nə·kə)를 경축한다. Hanukkah는 유대인들이 기원전 165년 (165 B.C.E.)에 기적적으로 시리아를 물리치고 예루살렘 성전을 재봉헌한 유대인들의 신앙적이고 역사적으로 중요한 사건을 기린다. 이 사진에서는 Hanukkah 6일째 밤에 유대인 가정의 누나와 남동생이 초콜릿 동전 (**chocolate gelt**) 내기 사각팽이 (**dreidel**) 돌리기 게임을 하고 있다. 사진 뒤쪽에는 촛대인 **menorah** 위에 6일째임을 알리는 여섯 개의 촛불이 켜져 있다. (가운데 있는 촛불을 붙이는 촛불은 날자 계산에서 제외된다.) 사진: © 박우상 (Dr. David)

Exercise

다음의 표현들 중에 어법상 정확한 것은 어느 것입니까? (잘못된 것은 바로 잡으세요.)

❶ Most moms tell their little children the tooth fairy will pick up their baby tooth from under the pillow and leave money or a small gift.

❷ Moms tell their little children that the money or gift shows to the children that the tooth fairy is real.

❸ No mom can continue to convince to their children that the tooth fairy does exist.

❹ All moms admit their children later at some point that they lied about the existence of the tooth fairy.

[정답과 해설]

해설 >>>
❶은 tell + 목적어 (their little children) + that-절 (the tooth fairy … gift)의 구조를 올바르게 갖추고 있다 (목적어절을 이끄는 that이 생략되어 있다) [tell + 목적어 + (that)-절]. (2)에서

는 show가 the children 앞에 to를 취하고 있어 옳지 않으며 [(O) show + 목적어 + (that)-절], (3)에서는 convince가 the children 앞에 to를 취하고 있어 옳지 않고 [(O) convince + 목적어 + (that)-절], (4)에서는 admit이 their children 앞에 to를 취하고 있지 않아 옳지 않다 [(O) admit + to + 목적어 + (that)-절].

번역 >>>
❶ 대부분의 엄마들은 자기의 어린 아이들에게 이빨 요정 (tooth fairy)이 베게 밑으로부터 아이의 아기 때 이빨을 집어가고 돈이나 작은 선물을 놓고 갈 것이라고 말한다.

❷ 엄마들은 그 돈이나 선물은 아이들에게 이빨 요정이 진짜라는 것을 보여주는 것이라고 자기의 어린 아이들에게 말한다.

❸ 어떤 엄마도 자기 아이들에게 이빨 요정이 정말 존재한다고 계속해서 확신하게 할 수는 없다.

❹ 모든 엄마들은 자기가 이빨 요정의 존재에 관해 거짓말을 했다고 나중에 언젠가는 자기 아이들에게 시인한다.

정답: ❶

영어와 문화 the folktale of the tooth fairy (이빨 요정 이야기)
tooth fairy : a fairy credited with picking up a baby tooth that has fallen out and placed under the child's pillow at night and leaving the child money or a small gift in exchange for the baby tooth

 16 **whatever/no matter what-절 = 양보의 부사절**

No matter what happens tomorrow
내일 무슨 일이 일어나더라도

No matter what은 흔히 관계대명사로 분류되는 whatever 보다 비격식체적이고 구어체적인 표현으로, 그에 이끌리는 절 (문법적으로 양보의 부사절이라고 한다)의 내용을 양보 (인정)하더라도 그와 무관하게 (이 부사절의 내용이 does not matter (상관없다)이라는 뜻) 주절의 내용이 유효함 또는 성립함을 나타낸다.

Whatever/No matter what-절은 흔히 '...할/일지라도, ...한다/이라 해도/이라도' 정도로 번역될 수 있다. No matter what 대신에 whatever를 쓸 수 있는데, 일반적으로 whatever가 보다 더 격식체적이고 문어체적이다. 그리고 happens 대신에 인정/양보의 어감을 더하는 조동사 **may**를 더해서 may happen이라고도 할 수 있는데, may 없이 happens라고 쓰는 편이 더 일상체적이며 구어체적이다.
➡ 198

참고 whatever + 명사절: (28) (502)

example Dr. King kept on striving for his beliefs, **no matter what** the cost was.
King 박사는 그 대가가 무엇이었든 그의 신념을 위해 계속 분투하였습니다.

> **Topic** 미국의 현대 민권운동 (the civil rights movement)의 기수였던 the Rev. Dr. Martin Luther King, Jr. (Martin Luther King, Jr. 목사/박사, 1929-1968, 암살)

[사진] 1968년 3월 29일, 미국 Tennessee 주의 Memphis 시에서 있었던 civil rights workers (민권운동 활동가들)과 sanitation workers (시 청소미화원들)의 'I Am a Man' march ('나도 인간이다' 행진). 이 사진에서 보이듯이 National Guard (주 단위로 조직된 국가방위군)의 탱크와 총검 (bayonet)의 위협에도 불구하고 일부의 백인들도 'I Am a Man' 이라고 외치며 이 행진에 함께 참여했던 사실에 우리는 주목해야 한다. 흑인들만의 민권이 아니라 백인들까지 포함한 모든 인간의 기본적인 존엄을 주장하면서 이 행진을 주도한 미국 현대 민권운동의 기수 Dr. Martin Luther King, Jr. 목사는 계속되는 이 행진에 다시 참가하고자 하던 중 6일 후인 4월 4일에 비극적으로 암살당했다.
사진 제공: U.S. National Archives, © Bettmann/CORBIS

example **No matter what** you do to macaroni and cheese, it's always pretty darn good.
마카로니 (작고 둥근 튜브 모양의 이탈리아식 파스타)와 치즈는 뭘 하더라도 (어떤 식으로 요리를 하든) 항상 아주 좋죠.

pretty darn '아주, 상당히, 제법' (very (much), considerably, quite)이라는 뜻의 강조의 의미를 가진 감탄사적인 부사로 상당히 비격식체와 구어체에 쓰인다.

example **Whatever** church they go to, the real religion of small-town Texans is high-school football.
무슨 교회를 다니든 작은 타운에 사는 텍사스 사람들의 진짜 종교는 고등학교 미식축구이다.

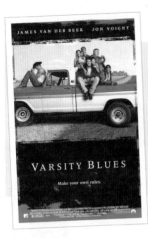

[사진] 미국 Texas 주에서의 high school football의 사회문화적 중요성을 그린 영화 Varsity Blues (1999 film)의 포스터. 이 영화에 따르면 Texas에서 high school football은 법 (law)이자 "a way of life" (삶의 방식)이다.

사진: © Paramount Pictures, MTV Films, Marquee Tollin/Robins, et al.

example <u>Whatever</u> you call it, the leadership class is made up of people who work with their heads instead of their hands.

무엇이라고 부르든 지도층은 손 대신에 머리를 가지고 일하는 사람들로 구성되어 있다.

---

be made up of ...= consist of ...; be comprised of ...; be constituted of ...; ...로 구성되다
instead of ...: ... 대신에; despite ... 주의: instead of ...: 비격식/일상체; despite ...: 격식체/문어체

---

17 however/no matter how + 부사절: 생략 현상

<u>no matter how hopeless</u>

아무리 희망이 없다 해도

However 또는 그에 비해 보다 일상체적이고 구어체적인 no matter how에 의해 이끌리는 양보의 (흔히 '아무리 ...일/할지라도, ...라고 하더라도'라고 번역된다) 부사절에서 문맥이나 상황에 따라 뚜렷한 부분이 이 절에서 생략될 수 있는 경우이다. 한국의 영어 교육에서 가르치지 않는 어법이지만, 이 절의 구조에서 이 생략의 경향이 현저하며, 이 절에서 가장 흔히 생략되는 요소는 주어 또는 주어 + be 동사이다.

여기서는 no matter how/however hopeless (it/the situation is/may be) (상황이 아무리 희망이 없다 해도), 또는 no matter how/however hopeless (the prospects for/odds of your survival are/may be) (당신이 살아남을 가능성이 아무리 희망이 없다 해도)라는 뜻이다.

 이 경우의 however 또는 no matter how는 영미의 어휘/사전 학자들과 편집자들 간에 흔히 구접속사 또는 부사로 분류된다. 이 경우에서처럼 뒤에 주어 + 술부의 절을 취하는 경우에 접속사로 보는

관점이 상대적으로 설득력이 보다 강하다. ➡ 358

 We must never allow the end to justify the means where the law is concerned. **However important and noble an objective**, it cannot be achieved at the expense of the rule of law.

[**However important and noble an objective** (<u>is/may be</u>)]

우리는 법이 관련된 곳에 있어서 목적이 수단을 정당화하는 것을 결코 허용해서는 안 된다. 목표가 아무리 중요하고 숭고하다 할지라도 법의 통치를 희생하면서 성취될 수는 없다.

---

end 명 goal; objective; 목표   **justify** 타동 정당화하다, 합리화하다   **means** 명 수단, 방법
achieve 타동 성취하다, 달성하다   **at the expense of** ...: ...를 대가로/ 희생하여; at the sacrifice of; to the detriment of; ...를 손상해 가면서

 At nighttime, married guests must always be invited with their spouses. But for meals and quasi-social gatherings during the daytime, an individual may be invited alone, **no matter how solidly mated**.

[**no** <u>matter</u> **how** <u>solidly mated</u> (<u>they are/may be</u>)]

밤시간에 결혼한 손님들은 반드시 배우자와 함께 초대되어야만 한다. 그러나 아무리 부부관계가 돈독하다 하더라도 daytime (해가 떠서 저물 때까지)에는 식사나 준 사회적 성격의 모임에는 (배우자를 동반하지 않고) 개인 홀로 초대되어도 좋다.

---

spouse 명 배우자; husband or wife   **solidly mated** 부부 관계가 견고한
quasi- 형 (접두어). seeming; virtual; resembling; ...같은; 준-

Robert (father, to David, his son): You always worry about your kids **no matter how old**. There's always looking after.

[*The Weather Man* (2005 film)]

[**no** <u>matter</u> **how** <u>old</u> (<u>they are/may be</u>)]

Robert (아버지, 아들인 David에게): 부모는 (여기서 주어 You) 자식이 아무리 나이가 들어도 항상 자식들을 걱정한다. 항상 뒤를 돌봐 줄 일이 있단다.

There's always looking after. = You (A parent/Parents) should always look after your/ their kids. 여기서의 you는 일반인을 가리키며 문맥상 아버지인 Robert 자신 (I)일 수도 있다.

The Notebook

영화 내용 Plot Summary

삶이 한창 새롭게 꽃피는 17세의 나이에 미국 남부 South Carolina의 한 carnival (흔히 여름에 마을 외곽지역에 일시적으로 설치되어 아이들, 청소년들, 가족들이 나와 탈것들과 게임들을 즐기는 놀이공원)에서 만나 커다란 사회경제적 차이, 부모들의 반대, 그리고 삶의 여정에서 부딪히는 장애물들을 극복하며 뜨거운 사랑에 빠지는 한 남녀 (Noah & Allie)의 영원한 사랑. 인생의 끝에서는 치매병 (Alzheimer's disease)과 죽음까지 뛰어넘는 사랑의 이야기. 많은 사람이 꿈에 그리는 내 인생의 단 하나의 영원한 사랑이 바로 여기에 있다.

감독/Screenplay Writer Nick Cassavetes
주연 Noah 역: Ryan Gosling; Allie Calhoun 역: Gina Rowlands
Writing Nicholas Sparks (screenplay); Jeremy Leven (screenplay); Jan Sardi (adaptation)
작품 포스터/사진 © New Line Cinema, Gran Via, Avery Pix, et al.

02

노 트 북

2004 Flim

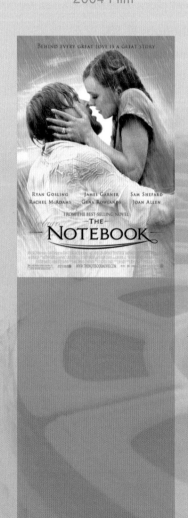

Scene

Noah I am ⑱ no one special, just a common man with common thoughts. I ⑲ 've led a common life. There are no monuments ⑳ dedicated to me, and my name will soon be forgotten. But in one respect, I ⑲ 've succeeded ㉑ as gloriously as anyone who ever lived.

I ⑲ 've loved ㉒ another with all my heart and soul, and ㉓ for me that ⑲ has always been enough.

[*The Notebook* (2004 film)]

Words & Phrases

- **common** 형 보통인, 흔한, 평범한
- **thought** 명 생각, 사고
- **monument** 명 기념비/탑
- **dedicate** 타동 (특정한 목적이나 사람 등에) ...를 바치다.
- **forgotten**   /포/가 아니라 /퍼/에 가까운 발음에 유의. (타동 잊다)의 과거분사
- **respect** 명 흔히 뜻하는 '존경'이 아니라 여기서는 어떤 '면, 점, 관련' 따위를 뜻한다.
- **succeed** 자동 성공하다
- **gloriously** 부 영광스럽게, 멋지게, 훌륭하게
- **soul** 명 영혼
- **enough** 형 충분한

장 면 ・ ・ ・ ・

영화를 시작하는 장면에서 노년에 치매 (Alzheimer's disease) 환자로 요양원 (nursing home)에 있는 아내 Allie 곁에서, 남편인 Noah가 자기의 지나온 파노라마와 같은 인생과 절절한 사랑을 회상한다.

번 역 ・ ・ ・ ・

Noah 나는 특별한 누구도 아니고 평범한 생각을 가진 그냥 평범한 사람이다. 평범한 일생을 살아왔다. 나에게 바쳐진 기념비라고는 하나도 없으며 내 이름은 곧 잊혀질 것이다. 그러나 한 가지 면에서는 이 세상을 살았던 어느 누구만큼이나 멋지게 성공했다 (성공적으로 살아 왔다). 다른 한 사람을 온 가슴과 영혼을 다해 사랑했으며 나에게 내 인생은 언제나 (그것만으로도) 충분한 것이었다.

18 대명사 + 형용사

no one special
특별한 누구/어떤 사람도 아니다

대명사 + 형용사의 형태로 형용사가 대명사 (something, anything, nothing, -one, -body, no one, none)를 수식할 때 대명사의 뒤에 위치한다.

주목 이 어법은 국내의 영어교육에서 가르치는 것처럼 절대적인 철칙은 아니다. 예외적으로 시적, 문예적, 또는 특별히 주목을 끌기 위한 표현에서 형용사가 대명사 앞에 위치하는 경우가 간혹 있음에 유의해야 한다. ➡ 540

example Shelby: I would rather have 30 minutes of wonderful than a lifetime of **nothing special**.
[*Steel Magnolias* (1989 film)]
[여기서의 wonderful: wonderful (time/experience); something wonderful]

Shelby (엄마에게): 특별한 것이라곤 아무것도 없는 평생을 사느니 차라리 30분간의 기막히게 멋진 시간을 갖겠어요 (멋진 삶을 살겠어요).

example When I was 16, my parents were like the Washington press. They were watching me at all times and, whenever they saw **anything unusual**, they always read **something dark** into it.
내가 16살이었을 때 내 부모님은 마치 Washington의 언론 같았다. 항상 나를 주시하셨으며 (내가 하는 것들 중에) 평범하지 않은 것은 어떤 것이든 보실 때마다 항상 거기에 부정적인 (안 좋은) 뭔가를 (부정적인 해석을) 갖다 붙이셨다.

example More Americans today than ever before know **someone gay**.
예전의 어느 때보다도 오늘날 더욱 많은 미국인들이 동성애자인 누군가를 알고 있다.

19 현재 완료 = 계속

I've led; I've succeeded; I've loved; has always been:

여기서 쓰인 현재완료 시제 (have + 과거분사)는 현재완료 시제의 여러 용법들 중에도 (앞에서 이미 명백히 언급이 되었거나, 문맥상 뚜렷이 드러나 있거나, 말하는 이와 듣는 이 간에 서로 암묵적으로 이해하고 있는) 과거의 한 시점으로부터 현재에 이르기까지 지속되어 온 사건, 행위, 또는 상태를 나타낸다. 이 경우 한 여자를 계속 사랑해 왔으며, 그로 인해서 내 인생은 계속 성공적인 것이었고 항상 충만한 상태에 있어 왔음을 나타낸다.

현재완료의 계속의 의미는 대부분의 경우 이렇게 how long, (for) long, for + 지속/계속 기간, (ever) since + 과거 (과거 ... 이후로부터 지금까지 (계속해서) 등의 지속/계속을 나타내는 어구와 함께 쓰인다.
➡ 88, 266, 400, 469, 552

Cross-reference

비교: 현재 완료 = 경험:
➡ 8, 190, 206,262
   334, 369, 550

비교: 현재 완료 = 완료 (+ 결과):
➡ 240, 445

example
Jack: Well, I've been on my own since I was 15, since my folks died.

[Titanic (1997 film)]

Jack (Rose에게): 있잖아요, 난 열다섯 살 이후로, 내 부모님이 돌아가신 이후로 줄곧 독립적이었어요. (남의 도움 없이 내 스스로의 힘으로 살아왔다는 뜻)

example In America black people have long struggled against the oppression of whites.
미국에서 흑인들은 백인들의 압제에 대항해서 오랫동안 고군분투해 왔다.

---

struggle 자동 (억척스럽게/옥신각신 하면서/노력하면서) 싸우다   **oppression** 명 억압

---

example The turkey has been a Thanksgiving favorite ever since its appearance at the first feast of Pilgrims and American Indians.
칠면조는 청교도들과 미국 인디언들의 첫 번째 음식 잔치에서 선을 보인 이후로 계속 Thanksgiving Day의 총애물이 되어 왔다.

---

favorite 명 각별히 좋아하는 것   **feast** (음식을 놓고 하는) 잔치

주목 Thanksgiving Day의 여러 favorites 중에 하나의 favorite이라는 어감을 내포하는 'a' 대신

에 바로 그것이라는 특정성을 나타내는 정관사 'the'를 앞에 써서 the Thanksgiving favorite이라고 표현하는 것이, 사실상 Thanksgiving Day의 핵심적인 상징물인 turkey의 의미를 보다 정확히 전달할 수 있다.

참고 Thanksgiving Day (11월 넷째 목요일): 핵심적으로 미국적인 명절인 Thanksgiving Day는 1620년 초겨울에 영국으로부터 the Mayflower 호를 타고 오늘날의 Massachusetts 주 Boston의 아래쪽인 Plymouth Colony에 도착하여 정착한 102명의 Pilgrim 정착인들 중, 신세계 (the New World)의 혹독한 첫 겨울에 살아남은 55명이 1621년 가을에 거두어들인 첫 수확과 생존을 신에게 감사드린데 기원을 두고 있다.

이 첫 Thanksgiving은 그 Pilgrim들을 맞아들이고, 그들에게 생활의 기본 물품들을 제공하며 생존을 위한 기본 기술들을 가르쳐 준, 주변의 Wampanoag족 원주민들과 함께 풍성한 음식들을 놓고 3일간 계속되었다.

[사진] 미국 동북부인 Massachusetts의 Plymouth Colony에서 Pilgrim들이 Wampanoag 원주민들과 함께 나눈 최초의 Thanksgiving Day (1621)를 묘사한 그림. 그림 원작: J.L.G. Ferris.

사진 제공: U.S. Library of Congress

Pilgrim 명 1620년에 the Mayflower 호를 타고 영국으로부터 출발하여 미국 Massachusetts 주의 Plymouth에 도착한 영국 청교도들 (Puritans)

⑳ 명사 + (관계 대명사 (= 주격) + be) + 과거분사

There are no monuments <u>dedicated to me</u>.
나에게 바쳐진 기념비란 하나도 없다.

There are no monuments. + Those monuments (= that) are dedicated to me. 이 두 문장이 관계대명사 that에 의해 연결되고 주어인 관계대명사 (that)와 be동사가 과거분사 앞에서 (수동 구문에서) 생략될 수 있는 경우로, 그 결과 There are no monuments (that are) dedicated to me.가 된 것이다. 즉, 명사 + 과거분사 ⟸ 명사 + (관계 대명사 (주격) + be) + 과거분사. ➡ 355

There are no <u>monuments</u>. + <u>Those monuments</u> (= <u>that</u>) <u>are</u> dedicat<u>ed</u> to me.

→ There are no <u>monuments</u> <u>that</u> <u>are</u> dedicat<u>ed</u> to me.

→ There are no monuments (<u>that</u> <u>are</u>) dedicat<u>ed</u> to me.

example A trouble (<u>that/which is</u>) shar<u>ed</u> is a trouble (<u>that/which is</u>) halv<u>ed</u>. (속담)
나누어진 (함께 나눈) 힘든 일은 반으로 나눠진 힘든 일이다. (백지장도 맞들면 가볍다)

example Protesters (<u>that/who were</u>) oppos<u>ed</u> to war, capitalism and global trade
policies clashed with police as finance ministers from around the world began
a weekend of meetings.
전쟁, 자본주의, 그리고 전 지구적 무역 정책들에 반대하는 시위자들은 세계 각처로부터 온 재무장관들이 주말 회담
을 시작하면서 경찰과 충돌했다.

protester 명 항의자   **be opposed to ...** oppose ...; ...에 반대하다   **capitalism** 명 자
본주의   **trade policy** 무역정책   **clash** 자동. 충돌하다   **finance minister** 재무장관

example Korea is a gem of a country (<u>that/which is</u>) inhabit<u>ed</u> by a noble people.
한국은 숭고한 민족이 거주하는 보석과도 같은 나라이다.

gem 명 보석; precious ston   **a gem of a country**: a country like a gem: 보석과도 같
은 나라   **noble** 형 숭고한, 고귀한   **inhabit** 형 (사람이) ...에 거주하다, 살다   **a people**
명 어떤 한 민족 또는 공동체의 사람들 (집합명사)

example Ellis Island was the first American soil (<u>that/which was</u>) walk<u>ed</u> upon by
most immigrants between 1892 and 1954.
Ellis Island는 1892년부터 1954년 사이에 대부분의 이민자들이 발을 딛었던 첫 번째 미국 땅이었다.

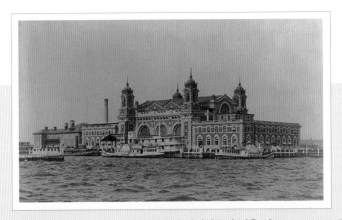

[사진] 1905년에 유럽으로부터 온 수 척의 배들이 이민자들과 짐을 싣고 New York Bay에 있는 Ellis
Island에 정박했거나 접근하고 있다. 사진 제공: The Library of U.S. Congress

[사진] 1910년 경 Italy로부터 Ellis Island에 도착한 새 이민자 가족. 삶의 무게와 희망이 역력하다.
사진 제공: The Library of U.S. Congress

21 원급 비교 = 최상급: as ... as ... ever
ever = 비교급 강조

I've succeeded <u>as</u> gloriously <u>as</u> anyone who <u>ever</u> lived.
(이 세상에) 살았던 적이 있는 어느 누구만큼이나 멋지게 성공했다

as + 형용사/부사 + as ... ever 형태의 동급비교 구문을 사용하여 사실상 최상급 비교의 효과를 갖는다. '...만큼이나 ...한/하게'라는 정도를 나타내는 이 동급비교 구문은 그 의도나 효과에 있어서 사실상 '어느 ... 못지않게 가장/최고로 ...한/하게'라는 최상급의 표현과 같다.

여기서 ever는 '(시간적으로 그것이) 어느 때이든, 어떤 식으로든, 어떤 경우에서든' (at any time, in any possible case, by any chance)이라는 의미의 정도를 절대적으로 강조하는 부사이다.

Cross-reference

비교: ever: 언제나 강조:
➡ 5
비교: ever: 최상급 강조:
➡ 189
비교: ever: 조건절 강조:
➡ 195
비교: ever: 서수사 강조:
➡ 254
비교: ever: 경우/경험 강조:
➡ 282, 551
비교: ever: 부정 강조:
➡ 388

주목 I've succeeded as gloriously as anyone who ever lived.
= I've succeeded more gloriously than anyone else / than anyone who ever lived.
= I've succeeded most gloriously (ever) among all men / among all the people (who ever lived).

example After a rash of recent dog-biting incidents, the dog-licensing rule this time is **as** stringent **as ever**.
최근 일련의 개가 사람을 무는 사고들이 있은 후로 개 면허 규정이 이제는 어느 때만큼이나 엄격하다.

= After ..., the dog-licensing rule this time is more **stringent** than ever.
= After ..., the dog-licensing rule this time is the most **stringent** (rule) ever.

---

stringent 형 엄격한

`example` The recession from November 1973 to March 1975 was **as** long and deep an economic downturn **as** the United States had **ever** experienced since the Great Depression.
1973년 11월부터 1975년 3월까지의 불황은 미국이 대공황 (1929-1930년대) 이후로 경험한 가장 오래고 가장 심각한 경제 하락이었다.

---

recession 명 불황, 불경기   **the Great Depression** 대공황 (1929-1930년대)

---

22 another = 다른 사람, 남 (단수)

another
다른 사람, 남

여기서는 another가 흔히 의미하는 '(같은 종류의) 또 하나' (one more or an additional one (of the same kind))라는 뜻이 아니라, 자기 또는 문맥상 얘기되고 있는 사람이 아닌 사람, 다른 사람 (a person other than oneself or the one specified)을 뜻하는 대명사이다.

`example` Religious freedom should not infringe on **another**'s freedom to express his belief.
(나의) 종교의 자유는 다른 사람이 그의 믿음을 발표할 자유를 침해해서는 안 된다.

---

infringe on ...: ...를 침해하다   **express** 타동 표현하다

`example` The president denied that he had been involved in an affair with **another**.
그 대통령은 자기가 다른 사람과 관계를 가졌었다는 것을 부인했다.

---

deny 타동 부인/부정하다   **be involved in** ...: ...에 관련되다   **affair** 명 일, 사건, 정세, (불륜) 관계

---

23 for = 경우/입장

<u>for</u> me
나로서는, 내 입장/경우에는

여기서의 전치사 for는 for가 흔히 뜻하는 '...를 위한/위해서'라는 의미의 이익이나 혜택을 나타내는 것이 아니라, 경우, 입장, 또는 관점을 나타내며 문맥에 따라 '...로서는, ...에게는, ...의 입장 또는 관점에서는, ...의 경우에는, ...라면' (on the part of; in the case of; from the viewpoint of) 등으로 번역될 수 있다.

For의 이 의미는 국내의 영어교육에서 거의 가르치지 않지만, 실제 영어에서는 구어체와 문어체 모두에서 대단히 높은 빈도로 사용되므로 반드시 숙달할 필요가 있다. ➡ 183

Cross-reference
비교: for = 가격/댓가:
➡ 2
비교: for = 목적지:
➡ 3, 269
비교: for = 이익/혜택:
➡ 44
비교: for = 정체/동일:
➡ 162
비교: for = 기간/지속:
➡ 196, 573
비교: for = 의미/상징:
➡ 385
비교: for = 추구:
➡ 562

example Tipping is troublesome <u>for</u> many of us Americans.
우리 미국인들 중에 많은 사람들에게 있어서 팁을 내는 일은 골치거리이다. (얼마나 어떻게 팁을 줄지 쉽지가 않다)

example In 1970 the average median marrying age was 23.2 for men and 20.8 <u>for</u> women. By 2000 those numbers climbed to 26.7 <u>for</u> men and 25 <u>for</u> women.
1970년에는 평균 결혼 연령이 남자들의 경우 23.2세 그리고 여자들은 20.8세였다. 2000년까지 그 연령은 남자들의 경우 26.7세 그리고 여자들의 경우 25세로 올랐다.

example Guns are in our blood. <u>For</u> millions of us the whiff of gunpowder is intermingled with the smells of home and family. <u>For</u> others a pistol seems to offer security in a dangerous world.
총은 우리의 핏속에 있다. 수백만 명의 우리 (미국인들)에게 화약 냄새는 가정과 가족의 냄새와 섞여 있다. 다른 이들에게는 총이 위험한 세상에서 안전을 제공하는 듯하다.

---

whiff 명 휙 불어오는 약간의 공기, 연기, 증기, 냄새   **intermingle** 타동 서로 섞이게/어울리게 하다   **security** 명 보안, 안전

Scene

Noah It was an improbable romance. He was a country boy, she was from the city. ㉔ She had the world at her feet, ㉕ while he didn't have ㉖ two dimes to rub together.

[*The Notebook* (2004 film)]

Words & Phrases

- **improbable** [형] 있을 수 없는, 가능하지 않은
- **country** [형] 시골의, 시골 출신인
- **from the city** 도시 출신인. 여기서 from은 출신 또는 기원을 나타내는 전치사
- **dime** [명] 10센트짜리 동전
- **rub** [타동] 문지르다

장 면 ● ● ● ●

노인이 된 Noah가 치매를 앓고 있는 아내 Allie에게 자기들 젊은 시절의 사랑 이야기를 들려 주고 있다.

번 역 ● ● ● ●

Noah 그것 (우리의 사랑)은 있을 수 없는 로맨스였다. 그는 한 시골 소년이었고 그녀는 도시 출신이었다. 그녀는 세상이 자기 것이었는데 (그 정도로 부유했는데), 반면에 그는 함께 문지를 (10센트짜리) 동전 두 잎이 없었다 (그 정도로 가난했다).

영어의 이해 with Dr. David

 at one's feet

She <u>had</u> **the world** <u>at her feet</u>.
세상이 그녀의 것이었다.

At one's feet는 '...의 권위, 영향력, 또는 통제 하에 (있는)'라는 의미의 숙어 (idiom)이다. 이 문장은 '세상이 그녀의 힘이나 통제하에 있었다, 세상이 그녀의 것이었다, 세상일이 그녀가 원하는 대로 되었다,

세상에 부러운 것이 없었다'는 의미이다. 유사한 의미로는 다음과 같은 표현들을 쓸 수 있다.

She **had** the (whole) world **in her hands/possession.**
"온 세상을 그녀의 손 안에 쥐고 있었다."라는 기본 의미

She **had** the (whole) world **at her beck and call.**
"온 세상이 그녀가 손짓하고 말/주문하는 대로 움직였다."는 기본 의미

She **had** the world **by the tail.**
"그녀는 이 세상의 꼬리를 잡고 있었다."는 기본 의미

 A, while B: A/B = 대조/상반

while he didn't have two dimes ...

여기서의 A, while B (또는 While B, A)에서의 while은 흔히 뜻하는 'B 하는/인 동안에' (during, in, or throughout the time that; as long as)라는 동작이나 상태의 진행 중을 뜻하는 접속사가 아니라, A와 B가 반대 또는 대조됨을 나타낸다

(B, 그러나 반면에 A; A, 그러나 반면에 B; B인가 하면 (그와 대조적으로) A; A인가 하면 (그와 대조적으로) B). A, whereas B. 또는 A, although/even though/though B. 또는 A, and/but (in contrast) B.라고 표현할 수 있다.

그리고 while이 이렇게 반대 또는 대조를 나타낼 경우, 글로 표현할 때 진행 의미의 while과 구별하기 위해 A절과 B절을 쉼표 (comma)로 분리하는 것이 정어법이다

(그러나, 이 정어법을 따르지 않고 쉼표를 찍지 않는 경우들도 가끔씩 있다). 그리고 이 반대/대조의 표현들을 가장 비격식적 일상체로부터 가장 격식을 갖춘 문어체로 나열하면 순서는 다음과 같다.

A, but/and (in contrast) B. (가장 비격식 일상체) → A, while B. → A, although B. → A, whereas B. (가장 격식체/문어체)

example Only a very few Americans go abroad, **while** 61 percent of us don't travel within the States.
아주 소수의 미국인들만이 해외 여행을 하며 우리들 중의 61퍼센트는 미국내에서도 여행하지 않는다. (흔히 직업에 묶여 또는 해외 또는 장거리 여행의 경비 때문에 여행으로 자기가 사는 근처나 주 내 또는 근방의 가까운 곳이나 간다).

abroad 부 외국으로, 해외로   **the (United) States**

example In general, the West and New England are the least church-going regions in America, **while** the South and Midwest are the most.

일반적으로 말해서 미국에서 서부와 동북부가 교회에 가장 덜 가는 지역들인 반면, 남부와 중서부는 교회에 가장 많이 가는 지역들이다.

New England 미국 동북부 (the Northeast)의 6개 주 (states): Connecticut, Rhode Island, Massachusetts, Maine, New Hampshire, Vermont
the Midwest 미국 중서부 : 주로 Ohio, Indiana, Michigan, Illinois, Minnesota, North Dakota, South Dakota, Kansas, Nebraska, Missouri

---

[사진] Fundamentalist & Evangelical Churches on the American Bible Belt (미국의 바이블 벨트 상의 근본주의와 복음주의 기독교 교회들):사진은 소위 미국 동북부에서 남쪽으로 Appalachian 산맥을 따라 the Carolinas, Georgia에 이르고 Alabama, Mississippi, Louisiana, Texas 등 남부 주들을 통해서 서쪽으로 Tennessee, Missouri의 Ozark 산맥, 그리고 더 서쪽으로 Rocky 산맥 지역인 Colorado, Idaho, Wyoming 쪽으로 둥근 벨트 모양으로 형성되어 있는 the Bible Belt 중에도 중심부에 속하는 South Carolina 주의 시골 Camden 외곽에 교회들의 표지판이 모여 있는 지점으로 이 교회들의 대부분이 **evangelical** 교회들이다. 사회문화적으로 보수적인 성향을 가지고 정치적으로 미국 Republican party (공화당)의 주요 기반으로 미국의 남부에 오랜 전통을 유지해 온 evangelical churches (복음 교회들)이 근래에 들어 꾸준히 북부에서 세력을 확장해 오고 있다. 사진: ⓒ 박우상 (Dr. David)

example Mom does all the cooking, **while** Dad helps in only 15 percent.

엄마들이 모든 요리를 하는 반면 아빠들은 겨우 15퍼센트만 돕는다.

example **While** morning meals for some are just rushed bites on the run, eating in the a.m. has long been a large part of country life.

어떤 이들에게 아침식사는 뛰면서 바삐 몇 입 베어 무는데 불과하지만, 아침에 (제대로) 식사하는 것은 오랜 동안 시골 생활의 한 큰 부분이 되어 왔다.

---

rushed bites on the run 이동 중에/뛰어 다니면서 (one the run) 서둘러 (rushed) 몇 입 베어 물어 먹는 것 (bites)]

다음 보기의 문장의 while과 같은 의미로 사용된 while의 용례를 골라 볼까요?

[보기] The British love tea, <u>while</u> Americans love coffee.

❶ **While** our Christmas party was going on, some carolers came by and sang a few carols outside.

❷ Millions of American families watch a football game **while** they eat their Thanksgiving dinner.

❸ President Franklin D. Roosevelt died of a cerebral hemorrhage **while** in office.

❹ Democrats eat the fish they catch, **while** Republicans mount them on the wall.

[정답과 해설]

해설 >>>

❶ ❷ ❸ 에서의 while은 모두 시간 (진행)의 접속사로 '...하는 동안에, ...하면서' (during the time that)라는 의미이지만, (4)에서의 while은 보기에서의 while과 같이 앞에 오는 주절과 뒤따르는 종속절의 진술을 대조시키는 어법으로, 격식체/문어체에서는 whereas를, 일상체에서는 but (, on the other hand/in contrast,)을 사용할 수 있다.

번역 >>>

❶ 우리의 크리스마스 파티가 진행되고 있는 중에 (길 모퉁이에 서서 또는 길에 다니면서), 캐롤을 부르는 몇 사람이 와서 밖에서 캐롤을 몇 곡 불렀다.

[사진] 미국 중서부 Wisconsin 주의 작은 타운 Cambridge에서 Christmas caroler들이 동네 길 모퉁이에 서서 크리스마스 캐롤을 부르고 있다. 사진: ⓒ 박우상 (Dr. David)

❷ 수백만의 미국 가정들이 Thanksgiving Day (11월 넷째 목요일) dinner를 먹으면서 미식축구 경기를 본다.

❸ Franklin D. Roosevelt 대통령 (제 32대, 1882-1945)은 재임 중에 뇌출혈로 사망했다.
   while (he was) in office: 부사절에서 접속사 뒤의 주어가 주절의 주어와 같고 be동사가 따를 때 주어 + be 동사는 종종 생략된다.

❹ 민주당 사람들은 자기가 잡은 물고기를 먹는 반면, 공화당 사람들은 그 물고기를 (박제해서 장식용으로) 벽에 건다. 비교적 중산층 또는 이하의 사람들이 많은 the Democratic Party (민주당)와 부유한 사람들이 많은 the Republican Party (공화당)의 생활양식이나 문화를 비유한 표현이다.

정답: ❹

He didn't have <u>two dimes</u> <u>to rub together</u>.
그는 함께 문지를 두 개의 (10센트짜리) 동전이 없었다(그만큼 가난했다).

여기서 to-부정사인 to rub together의 수식을 받는 two dimes는 이 부정사구의 목적어이며 (He couldn't rub two dimes together. 그는 두 dime을 함께 비빌 수 없었다), 이 to-부정사의 주어는 문장 전체의 주어인 he로서 문맥상 뚜렷하기 때문에 그 앞에 to-부정사의 의미상의 주어가 뚜렷하지 않을 때 그 주어를 명시하는 for + 목적격 (= for him)의 형태로 표현되어 있지 않다.

이렇게 명사 + to-부정사의 구조에서 to-부정사가 앞에 오는 명사를 형용사처럼 수식하고, 그 명사가 의미상 뒤따르는 to-부정사의 목적어인 경우들이 흔히 있다. ➡ 41, 107

example The Pilgrims didn't always have **a good harvest** **to celebrate**.
(미국 Massachusetts 주를 중심으로 한 동북부를 개척한 식민인들이었던) Pilgrim (청교도)들은 항상 축하하기에 풍부한 추수를 거둔 것은 아니었다.

harvest 명 추수, 수확

다음의 예문에서도 명사구인 more money는 뒤따르는 to-부정사구인 to blow ...의 목적어이지만, 그 to-부정사구의 의미상의 주어가 honeymooners이지 문장의 주어인 the cheap marriage license fees of Nevada가 아니기 때문에 그 to-부정사구의 주어가 for honeymooners로 명시되어 있다.

example The cheap marriage license fees of Nevada leave **more money** **for honeymooners** **to blow at the gambling tables**.
(세계적인 도박과 유흥의 도시 Las Vegas가 있는) Nevada 주의 값싼 결혼 허가증 수수료는 신혼부부들이 도박판에서 날릴 돈을 보다 많이 남겨 준다.

marriage license 결혼증명서   **fee** 명 수수료   **blow** 타동 날리다, 버리다

Scene

Noa I can be fun if you want, pensive, uh, smart, uh, superstitious, brave. And, uh, I can be light on my feet. (Noah taps his feet lightly and swiftly on the sidewalk.) I **㉗** could be **㉘** whatever you want. You just tell me **㉙** what you want, and I'll be that for you.

Allie You're dumb.

Noah I **㉗** could be that.

[*The Notebook* (2004 film)]

Words & Phrases

- **fun** 형 재미있는. 주목: funny (웃기는)과 구별.
- **pensive** 형 생각에 잠긴; 우수에 찬; 슬퍼 보이는
- **superstitious** 형 미신적인. < 미신: **superstition**
- **light on my feet** 발이 잽싼 (nimble, agile); light of foot. 여기서는 너를 위해서라면 가뿐하고 날렵하게 춤을 추어 줄 수도 있다는 뜻.
- **brave** 형 용감한
- **tap** 타동 가볍게 치다
- **lightly** 부 가볍게
- **swiftly** 부 재빠르게
- **sidewalk** 명 보도, 인도
- **dumb** 형 멍청한, 우둔한

장 면 ‧ ‧ ‧ ‧

수일 전에 한 carnival에서 친구들과 함께 Allie를 만나게 되었던 Noah는 오늘 오후 South Carolina 의 Charleston 시의 한 거리를 걷고 있는 Allie를 따라 걸으면서, 자기는 그녀를 위해서는 무엇이든 될 수 있다고 하면서 데이트를 신청한다. 여러 가지 시련과 우여곡절을 거치면서 평생 동안 이어질 두 사람의 로맨스가 시작되는 장면이다.

번 역 ‧ ‧ ‧ ‧

Noah 네가 원하면 난 재미있을 수도 있고, 우수에 찰 수도 있고, 어, 똑똑할 수도 있고, 어, 미신적일 수도 있고, 용감할 수도 있고. 그리고, 어, 발이 가뿐할 수도 있고 (Noah는 보도 위에서 가뿐하고 날렵하게 (마치 탭 댄스를 추듯이) 스텝을 밟는다).
네가 원하는 거라면 뭐든지 될 수 있어. 뭘 원하는지 말만 해, 그럼 널 위해 그게 될게.

Allie 멍청하네.

Noah (널 위해서라면) 그럴 수도 있어.

[사진] 한여름날 저녁 South Carolina 주의 Charleston 시에서 첫 데이트 중인 Noah와 Allie가 한 도로의 한복판에서 서로에게 이끌리며 slow dance를 추고 있다. 두 젊은 연인의 첫사랑이자 영원한 사랑은 이렇게 시작되었다.

영어의 이해 with Dr. David

27 could = 추측: 가능성 (현재/미래)

I could be whatever you want.
난 네가 원하는 것은 무엇이든 될 수 있어.;
I could be that. (나 그것도 될 수 있어.)

> **주의** 여기서 사용된 could는 형태상으로는 과거시제이지만, 실제의 시간으로는 현재 또는 미래의 동작, 사건 또는 상황의 가능성에 관한 현재 시점에서의 예측이나 판단을 나타낸다는 점에 유의해야 한다. Could라고 하는 과거시제의 형태가 실제로도 과거시제를 나타내는 경우와 여기서처럼 실제로는 현재나 미래를 나타내는 경우에는 듣는 이 또는 읽는 이의 입장에서는 문맥이나 상황에 의해 이해되며, 말하는 또는 글 쓰는 이의 입장에서는 현재 또는 미래지향적으로 could를 사용하는 경우에 can을 사용하는 경우보다 조심스럽거나 (그렇지 않을 수도 있음을 부정하지 않는) 유보적이거나 정중한 어감을 함축하고자 하는 의도가 있음을 나타낸다.

> **주목** 이것은 동사의 시제가 하나의 표현을 위한 언어적인 형태이자 도구이지, 그 시제가 실제로 나타내는 시간 관계는 시제와 종종 다르다는 점과 (특히 조동사의 시제와 관련해서는 그러한 경우들이 더욱 빈번하다) 그에 관련된 섬세한, 그러나 뚜렷한 뉘앙스를 제대로 인식하고 가르치지 못하는 한국 영어교육의 불충분함을 보여 주는 한 예이다. ➡ 80

example A huge chunk of Mount St. Helens – or worse, Mount Rainier, which looms over populous valleys outside Seattle – <u>could</u> collapse without warning as magma eats away at their inner cores. That <u>could</u> happen next week or next year, or perhaps centuries from now.

Mount St. Helens의 상당 부분은 – 그리고 더욱 심각한 것으로 Seattle 외곽의 인구가 밀집한 산골짜기들 위로 솟은 Mount Rainier는 – 용암이 그 화산의 내부를 (조금씩 조금씩) 먹어 들어가면서 예고 없이 붕괴할 수가 있다. 그것은 다음 주 아니면, 내년이 아니면, 어쩌면 지금으로부터 수세기 후에 일어날 수 있다.

---

chunk 명 큰 덩어리   **populous** 형 인구가 많은   **loom** 자동 어렴풋이 나타나다/ 시야에 들어오다   **collapse** 자동 붕괴하다   **eat away at** ...: ...를 조금씩/ 야금야금 먹어들어가다, 서서히 약화시키다   **inner core** 내부의 핵심부/중심부

영어와 자연/환경

미국 서북부의 화산대: the Volcanic Belt in the American Northwest:

California주 북부로부터 위로 Oregon주, 그리고 그 위로 Washington주, 그리고 그 위의 Canada의 British Columbia까지 화산대가 형성되어 있다. Washington주와 Oregon주에는 여러 개의 활화산들 (active volcanoes)이 있다. Mount St. Helens: 미국 서북부 Washington 주 남서부에 위치한 활화산. 1850년대 중반에 터진 이후 1980년에 다시 7차례의 제법 큰 폭발 (eruptions)이 있었다. Mount Rainier (rə/ā•nēr´): 미국 Washington 주 중서부의 활화산의 봉우리 (약 14,410피트)

[사진] 미국 서북부에 있는 Washington 주의 남서부에 위치한 활화산 (active volcano)인 Mount St. Helens. 사진 제공: © Ken Anderson

[사진] Mount St. Helens의 분화구 (crater)로부터 뜨거운 증기가 솟아오르고 있다. 사진 제공: © Roy Mutt

[사진] 미국 서북부의 최대의 도시 (인구 약 60만명; 광역권 약 340만명)이며 'the Emerald City'라는 별명을 가진 Seattle (Washington 주의 서부에 있음)을 굽어보고 있는 Mount Rainier.
사진 제공: © Clinton Middleton

By 2050 the population of the U.S. **could** rise to more than 500 million persons. The percentages of Latinos, African-Americans and Asians will jump, and whites **could** become a minority as early as the 2050s.

2050년까지는 미국의 인구가 5억 명 이상으로 증가할 수가 있다. Latino (중남미계), 흑인, 그리고 아시아계의 비율이 크게 뛸 것이고 2050년대에는 (그렇게나 일찍이라는 어감이다) 백인들이 소수인종이 될 수 있다.

---

population 명 인구   **Latino** 명 중남미계 미국인. Hispanic 또는 Chicano라고도 하며, 형용사로도 자주 사용된다.

---

28 whatever + 명사절; whatever = anything that

I could be <u>whatever</u> you want. 난 네가 원하는 것은 무엇이든 될 수가 있어.	**Cross-reference** 비교: whatever/no matter what + 부사절: ➡ 16, 198

여기서 whatever는 그 자체가 선행사를 포함하는 관계대명사로 anything that이라는 의미이다.

즉 I could be <u>whatever</u> you want. = I could be <u>anything</u> <u>that</u> you want.이며 이것은 I could be anything. + You want that anything (= that).이라는 두 문장이 공통어구인 anything을 받는 관계대명사 that을 사용하여 연결한 결과이다. ➡ 502

---

example I would rather be a citizen of America than any other country in the world, because here I can do, be, say **whatever** (= **anything that**) I want.

나는 이 세상의 다른 어떤 나라보다도 미국의 시민이 되겠다. 왜냐하면 여기선 나는 내가 원하는 무엇이든 할 수 있고, 될 수 있고, 말할 수 있기 때문에.

example On Mother's Day, people feel they have to eat out, so they're going to spend **whatever** (= anything/any amount that) it costs.

Mother's Day (어머니 날, 5월 둘째 일요일)에 사람들은 (어머니와 함께) 외식을 해야만 한다고 느끼며, 그래서 그것이 얼마가 들더라도 쓰려고 한다/쓰게끔 되어 있다.

Mother's Day (어머니의 날): 미국 5월 첫 번째 일요일 (the first Sunday in May). Father's Day (아버지의 날): 6월 세번째 일요일 (the third Sunday in June)

29 what = whatever

You just tell me <u>what</u> you want.
네가 원하는 거 (뭐든지) 말만 해

여기서 쓰인 what은 국내의 영어교육에서 가르치지 않지만 원어민들이 자주 사용하는 어법으로, 그 자체가 선행사를 포함하는 관계대명사로 the (kind of) thing that이라는 의미이다.

즉, You just tell me what you want. = You just tell me the (kind of) thing that you want. (네가 원하는 것을 나한테 말만 해 (그럼 다 들어 줄 수가 있어).) 그리고, 좀 더 엄밀히 말하자면, 여기서의 what은 바로 위에서 설명된 관계대명사 whatever (= anything that)과 같은 의미이다.

이렇게 문맥이나 상황에 따라 관계대명사 what이 whatever의 의미로 쓰이는 경우들이 종종 있으며, 그러한 빈도는 구어체에서 더욱 높다.

 example

Noah (to Allie): You just tell me <u>**what**</u> you want, and I'll be that for you.

[*The Notebook* (2004 film)]

[what you want = whatever (= anything that) you want]

Noah (Allie에게): 네가 원하는 거라면 뭐든지 될 수 있어. 뭐든지 원하는 거 말만 해, 그럼 널 위해 그게 될게.

example About forty years ago, my parents and that whole generation of Mexican-Americans were sitting in segregated classrooms. They were not allowed into restaurants because there were signs in the windows that said: No Dogs and Mexicans Allowed. They were spanked in schools for speaking Spanish. I call that racism. You can call it <u>**what**</u> (= whatever) you like.

한 40년 전쯤 나의 부모와 멕시코계 미국인들의 전 세대는 백인들로부터 분리된 교실에 앉아 있었다. 그들은 '개와 멕시코인 사절'이라는 창문의 싸인들이 있었기 때문에 음식점 안으로 들어가는 것이 허용되지 않았다. 그들은 학교에서는 스페인어를 사용한다는 이유로 엉덩이를 맞았다. 나는 그것을 racism (인종차별 주의, 정책, 또는 행위)이라고 부른다. 당신은 (무엇이든) 당신이 원하는 대로 부르면 된다. (즉 당신이 그것을 무엇이라고 부르든, 그것을 racism이라고 부르는 나의 입장은 확고하다는 뜻)

---

segregate 타동 (인종을) 격리하다   **segregation** 명 인종격리   **spank** 타동 (체벌로) ...의 엉덩이를 때리다

---

example Today is Memorial Day. Don't forget to take a moment and, regardless of **what** your religion may be, offer a prayer for those brave souls who sacrificed their lives in the name of freedom.

[... **what** your religion may be, ... = ... **whatever** your religion may be, ...]

오늘은 Memorial Day (미국 현충일, 5월 마지막 월요일)입니다. 잊지 마시고 잠시 시간을 내어 당신의 종교가 그 무엇일지라도 상관없이 자유의 이름으로 목숨을 희생한 용감한 영혼들을 위해 기도를 바치십시오.

Memorial Day 미국 현충일 (5월 마지막 월요일)   **sacrifice** 타동 희생하다
regardless of ... irrespective of ...; ...과 무관하게, ...과 상관/관계없이
in the name of ...: ...의 이름으로

[사진] 미국의 Memorial Day의 공식적인 행사는 이렇게 맨 앞에 도시/타운의 미국 의장대 (honor guard)가 전체 퍼레이드를 이끌고 바로 뒤에 Veterans of Foreign Wars (해외 전쟁 참전 용사들)이 따른다. 흔히 이들은 parade route를 따라 행진을 한 후, 주변 지역에 묻힌 전몰 군인의 묘지를 방문하여 전몰 군인들에게 경의를 표한다 (pay homage to their war dead buried in local cemeteries).
사진: ⓒ 박우상 (Dr. David)

Mrs. Hamilton (to her husband)

    ㉚ She is out fooling around with that boy till 2 o'clock in the morning, and it ㉛ has got to stop.

Mrs. Hamilton (To Allie, her daughter)

    You ㉜ are going to stop seeing Noah.

Mrs. Hamilton (To her husband)

    I didn't spend 17 years of my life ㉝ raising a daughter and giving her everything ㉞ so she could throw it away on a summer romance. She will ㉟ wind up with her heart broken or pregnant.

Mrs. Hamilton (To Allie)

    Now, he is a nice boy. He's a nice boy, but he's …

Allie   He's what? He is what? Tell me!

Mrs. Hamilton

    He is trash, trash, trash – not for you!

Allie   Trash?!

Mrs. Hamilton

    Now that is enough. ㊱ You are not to see him anymore. And that's final.

                                        [*The Notebook* (2004 film)]

Words & Phrases

- **fool around** ❶ 빈둥거리다, 시간을 허비하다 ❷ (이성과) 희희낙락 거리거나 바람피우고 다니다.

- **raise** 타동 (아이를) 양육하다, 키우다

- **trash** 형 쓰레기, 휴지, 쓸모 없는 것이나 사람

- **final** 형 마지막의, 최종적인. 여기서는 '결론적인, 결정적인, 그래서 뒤집거나 바꾸거나 움직일 수 없는'이라는 의미

장 면 ·····

사회경제적 지위가 하나의 전통과 질서로 오래 자리잡아 온 미국 남부 사회에서 대단히 부유한 가정의 열일곱 살 난 딸 Allie가 최근에 벌목장에서 나무를 만지며 막노동을 하면서 독신인 아버지와 어렵게 살아가는 Noah와 사랑에 빠진다. 그러자 Allie의 어머니 Mrs. Hamilton는 두 사람의 관계를 인정하지 않고 Noah를 '쓰레기' (trash)라고 부르고, Allie에게 헤어질 것을 명령하며 Allie를 New York 주에 있는 사립명문 여대에 떠나 보낼 준비를 한다.

Mrs. Hamilton	(남편에게) 쟤 (Allie)가 그 남자 녀석하고 새벽 두 시까지 나가 놀러 나다니는데 그런 것 그만 둬야 해요. (딸 Allie에게) 너 이제 Noah랑 만나는 거 끝내야 해. (남편에게) 내가 뭐 내 딸애 하나 키우면서 한 여름 풋사랑에 날려 버리라고 애한테 모든 걸 바치면서 내 인생의 17년을 바친 거 아니잖아요. 이 애가 끝내는 마음에 상처 받거나 임신이나 하게 될 거예요. (Allie에게) 얘야, 그 애 좋은 애다. 좋은 애긴 한데 근데 걘 ...
Allie	그 애가 뭔데요? 그 애가 어떤 사람인데요? 말해 봐요.
Mrs. Hamilton	그 앤 쓰레기야, 쓰레기, 쓰레기, 너한테 안 맞아!
Allie	쓰레기라고요?!
Mrs. Hamilton	이제 됐다 (지금까지 만나 논 것만으로도 충분해). 더 이상 그 앨 만나서는 안 돼. 그리고 이 얘긴 최종적인 거야 (이 명령은 뒤집거나 바꿀 수 없어).

영어의 이해 with Dr. David

30 현재분사구문 = 동시/부대 상황

She's out <u>fooling</u> around ... in the morning.

She's out. (쟤가 밖에 나돌고 있다.)이라는 주문장에 현재분사 fooling에 의해 이끌리는 소위 분사구문인 fooling around ... in the morning이 추가되어 있는 구조로, 여기서의 분사구문은 '새벽 두 시까지 그 남자 애랑 노닥거리면서'라는 상황을 (소위 부대상황 또는 동시상황이라고 부른다) 주문장인 She's out.에 동시적으로 부수되는 보충적인 정보로 추가한다. ➡ 33, 479

example If you're a single woman in the market for a good man, don't hang out at discos and nightclubs <u>hoping to meet that ideal man</u>. Very few long-lasting matches are made in bars.
당신이 좋은 남자를 찾고 있는 독신 여성이라면, 그 이상적인 남자를 만나길 희망하면서 디스코장이나 나이트 클럽에 나와 계시지 마세요. 오래 가는 짝들은 술집에서는 거의 만들어지지 않습니다.

example Today's grandparents are not sitt<u>ing</u> back in a rocking chair <u>waiting for death</u>.
오늘날의 할아버지 할머니들은 죽음을 기다리면서 흔들의자에 기대어 앉아 있지 않는다 (활동적이다).

example On Halloween night kids collect treats from neighbors and stay up late <u>sorting the sweets and hoarding them from brothers and sisters</u>.

Halloween (hal`·ə·wēn´) (10월 31일) 밤에 아이들은 이웃들로부터 treat들 (사탕류, 과자, 검, 작은 액수의 돈 등)을 받아 모으고 사탕들을 분류하고 형/동생들과 자매들로부터 사탕들을 숨기느라고 밤늦게까지 있는다.

[사진] 미국의 어린이들은 Halloween (10월 31일 저녁)에 땅거미가 지자 마자 (일부 성미 급한 아이들은 땅거미가 지기도 전에) costume을 입고 나가 이웃을 돌면서 "Trick or treat!" (골탕 먹을래/ 혼줄이 날래 아니면 대접 할래?)라고 외치며 사탕을 얻는 소위 trick-or-treating을 거의 환상적인 기쁨으로 즐긴다.

사진: ⓒ 박우상 (Dr. David)

31 have got to; have to; gotta = 의무, 당위, 요구, 주문, 주장

<u>has got to stop</u>
중지되어야만 하다

- -

've gotta는 have got to가 구어에서 빨리 발음된 것을 표기한 것이다. 여기서 have got + to-부정사는 have + to-부정사와 같이 말하는 이가 주어가 ...하는 것이 마땅하거나, 의무임을 나타내거나, ...할 것을 절대적으로 또는 대단히 강하게 요구, 명령, 주문, 또는 주장하는 표현이며 (have to보다 강한 의미이지만 조동사 must 역시 이런 의미를 나타낸다), 단지 많은 경우들에 있어서 have + to-부정사보다 구어체적이고 비격식체적인 표현이다.

Have/'ve got to/gotta 보다도 더욱 비격식체적이고 구어체적인 형태가 gotta이다. ➡ 97, 510, 553

주목 ▶ have to (기본형: 격식체 문어체) – have got to (비격식 구어체) – 've got to (보다 구어체) – 've gotta (더욱 구어체) – gotta (가장 비격식 구어체)

[기본형/문어체/격식체]
I **have to** go to see my mom on Mother's Day.
I**'ve gotta** go and see my mom on Mother's Day.
I **gotta** go see my mom on Mother's Day.

Joe will **come to join** our St. Patrick's Day party.
Hi, Joe. **Come and join** our St. Patrick's Day party.
Hey, Joe. **Come join** our St. Patrick's Day party.
Just wear a green hat or somethin'.

[사진] 미국에서 Irish계의 문화전통이라 하면 뭐니뭐니 해도 Ireland의 수호성인 (patron saint)인 Saint Patrick을 기리는 3월 17일의 **St. Patrick's Day**이다. 강한 아일랜드 (Ireland)계 이민의 전통을 가진 Boston을 비롯한 많은 대도시들에서는 St. Patrick's Day가 (또는 그 주말이) 대단히 큰 파티날이다 (대형의 퍼레이드들도 벌어진다).
사진은 St. Patrick's Day에 Boston에서 친구들이 Irish 스타일의 모자를 쓰고, 녹색 계통의 옷을 입고, 녹색 목걸이 (beads)를 걸고, Irish 맥주를 마시면서 파티를 하고 있는 모습. 사진 제공: © Bayen Miller

참고 ▶ **격식성 : <u>have</u> > <u>have got</u> > <u>'ve got</u> > <u>got</u>:**
현재의 소유 상태를 나타내는 것으로 have, have got, 그리고 got이 있다. have got은 의미가 have (...를 가지고/소유하고 있다)와 같은 의미지만, 스타일상에서 기본형인 **have**보다 비격식체, 일상체, 구어체의 형태이며, **have got**보다 더욱 비격식체, 일상 구어체인 것이 **got**이다.
have got은 현재완료 시제, got은 과거시제의 형태만을 취한 것으로 현재의 소유상태를 나타내는 것이다 (got은 get의 과거시제로 ...를 갖게 되었다, 얻었다, 구했다, 획득했다 등의 과거의 행위를 나타낼 수도 있다).

example
Richard: If there's no bread in the house, if you**'ve got to sell** the kids' bonds, in the summertime in New York City, you**'ve got to** have air conditioning.

[*The Seven Year Itch* (1955 film)]

Richard: 집에 빵이 없어도, 애들의 정부 채권을 (애들의 장래를 위해 사놓은 정부 채권을) 팔아야만 하더라도 뉴욕에서는 여름에 에어컨이 있어야만 한다.

bond 채권   kid's bonds 미국인 부모들 중에는 아이가 태어나거나 어릴 때 이자율은 높고 위험성은 없는 정부 채권 (bonds)을 구입해, 나중에 아이의 교육 자금이나 큰 돈이 필요한 경우에 현금화 해서 사용하는 사람들이 있다.

example Today, the American worker is working much longer hours than the people in any other industrialized country. Today, 40 percent of American workers are working fifty hours a week or more. We **<u>have got to turn</u>** that around.

오늘날 미국의 근로자는 산업화된 다른 어떤 나라의 사람들보다 훨씬 긴 시간을 일한다. 오늘날 미국 근로자들의 40 퍼센트는 주당 50시간 또는 그 이상 일한다. 우리는 그것을 돌려놓아야 한다 (그러한 추세, 현실, 또는 문제를 바로 잡아야 한다).

---

industrialized country 산업화된 국가, 선진국
turn that around turn the table around; change/ correct that; 바꾸다, 바로잡다

Exercise

다음의 표현들 중에 어법상 잘못된 표현은 어느 것입니까?

❶ The weather's got really windy overnight in Chicago, the Windy City.

❷ Chicago's got a beautiful drive along the shore of Lake Michigan, you know.

❸ Chicago got a nice amusement park named Navy Pier in the 1990s.

❹ Lots of Chicagoans actually have got to commute to their downtown offices from the suburbs.

[정답과 해설]

해설 >>>

❶ 에서는 날씨가 간밤 새에 바람 부는 날씨로 변화해서 지금 바람이 상당히 부는 모습을 표현하는 완료 + 영향/결과를 나타내는 현재완료 시제이기 때문에, has/'s got이 아니라 have + 과거완료 형태인 has/'s gotten으로 표현되어야 옳다. 이것은 한국의 대부분의 영어 교사들과 저자들조차 실수하거나 잘못 가르치는 어법이므로 **각별히 유의해야 한다.**

❷ 여기서 's got (= has got)은 has의 비격식체/구어체적 표현으로 올바른 어법이다.

❸ 에서의 got은 문맥상 과거를 나타냄으로 (문미에 in the 1990s라는 과거의 어구가 있다) get 의 과거형으로 올바른 어법이다.

❹ 에서의 have got to-부정사 (commute)는 have to-부정사 (= be required, compelled, or obligated to-부정사)의 비격식체적 표현으로 올바른 어법이다. 더 비격식체적인 구어체 표현 이 have가 생략된 got to/gotta이다.

번역 >>>

❶ '바람 부는 도시' Chicago에서는 밤새 정말로 (아주) 바람 부는 날씨가 되었다.

❷ Chicago는 (5대호 (the Great Lakes)의 하나인) Lake Michigan 연안을 따라 아름다운 찻길 (Lakeshore Drive)이 있잖아요.

❸ Chicago는 1990년대에 Navy Pier라는 이름의 멋진 놀이공원을 갖게 되었다.

❹ 많은 Chicago 사람들은 실은 교외로부터 자기들의 시내 사무실로 통근을 해야 한다.

정답: ❶

32 be going to = 말하는 이의 의지

You <u>are going to stop</u> seeing Noah.
너 Noah 만나는 거 중단한다, 중단해

주목 이 문장은 한국의 영어교육에서 가르치는 '넌 Noah를 만나는 것을 중단하려고 한다.'는 주어의 의지나 '넌 Noah를 만나는 것을 중단할 것이다.'라는 예측/추측을 나타내는 표현이 아니다.
여기서의 **be going + to-부정사**는 특히 구어체 영어에서 자주 쓰임에도 불구하고 한국의 영어교육에서 전혀 가르치지 않는 어법으로, 말하는 이 (나: I)가 주어 (특히 이 경우에서처럼 you)에 대해 술부의 내용을 행할 것을 강하게 **명령, 주문, 또는 약속**하는 표현이다.
이 어법은 특히 일상체와 구어체에서 대단히 자주 사용되므로, 좋은 예문들을 통해 명확히 이해하고 숙달해야 한다. 즉, 이 문장은 말하는 사람인 어머니가 딸인 Allie에게 Noah를 만나는 것을 중단할 것을 단호히 이르는 표현이다. ➡ 136

Cross-reference
비교: be going to = 추측: 가능성/순리:
➡ 40, 78, 93,
   306, 453,
   518, 570

비교: be going to = 주어의 의지:
➡ 365, 494

example

Mrs. Gump: He might be a bit on the slow side. But my boy, Forrest, **is gonna get** the same opportunities as everyone else. There must be something can be done.
[*Forrest Gump* (1994 film)]

Mrs. Gump: 우리 애가 (머리가) 좀 느린 편이긴 해요. 그렇지만 내 아이 Forrest는 다른 모든 아이와도 똑같은 교육을 받아야 합니다. (애가 이 학교에 다닐 수 있게끔) 가능하게 하는 무슨 조치가 반드시 있어야 해요.

장면배경 IQ 80을 최소한으로 요구하는 공립학교에 Forrest가 IQ 75로 등록할 수 없다는 이야기를 교장 선생님으로부터 듣고, Forrest의 엄마가 교장 선생님께 무슨 수를 써서라도 애가 다른 애들처럼 이 학교에 다닐 수 있게 되어야만 한다고 요구하는 표현이다.

주목 There must be something (<u>that</u>) can be done.
이 문장은 비교적 교육수준이 낮은 사람의 영어에서 주격 관계대명사 that이 생략된 예외적인 Non-Standard English (비표준영어)의 표현이다.

76 뉴 로맨틱 잉글리쉬 BOOK - 1

[사진] 미국의 1960년대의 정치, 사회, 문화의 대격변기라는 역사적 배경 속에, 세상의 기준으로는 성공의 조건들을 갖추지 못한 IQ 75의 그러나 순수하고 의리 있는 Forrest Gump 같은 사람도 행복과 성공을 성취할 수 있다는 새로운 가치관을 그린 영화 *Forrest Gump* (1994)의 포스터. 사진: © Paramount Pictures

example

Jeannie (to Warren, her father): I'm getting married the day after tomorrow, and you **are gonna come** to my wedding and you **are going to sit** there and **enjoy** it and **support** me, or else you can just turn right around right now and go back. (Jeannie leaves Warren.)   [*About Schmidt* (2002 film)]

Jeannie (아버지 Warren에게) : 저 모레 결혼하는데요 제 결혼식에 오셔서 앉아서 즐기고 절 지지해 주시든지 아니면 지금 당장 딱 뒤로 돌아 돌아 가세요.

장면 모레 결혼하기로 되어 있는 딸 Jeannie를 방문하여 그녀의 남편과 시부모가 될 사람들을 만나고 나서, 그들의 세련되지 못하고 기이한 언행에 충격을 받은 Warren이 그녀에게 결혼을 취소할 것을 부탁하자, 그녀는 아버지의 충고를 즉시로 일축한다.

33 현재분사구문 = 동시/부대 상황

raising a daughter ... on a summer romance:

I didn't spend 17 years of my life. (나는 내 인생의 17년이란 세월을 소모하지 않았다)라는 주문장에 '...하면서' (내가 딸아이에게 바친 모든 것을 그 애가 한 여름철의 사랑 장난에 날려 버리게끔, 그 앨 키우고 그 애에게 모든 것을 바쳐가면서)라는 부대상황을 보충적으로 설명하는 분사구문이다. ➡ 30, 479

example The local police department shouldn't spend overtime money <u>hauling rowdy coeds to jail</u>, as in past years. In other words, play nice, everybody.
지역 경찰국은 예년처럼 말썽부리는 여학생들을 유치장에 끌고 가는데/가면서 근무 초과 수당을 소비하지 말아야 합니다. 달리 말하자면 모두 잘 놀자는 거죠.

[사진] 미국 the University of Wisconsin-Madison 위스컨 학교 캠퍼스 바로 근처 동네에서 다 봄에 열리는 block party에 은이들이 hip-hop/rock 밴드의 을 신나게 즐기고 있다.
사진: ⓒ 박우상 (Dr. David)

34 so + (that) + 절 (주어 + may, can, will) = 목적/의도

<u>so</u> she could throw it away on a summer romance
애가 한 여름철 사랑놀이에 그것을 (내가 얘한테 바친 모든 것을) 내버릴 수 있게

여기서 so는 '...할 수 있도록, ...하게끔'이라는 의도나 목적을 나타내는 상관접속사 so that에서 that이 생략된 경우로, **so that**이 다분히 문어체적이고 격식을 갖춘 표현에서 쓰이는 반면, (여기서처럼 **that** 을 생략하고) so만을 사용하는 어법은 일상적 구어 표현이나 비격식체적 글에 자주 쓰인다.

아울러 주목할 것으로 so 뒤에 따르는 주어 뒤에 조동사로 흔히 may나 can이 따르며, 이따금 will이 쓰이는 경우도 있다. (이러한 조동사가 사용되지 않는 경우도 있다). 접속사 so가 이렇게 목적이나 의 도를 나타내는 경우에는 so의 다른 어법인 '그래서 ...하게 (또는 할 수 있게) 되다'라는 결과, 효과, 또는 결론을 나타내는 경우와 달리, 글로 표현할 때 so 앞에 쉼표 (comma)를 찍지 않는 것이 대부분의 경 우에 정어법이다. ➡ 57, 259, 278

example The Bush administration is trashing America's greatest treasures hopelessly <u>so</u> a few Republican boosters can line their pockets.
[... <u>so</u> (<u>that</u>) a few ...]
부시 행정부는 몇몇 공화당 개발 추진자들이 주머니를 챙길 수 있도록 미국의 위대한 보물들 (소중한 천연자원들이 나 국립공원들 등)을 가망이 없을 정도로 (쓰레기처럼) 훼손하고 있다.

administration 명 행정부   trash 타동 쓰레기로 버리다
Republican boosters (미국의) the Republican Party (공화당)의 리더들과 지지세력
 line 타동 (옷이나 지갑 등에) 안감을 대다. line one's pocket : (지갑에 안감을 대다) 돈을 두둑
이 챙기다, 돈/이득을 벌다]

example If your Thanksgiving dinner is a buffet, set up the serving table **so**
there's enough room to maneuver between it and the dining table.
[... **so** (**that**) there's enough room ...]
Thanksgiving (추수감사절, 11월 4째 목요일) 디너가 뷔페식일 경우 뷔페를 차린 테이블과 식사를 하는 테이블 사
이에 사람들이 움직일 수 있는 충분한 공간이 있도록/있게끔 (뷔페) 테이블을 차리십시오.

maneuver 자동 움직이다, 이동하다, 조종하다

35 wind/end up +전치사구, 형용사, -ing (현재분사)

She will <u>wind</u> <u>up</u> <u>with her heart broken</u> or <u>pregnant</u>.
그녀는 끝내는 마음이 상처받거나 임신하게 될거야.

= She will <u>end up</u> with her heart broken or <u>pregnant</u>.
<u>Wind up</u>은 [wind (waind): 발음에 <u>주의</u>] '끝내는/결국에 가서는 ...하다/이다, ...하는/인 것으로 끝맺
다'라는 의미의 동사구이며, 같은 표현으로 end up이 보다 자주 사용된다. Wind up은 뒤에 여기서처
럼 전치사구를 취하거나 현재분사 또는 형용사를 취한다.

이 문장은 She will wind up. (그 애는 끝날 것이다)과 어떻게 끝날 것인가 하는 문장인 Her heart will
be broken. (상심해 있을 것이다) 이 두 문장이 부대상황을 나타내는 전치사 with에 의해 **with + 목적
어** (her heart) + **과거분사** (목적격보어: broken)의 구조를 취하여 연결된 표현이다.

example The ambitious young man from a very poor family <u>wound</u> <u>up</u> <u>as the top</u>
<u>dog of the large firm</u>.
아주 가난한 가정 출신인 그 야심 찬 젊은이는 끝내 그 대회사의 최고위가 되었다.

top dog 명 보스, 최고, 챔피언   **firm** 명 회사, company

example The super rich investment banker on Wall Street <u>wound</u> <u>up</u> (<u>being</u>)
<u>penniless</u>.
Wall Street (New York시의 증권가)의 그 대단히 부유한 투자은행가는 결국 빈털털이가 되었다.

investment banker: 투자은행가   **penniless** 형 땡전 (1 페니 penny, cent) 하나 없는, 파산한

example Many Americans went to Alaska for a brief vacation or to work for a summer and **wound up moving North**.

많은 미국인들이 짧은 휴가를 즐기거나 한 여름 동안만 일을 하러 Alaska에 갔다가 끝내 북쪽으로 (Alaska로) 이사하게 되었다.

36 be + to-부정사 = 말하는 이의 의지, 주문, 요구, 단언

You <u>are</u> not <u>to see</u> him anymore.
너 그 앨 더 이상 만나서는 안 돼.

여기서 be + to-부정사는 주어가 ...함이 당연함, 마땅함, 필요함, 의무임을 나타낸다. 즉 주어 자신의 바램이나 의지를 표현하는 것이 아니라, 말하는 이가 주어가 ...해야 한다고 주문, 명령, 요구, 단언 또는 주장하는 것이다.

You are not to see him anymore.
= You should/must not see him anymore.
= You are not allowed to see him anymore.
= You do not have permission to see him anymore.

example Smokers **<u>are to be</u>** pitied rather than insulted.
흡연자들은 모욕당하지 않고 오히려/차라리 동정 받아야 한다.

pity [타동] 동정하다   **insult** [타동] 모욕하다

example The will of the majority **<u>is to prevail</u>**, but that will to be rightful must be reasonable.   [미국 3대 대통령 Thomas Jefferson (1743-1826), 1801년 대통령 취임사]
다수의 의지가 (마땅히) 승리해야 하지만, 그러나 그 (다수의) 의지가 올바른 것이기 위해서는 합리적인 것이어야만 한다.

will [명] 의지, 의사   **majority** [명] 다수, 과반수   **rightful** [형] 올바른
prevail [자동] 이기다, 지배적이다, 유행하다   **reasonable** [형] 합리적인, 이성적인

example Artists are simply artists. They **<u>are</u>** not **to be** defined by gender or politics.
[Georgia O'Keeffe: 미국 화가, 1887-1986]
예술가들은 단지 예술가들일 뿐이다. 예술가들이 성 (남성이니 여성이니 하는) 또는 정치에 의해 정의되어서는 안 된다.

define [타동] ...를 정의 내리다, 규정하다   **politics** [명] 정치
gender [명] (대개 사회문화적 의미의) 성(별). 비교: 생물학적 의미의 성(별)은 sex

Scene

Allie	**I love him.**
Mrs. Hamilton	**You are 17 years old. You don't know anything about love.**
Allie	**Oh, (37) you do? You don't look at Daddy (38) the way I look at Noah. You don't touch or laugh. You don't play. You don't know anything about love.**

[*The Notebook* (2004 film)]

Words & Phrases

- **laugh** 자동 (소리 내어) 웃다
- **play** 자동 장난하다, 놀다

장 면

17살의 Allie는 자기가 사랑하는 Noah가 가난하다는 이유로 엄마가 'trash' (쓰레기)라고 부르며 Noah와 사귀는 것을 중단하라고 하자, 엄마의 속물적인 태도에 반항하면서 오히려 엄마에게 참사랑이 어떤 것인지 한 수 가르친다.

[사진] 가난하고 자유롭지 못하지만 젊고 순수한 연인 Noah와 Allie의 사랑은 뜨겁고 즐겁기만 하다. South Carolina 주의 Charleston 시의 한 거리를 대낮에 함께 걸으면서, Allie가 자기가 먹던 아이스크림을 Noah의 입에 바르고는 걸음을 멈추고 키스한다. Allie의 엄마가 딸 Allie로부터 사랑에 관해 진짜로 한 수 배워야 할 장면이다.

번 역

Allie	나 그 앨 사랑해요.
Mrs. Hamilton	(엄마) 넌 열일곱 살이야. 넌 사랑이라곤 아무것도 몰라.
Allie	오, (그러는) 엄만 알아요? 엄만 내가 Noah를 바라보듯이 그런 식으로 아빠를 바라보지 않아요. (아빠를) 만지거나 (아빠를 보고) 웃지도 않아요. (아빠랑) 놀지도 않아요. 엄마야말로 사랑이란 게 뭔지 아무것도 몰라요.

영어의 이해 with Dr. David

37 서술문 + ? = Yes-No 의문문: 서술의문문: 어법 (1) (2)

You do?
엄만 그래? (사랑이 뭔지 알아?)

이 문장은 구문 형태상으로만 주어 + 술부의 어순을 취하고 있는 서술문이지 의미, 의도, 기능, 효과 모든 면에서 의문문이다 (서술의문문이라고 한다). 서술의문문은 서술의 형태를 취하여 기본적으로 두 가지 어법으로 사용된다.

어법-1 서술의문문은 객관적, 감정 중립적 태도로 사실을 묻는 경우가 있다.

어법-2 서술의문문은 또 상대방의 진술에 대해 놀라움, 믿기 어려움, 역겨움, 반감, 반대, 빈정거림, 비판 등 감정적 반응이나 주관적 판단을 표현하는 어법으로 사용되기도 한다.

두 유형 모두 기본적으로 일상적 구어 표현이나 비격식체의 스타일이며, Yes-No 의문문에서처럼 문미에서 어조가 위로 올라가며 글로 쓸 때는 의문부호로 끝을 맺는다.

이 문장은 어법-2의 문장으로서 엄마가 나 Allie에게 "넌 너무 어려서 사랑이란 것이 무엇인지 아무것도 모른다."고 하자 Allie는 "와, 엄마가 나한테 사랑을 모른다고 해?, 와, 엄마야 말로 사랑이 뭔지 정말 알아?, 내가 보기엔 엄마야 말로 사랑에 관해 아무것도 모르는 사람이다."라고 지적하는 표현이다.
➡ 81, 99 ,178, 251, 304

Cross-reference

비교: 서술문 + ? = Yes-No 의문문: 중립적, 객관적:
➡ 300, 411, 457, 485, 489

어법-1

example <u>You're</u> older than, say, 35<u>?</u> Then you probably remember the heyday of drive-in movies.

아, 말하자면, 35세가 넘으셨습니까? 그러면 아마도 drive-in movie theater (차를 타고 들어가 공원이나 들판이나 공터 등 야외에서 영화를 보는 극장)의 전성시대를 기억하실 겁니다.

heyday 명 전성기
drive-in movie (theater) 명 넓은 주차장에 차를 몰고 들어가 주차해 놓고 옥외 영화를 감상하는 야외주차장 극장

82 뉴 로맨틱 잉글리쉬 BOOK - 1

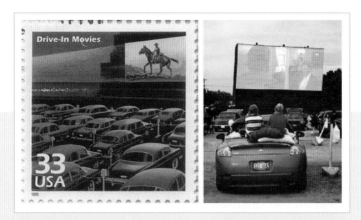

[사진 (왼쪽)] 1950년대에 전성기를 누렸던 drive-in movie theater를 기념하는 1999년의 미국 연방 정부의 기념우표. © the U.S. Postal Service.

[사진 (오른쪽)] 미국 Wisconsin 주 Kenosha의 한 외진 공터에 운영되고 있는 drive-in movie theater에 서 여러 가족들과 청소년들이 저녁에 영화를 감상하고 있다.   사진 제공: © Brian Jacobson

어법-2

example Mankind is different. Humans have a spirit that animals do not have – and spirits cannot be cloned. What! **You do** not believe in spirits**? You believe** only in what you see? What planet are you from?

인류는 다릅니다. 인간은 동물이 갖지 못한 영혼을 갖고 있는데 영혼은 복제가 될 수 없습니다. (영혼을 믿지 않는다 고 하는 사람들에게) 뭐라고요! 당신 영혼을 믿지 않는다고요? 당신 눈에 보이는 것만을 믿는다고요? 당신 어느 천 체에서 왔습니까?) [생명 복제 (cloning)를 반대하는 사람의 의견]

spirit 명 정신, 영혼   **clone** 타동 (생명체를) 복제하다

38 the way = 유사접속사/준접속사; the way + 부사절

You don't look at Daddy <u>the way</u> I look at Noah.
당신은 (엄마는) 내가 Noah를 보듯이 (사랑스럽게) 아빠를 보지 않아요

Cross-reference
비교: the way + 절 = 명사절:
➡ 286

주목 ▶ 여기서 the way는 일견 명사구처럼 보이지만 '...인/하는 대로, ...이/하듯'이라고 번역될 수 있는 방법, 방식, 또는 양태를 나타내며 뒤에 절 (주어 + 술부)의 구조를 취하니, 실질적으로는 접속사의 기 능을 하는 셈이다.

본 저자가 유사접속사 (quasi-conjunction, 또는 준접속사)의 하나로 부르는 the way의 구조적 기원

Women don't need men **the way** they used to.

[… (in) the way (that/in which) they used to (need men).]

= Women don't need men **as/like** they used to.

(오늘날) 여자들은 예전에 그랬던 식으로 남자를 필요로 하지 않는다.

참고 남자를 예전처럼 재정적 후원자이자 가정의 권위적인 가장으로서가 아니라, 정서적으로 친밀한 인생의 partner나 companion으로 원한다는 뜻

example

Jack: Cats make you work for their affection. They don't sell out (to you) **the way** dogs do. [*Meet the Parents* (2000 film)]

Jack (개를 경멸하는 고양이 광): 고양이들은 사람들이 고양이의 사랑을 얻어내기 위해 노력하게 만든다. 고양이들은 개들이 하는 식으로 (개들은 쉽게 사람에게 정을 주고 따른다는 뜻) (사람들에게) 지조를 버리지 않는다.

affection 명 애정, 사랑　　**sell out** 조국이나 대의 또는 동료 등을 배반하다, 지조를 버리고 적이나 상대방 편에 붙거나 아부하다.

주목 여기서 you는 일반 사람들을 가리킨다.

example "If GM had kept up with technology **the way** Microsoft has," Bill Gates bragged, "we'd all be driving $25 cars that get 1000 miles per gallon."

"I suppose that's true," the GM executive agreed. "But would you really want your car to crash twice a day?"

"GM (미국 자동차 제조회사 General Motors)이 Microsoft사가 해 왔듯이 (그런 식으로) 기술개발을 꾸준히 해 왔더라면," (Microsoft사의 회장인) Bill Gates가 자랑했다, "우리 모두가 1갤런 당 천 마일을 가는 25불짜리 차를 몰고 다니고 있을 겁니다." "그 말이 사실일 겁니다,"

GM사의 (최고) 중역이 동의하며 말했다. "그러나 당신 정말 당신 차가 하루에 두 번 crash하길 (컴퓨터가 크래쉬하듯) 원하십니까?"

keep up with ...: ...를 따라잡다, ...와 보조를 맞추다

Scene

Noah	You're leaving. And I'm staying here. And I'm ㉟ so happy that you're doing it. But ㊵ you're gonna have ㊶ a million things to do. You got so much ㊷ ahead of you.
Allie	Don't talk like that.
Noah	It's true.㊵ I'm not going to have nice things, fancy things. ㊸ It doesn't … ㊵ It's never gonna happen ㊹ for me. ㊸ It's not in the cards ㊹ for me.
Allie	㊺ I don't have to go to school, O.K.?
Noah	㊻ Yes, you do!
Allie	Are you breaking up with me?
Noah	㊼ I don't see how ㊶ ㊷ it's gonna work.
Allie	㊽ Please don't do this. You don't ㊽ mean it.

[*The Notebook* (2004 film)]

Words & Phrases

- **million** 명/형 백만(의). 그러나 때로는 꼭 백만이라는 수를 가리키는 것이 아니라, 여기서처럼 막연히 대단히 많은 수의 사람이나 사물을 뜻하는 명사나 형용사로도 쓰인다.

- **fancy** 형 멋진, 환상적인, 화려한

- **break up (with ...)** (...와) 헤어지다, 갈라서다

장 면 ● ● ● ●

찢어지게 가난한 Noah와의 사귐을 반대하는 Allie의 부모는 Allie를 New York 주에 있는 한 명문 사립 여자대학에 보내어 둘이 헤어지도록 계획한다. Noah는 현실을 받아들여 Allie에게 대학에 가서 밝은 미래를 추구하라고 말하면서도, 한편으로는 두 사람의 사회경제적 격차에 기인한 Allie와의 헤어짐을 가슴 아파한다. Allie는 Noah와의 사랑을 위해 부모의 명령을 거역하고 대학을 포기하겠다고 말하지만, 결국에 부모의 뜻에 따라 대학 진학을 위해 New York으로 떠난다.
Allie는 떠나면서 Noah에게 편지해 달라고 부탁하고 Noah는 매일 어김없이 365통의 편지를 Allie에게 보내지만, Allie의 부모의 방해로 단 한 통도 전해지지 않게 되면서, 두 사람의 사랑의 첫 장은 일단 막을 내린다. 그러나 수년 후 인생의 새로운 전개로 두 사람은 극적인 해후를 하며, 끝내는 치매병과 죽음까지 초월하는 사랑을 완성한다.

번 역 ● ● ● ●

Noah	넌 떠나고 그리고 난 여기 남아. 자기가 그렇게 하니까 너무 기뻐. 자긴 백만 개의 (수도 없이 많은) 할 일들이 있을 거야. 자긴 앞으로 할 일이 너무도 많아.

Allie	그렇게 말하지 마.
Noah	사실이잖아. 난 좋은 것들도 근사한 것들도 갖지 못할 거야. 그런 건 없어. 그런 건 내겐 절대 일어나지 않아. 그런 건 내 카드 패에 들어 있질 않아.
Allie	나 학교 가지 않아도 되잖아?
Noah	아니야, 가야 돼!
Allie	자기 나랑 헤어지는 거야?
Noa	이게 (우리 사랑이) 어떻게 이루어질지 가망이 보이질 않아.
Allie	제발 이러지 마. 자기 진심으로 그러는 거 아니잖아.

영어의 이해 with Dr. David

so = 강조의 정도 부사

<u>so</u> happy
너무도/아주 행복한

여기서 so는 '그렇게, 그리, 그다지'로 번역될 수 있는, 앞에서 이미 언급된 정도를 가리키는 부사로 사용된 것이 아니라, 그 자체가 바로 뒤에 오는 형용사나 부사의 정도를 독자적으로 강조하는 강조어 (intensifier)로서 '아주, 너무도, 크게, 대단히, 몹시, 극히' (very (much), greatly, tremendously, extremely) 정도로 번역될 수 있다.
➡ 186, 264, 277

Cross-reference
비교: so = 정도의 지시 부사
(그렇게, 그다지):
➡ 59, 451

example Divorce is <u>so</u> normal in America. The lives of <u>so</u> many families revolve around two different families because the parents split up.
이혼은 미국에서 너무도 정상이다. 너무도 많은 가족들의 삶은 부모들이 갈라서기 때문에 서로 다른 두 가족들을 축으로 돌아간다.

revolve around ...: ...를 중심으로 돌다/ 움직이다/ 작동하다; center around ...

example At the state fair we saw the truck pulls, all the kids had a blast on the rides, and we ate all the good stuff that's <u>so</u> bad for you.

State fair (주의 전통, 산업, 문화 등을 전시하며 각종 음악, 음식, 연예, 경기, 쇼 등을 즐기는 주의 연례 축제)에서 우리는 truck pull (사람들이 주로 그룹으로 함께 18개의 바퀴가 달린 트럭을 누가 정해진 시간에 빨리 끄는가를 겨루는 경기) 시합들을 보았고, 모든 애들은 탈 것들을 타고 아주 즐거운 시간을 가졌으며, 우리 모두가 몸에는 너무도 나쁜 온갖 좋은 (몸에는 나쁘지만 맛이 있다는 의미) 것을 먹었다.

---

blast (속어) 신나는/즐거운 시간/일/파티; a very enjoyable/thrilling/exciting time, party, or experience; ball; blowout

---

[사진] **State fair**는 아이들이나 청소년들만을 위한 것이 전혀 아니다. 어른들도 느긋하게 쉬면서 보거나 참여하여 즐길 것들과 먹고 마실 것들이 많이 있다. 이 사진에서는 the Wisconsin State Fair에서 한 가족이 19세기 서부 개척 시대의 (아버지는 총잡이 (gunman), 엄마는 유흥가 여성) 복장을 입고 가족 사진을 찍고 있다. 아버지 뒤의 어린 아들도 똘만이 조수 (apprentice) 총잡이로서 그럴싸한 폼을 잡고 있다.
사진: ⓒ 박우상 (Dr. David)

---

40 be going to = 추측: 가능성/순리

You're gonna have a million things to do.
자긴 (앞으로) 수많은 할 일들이 있을 거야.

gonna는 going to를 비격식체적 구어체에서 빨리 발음한 것을 표기한 것이다. 여기서의 be going to-부정사는 한국의 영어 교육에서 주로 가르치는 주어의 의도를 나타내는 용법으로 쓰인 것이 아니라, 미래에 주어가 논리적으로나 상황적으로나 (예정이 되어 있다든지 일이 돌아가는 모양을 보건대 그렇게 될 조짐이 뚜렷하다든지) 주어가 그렇게 될 것이 마땅하거나 순리적이거나, 자연스럽거나, 분명하거나 가능성이 대단히 높다고 보는 말하는 이의 추측이나 판단을 나타낸다.

즉, 이 문장은 Allie 너는 경제적으로 좋은 가정도 있고 명문 대학에서 교육

Cross-reference
비교: be going to = 말하는 이의 의지:
➡ 32

비교: be going to = 주어의 의지:
➡ 365
 494
 555

까지 받게 되니 장래에 수많은 할 일들이 있을 것이며 앞날이 상상할 것이다, 그렇게 되게끔 되어 있다는 뜻이다.

뒤에 따르는 I'm not going to have nice things, fancy things.와 It's never gonna happen for me.에서의 be going to도 같은 어법으로, 나는 너무도 가난한 여건 속에 교육도 제대로 받지 못했으니 앞으로의 인생에서 자기와 같은 좋은 것들을 가질 수 없다, 창창한 앞날을 기대할 수 없다, 세상이 그렇게 돌아가게 되어 있다는 것이다. ➡ 78, 93, 306, 453, 518, 570

example The best single predictor of whether a couple **is going to** divorce is contempt. Contempt goes beyond criticism to a you're-so-beneath-me tone of haughty superiority.

한 부부가 이혼하게 될 지 (한 부부의 관계나 서로에 대한 언행 등의 태도를 보면 어떤 부부는 이혼하게끔 되어 있다, 일이 그렇게 돌아간다는 어감) 아닌지를 가장 잘 예측하게 하는 요인은 모욕 (멸시하고 깔봄)이다. 모욕은 비판을 넘어서서 너는 나보다 너무도 수준이 낮다고 하는 건방진 우월감에까지 이른다.

---

predictor 명 예측을 가능하게 하는 요인　　**superiority** 명 우월(성)　　**contempt** 명 disdain; scorn; 모욕, 경멸　　**haughty** 형 arrogant; snobbish; 건방진

---

example Mack: Hey, this is difficult stuff. Making a left turn in L.A. is one of the harder things you**'re gonna** learn in life.　　　　　　　　　　[*Grand Canyon* (1991 film)]

Mack (15살 난 아들 Roberto에게 Los Angeles에서 운전을 가르쳐 주면서): 야, 이건 어려운 거야. L.A.에서 좌회전을 하는 건 네가 인생에서 배우게 될 보다 어려운 일들 중의 하나야.(네가 원하든 아니든 인생을 살다 보면 당연히 배우게 될 여러 가지 보다 어려운 일들이 있는데 L.A. 시에서 좌회전을 하는 것이 그 중의 하나라는 어감)

명사 + to-부정사 (타동사): 명사 = 타동사의 목적어

a million things <u>to do</u>
수많은 할 일들

여기서 to-부정사인 to do의 수식을 받는 a million things는 이 부정사구의 목적어이며 (You're gonna do a million things. 자긴 수많은 일들을 하게 될 거야) 이 to-부정사의 주어는 문장 전체의 주어인 you로서 문맥상 뚜렷하기 때문에, 그 앞에 to-부정사의 의미상의 주어가 뚜렷하지 않을 때 그 주어를 명시하는 for + 목적격 (= for you)의 형태로 표현되어 있지 않다.

이렇게 명사 + to-부정사의 구조에서 to-부정사가 앞에 오는 명사를 형용사구처럼 수식하고, 그 명사가 의미상 뒤따르는 to-부정사의 목적어로 사용되는 이 어법의 빈도는 문어체와 구어체에서 모두 대단히 높다. ➡ 26, 107

example I haven't a paper dollar **to crinkle** in my hand.

[*Seven Daffodils* (song by Carol Kidd)]

저는 제 손 안에서 꾸길 1달러 지폐도 없어요.

---

crinkle 타동 wrinkle; crimple; ripple; 꾸기다, 꾸깃꾸깃/주름지게 마구 접다

---

example Even if the day comes when wild experimentation is the norm, there will still be those who choose to wait for "**that special someone to** "**give themselves to**."
[Those people would want/like/love to "give themselves to" "that special person."]

와일드한 (성적) 실험이 표준인 날이 온다 하더라도 "그 (나) 자신을 줄 그 특별한 어떤 사람"을 기다릴 것을 선택하는 사람들이 여전히 있을 것입니다.

---

experimentation 명 실험 (하는 것) < **experiment** 동 실험하다 명 실험
norm 명 standard; 표준, 기준, 규범

---

42 ahead of ...: ...에 앞서 (시간, 위치, 중요성)

<u>ahead</u> <u>of</u> you
너의 앞에

ahead of는 구전치사로서 장소, 위치, 시간, 또는 순서, 중요성, 순위가 ...에 앞섬을 나타낸다.

의미-장소/위치

example In a lunch line a man who got his sandwich behind me brazenly stepped ahead and positioned himself **<u>ahead</u> <u>of</u>** me in front of the cash register.
점심을 사는 줄에서 내 뒤의 샌드위치를 산 한 남자가 뻔뻔하게도 앞으로 나서더니 금전등록기 앞에서 내 앞에 서는 것이었다.

---

brazenly 부 뻔뻔하게; impudently; shamelessly
position 타동 (...를 ...에) 위치시키다   **cash register** 명 금전출납기

example Stocks still routinely shoot higher <u>ahead of</u> big merger news.
주식은 아직도 일상적으로 큰 기업 합병의 뉴스가 있기 전에 치솟는다.

stock 명 주식   **routinely** 부 일상적으로, 관례적으로   **merger** 명 합병.
merge 타동/자동 합치다, 합병하다

의미-중요성/순위

example Some native American tribes have traditionally put spearfishing <u>ahead of</u> netting.
어떤 미국 원주민 부족들은 전통적으로 그물을 사용해서 물고기를 잡는 것보다 창으로 잡는 것을 중요하게 여겨 왔다.

tribe 명 부족   **spearfishing** (원주민들의 오랜 관습) 창으로 물고기를 잡는 것
netting 그물로 물고기를 잡는 것.   **net** 타동/자동 그물로 잡다/건지다

43 it = 상황: 상황의 it

It doesn't ...:

여기서의 주어인 it은 바로 앞에 언급된 내용인 my having nice things, fancy things (내가 좋은 것들, 근사한 것들을 갖는 것)를 나타내며, 이 생략문을 완전한 문장으로 표현하자면 문맥상 It doesn't become/suit me. (그런 일은 내게는 어울리지 않는다, 일어나지 않는다, 나의 운명이나 팔자가 아니다)

또는, It doesn't seem to be in the cards for me. (그런 일은 내 카드 패에는 들어있지 않는 것 같다) (card 앞에 정관사 the가 오고 cards로 복수형임에 유의), 또는 같은 의미로 달리 표현하자면 It doesn't seem to be in store for me. (그런 일은 나를 위한 재고에 들어 있지 않는 것 같다, 나의 장래에 없는 것 같다)

또는, It doesn't seem to be in my future. (그런 일은 내 장래에 없는 것 같다)가 된다.

example

D.J. on the radio: Summer's over. Labor Day weekend is here, and soon <u>it</u>'s back to the old books and back to work. Oh, what a terrible thought!

[*Dirty Dancing* (1987 film)]

(라디오에서) DJ: 여름이 끝났군요. 노동절 주말이 왔습니다. 그리고 이제 곧 학교로 돌아가고 직장으로 돌아갈 시즌/생활이네요. 생각만 해도 끔찍하네요!

Situation it (상황의 'it') 여기서는 문맥상 방학과 휴가가 끝나는 학생들과 어른들이 맞는 새로운 생활을 나타낸다.
Labor Day (미국) 9월 첫번째 월요일; the first Monday in September

 for = 이익/혜택

<u>for</u> me

'어떤 일이 누구에게 벌어지다, 발생하다.'라고 할 때는 **happen + to + 사람**으로 표현한다. 그러나 It's never gonna happen **for** me.에서 전치사로 동작의 방향을 나타내는 to가 아니라 for가 쓰인 것은 for의 기본적인 의미인 이익이나 혜택을 나타내기 위한 것이다.

즉, having nice things, fancy things (좋은 것들, 근사한 것들을 갖는 일)라는 일은 나를 위해서는 (나에게 도움이나 이익이나 혜택이 되게끔) 절대로 벌어질 수 없다는 뜻이다. 뒤따르는 문장인 It's not in the cards for me.에서의 for도 같은 의미로 쓰인 것으로서, '그런 좋은 일은 내가 든 카드 패에 들어 있지 않다.', '내가 들고 있는 카드 패는 그렇게 나를 위한 (나에게 도움이나 이익이나 혜택이 되는) 패가 아니다.'라는 뜻이다.

Cross-reference

비교: **for = 가격/댓가:**
➡ 2
비교: **for = 목적지:**
➡ 3, 269
비교: **for = 경우/입장:**
➡ 23, 83
비교: **for = 정체/동일:**
➡ 162
비교: **for = 기간/지속:**
➡ 19, 573
비교: **for = 의미/상징:**
➡ 385
비교: **for = 추구:**
➡ 562

example Exercise is good <u>for</u> you. Knew that already? Yet most of us still do nothing about it.
운동은 당신/우리에게 좋습니다. 이미 알고 있다고요? 그러나 우리의 대부분은 아직 그것에 관해 (운동이 당신에게 이로운 것임을 알면서도) 아무것도 하지 않습니다.

[사진] 미국인들은 많은 스포츠를 즐기고 fitness center와 각종의 gym을 이용하지만, 오늘날 미국인들의 과반수는 과체중 (overweight) 또는 비만 (obese)이다. 사진에서는 동북부 Massachusetts 주의 동북부에 위치한 Newburyport 시의 한 작은 광장에서 에어로빅 (aerobics) [발음에 주의: (ɛ)ə·ˈrou·biks] ((에)어·ˈ로우·빅스) [대부분의 원어민들이 /ɛ/ 발음 없이 /ə/로 발음한다] Aerobics 강사들 그룹이 주민들에게 시범을 보이고 있다. 사진: ⓒ 박우상 (Dr. David)

example Traditionally, a bridal shower is given <u>for</u> the bride by close girlfriends.
전통적으로 bridal shower (결혼을 앞둔 신부에게 선물을 주는 파티)는 신부를 위해 가까운 여자 친구들에 의해 열린다.

[사진] 한 예비 신부가 친구들이 열어준 bridal shower에서 신랑을 위한 남성용 란제리를 받고 친구들과 웃음을 터뜨리고 있다.
사진 제공: © Aldena Walden

bridal 형 신부의 < **bride** 명 신부
bridal shower 결혼을 앞둔 여성에게 친구들이나 지인들이 모여 선물을 주는 파티. 대부분의 경우 여자들만 참가한다.

45 have to 의 부정: do not have to = do not need to, need not

I don't have to go to school.
나 학교에 가야만 하는 건 아니야/가지 않아도 돼

주어 + have to-부정사는 주어가 ...해야만 한다는 의무나 마땅함, 상황적인 필요성, 또는 도덕적 당위성 등을 나타낸다 (주목: have to는 또 다른 중요한 어법으로 단언적인 추측이나 논리적 확실성을 나타내기도 한다). 즉 have to는 조동사 should와 대단히 유사한 의미를 갖는다.

그러나, have to가 부정문으로 쓰이는 경우에는 should not (...해서는 안 된다)과 같이 금지를 나타내는 것이 아니라, need not (또는 do not need + to-부정사)의 의미가 되어 '...해야만 하는 것은 아니다, ...해야만 할 필요는 없다. (꼭) ...하지 않아도 된다'는, 즉 절대적인 필요성을 부정하는 표현이 된다.
➡ 112, 68

Cross-reference
[비교: have to: 기본:
➡ 31, 97, 51, 553
비교: have to: 추측:
확실성, 필연성:
➡ 120

example You <u>don't</u> <u>have</u> <u>to</u> <u>be</u> a rocket scientist to know that the U.S. tax system has helped the rich amass their wealth.

미국의 세금 체제가 부자들이 재산을 불리는 것을 도와 왔다는 것을 알기 위해서 로켓 전문 과학자여야만 할 필요가 없다 ('그렇게 머리가 뛰어나야만 하는 것은 아니다, 누구나 알 수 있다'라는 뜻의 상투적 표현이다).

---

rocket scientist 명 로켓을 연구/개발하는 과학자. 보다 자주 비유적으로 '두뇌가 뛰어난 사람'을 의미
amass 타동 (대량 또는 커다란 재산 따위를) gather; **accumulate**; 모으다, 축적하다

---

example

Amy: Will, I'm begging you. Please, let's go.
Will: I can't.
Amy: Don't try to be a hero. You **don't** **have** **to** **be** a hero.

[High Noon (1952 film)]

Amy: Will, 부탁해요. 제발 우리 떠나요.
Will: 떠날 수 없소
Amy: 영웅이 되려고 하지 말아요. 영웅이 되지 않아도 돼요.

> 장면 ▶ 서부극 (western)의 고전인 이 영화에서 신혼 여행을 막 떠나려는 참에, town marshal (마을 보안관)인 Will의 마을에 4명의 총잡이들이 복수를 위해 곧 도착한다는 소식을 듣고 발길을 돌리는 Will에게, 비폭력 평화주의의 개신교 Quaker 교도인 Amy가 그들에게 싸움으로 맞서지 말고 신혼 여행을 떠나자고 애원한다.

46 yes: 부정 표현에 대한 반응으로서의 yes

Yes, you do!
아니야, 자기는 학교에 가야 돼

한국어에서의 '예'와 '아니오', '그렇습니다'와 '아닙니다'라는 표현은 기본적으로 앞에서 말한 상대방의 진술을 기준으로 하는 대답이다. 즉 상대방의 진술에 내가 동의하면 '예 (Yes.)'이고 동의하지 않으면 '아니요 (No.)'가 된다. 그러나 영어에서의 Yes와 No는 상대방의 질문이나 견해를 기준으로 하는 것이 아니라, 내가 나의 진술을 긍정으로 하는지 부정으로 하는지에 (문장의 주어가 술부의 동작을 하는지 또는 주어가 술부인지에) 의해 결정된다.

앞의 Scene에서 Allie가 자기는 학교에 가지 않아도 된다고 진술했지만, Noah는 You do (= have to go to school)! (자기는 학교 가야만 해!)라고 Allie의 의견에 반대하는데 (그래서 한국어 번역은 반대하는 표현인 '아니야'가 된다), Noah가 하는 주장은 Allie가 학교를 가야만 한다는 긍정적인 진술이기 때문에 앞에 **Yes**가 사용된 것이다.

William: Sure you **ain't** armed**?**

Mr. Beauchamp: **No**. Look. I'm <u>not</u>. I, I don't have a gun. I've never had a gun.

I'm a writer. [*Unforgiven* (1992 film)]

[여기서 ain't: aren't/are not의 Uneducated (교육 수준이 낮은) 표현]

William: 당신 분명 무장되어 있지 않소? (총이나 무기가 없냐는 뜻)

Mr. Beauchamp: 그렇소/예, 보시오. 무장되어 있지 않소. 나, 난 총이 없소. 총을 가져본 적도 전혀 없소.

난 글 쓰는 사람이요.

---

arm 타동 무장시키다, 무기를 갖추게 하다. > **armed**: 무장된, 무장한

장면 ▶ 서부 시절의 Wyoming 주의 한 술집에서, 왕년에 악명을 떨치다가 한동안 깨끗이 손을 씻었던 옛 총잡이 William이 부패한 sheriff (보안관)과 그의 똘만이들을 처치하는 복수를 마치면서, 마지막 남은 Mr. Beauchamp를 죽이기 직전에 악당이 아니라 작가임을 알고서 살려 준다.

 47 타동사 + 의문사절

I don't see <u>how it's gonna work.</u>

그게 어떻게 이루어질지 (그런 일이 어떻게 가능할지) 난 알 수가 없다.

(가망이 없다고 본다) 이 문장은 I don't see ... (나는 ...를 볼/알 수 없다)와 How is it gonna work? (그것이 어떻게 이루어질까 (가능할까)?)라는 두 문장이 결합된 결과인데, 의문사에 의해 이끌리는 이 의문문 (Wh-의문문)이 의문사절이 되어 더 큰 문장 (서술문) (I don't see ...)의 일부분으로 들어가면서 (이 의문사절 How ... work가 see의 목적어가 되어 있다), 의문문에서의 be 동사 + 주어 (is it)의 도치 어순이 주어 + be 동사 (it's)의 정상어순으로 바뀐 것이다.

➡ 14, 360, 380, 458, 545

I don't see _____ + <u>How is it</u> gonna work?

→ I don't see <u>how it's</u> gonna work.

example When you first meet a man, don't ask **<u>what kind of car he drives</u>** or **<u>where he works</u>**.

남자를 처음 만날 때 어떤 차를 모는지 또는 어디서 일하는지 묻지 마십시오.

example The enormous diversity among Hispanics explains **<u>why their political clout remains disproportionately slight</u>**.

중남미계 사람들 간의 엄청난 다양성은 왜 그들의 정치력이 (그들의 인구) 비례에 걸맞지 않게 미약한 상태로 있는 지를 설명한다.

---

enormous 형 엄청난, 대단   **diversity** 명 다양성   **Hispanic** 명 중남미계 사람
slight 형 (정도가) 가벼운, 경미한   **clout** 명 power; force; strength; 힘, 세기; 영향력, 권력
disproportionately 부 비율/균형이 맞지 않게; 비율보다 훨씬 많이

---

example

Scrap (to Frankie Dunn, trainer): People die every day, Frankie, mopping floors, washing dishes. And you know **what their last thought is**? "I never got my shot."

[Million Dollar Baby (2004 film)]

Scrap (트레이너인 Frankie Dunn에게): Frankie, 사람들은 매일 죽네, 바닥을 걸레질하다가, 접시를 닦다가. 근데 그들의 마지막 생각이 뭔지 아나? "난 내 기회를 전혀 갖지 못했다 (내게는 기회가 한 번도 주어지지 않았다.)" 라는 생각이네.

---

mop 타동 대걸레로 닦다   **shot** 명 chance; try; attempt; 기회, 시도 여기서의 got: have 또 는 have got의 비격식 구어체가 아니라 get의 과거형

Exercise

다음의 문장들 중에서 어법상 잘못된 것을 골라 볼까요?

❶ Many immigrants in New York City do not know what nicknames their city has. nicknames of New York City: (❶ the Big Apple; ❷ Gotham City)

❷ Few Americans question how effectively and wisely has the United States dealt with Islamic terrorism.

❸ You can easily see how loyal college football fans are to their college teams.

❹ Scientists cannot predict exactly when Mount St. Helens and other volcanoes in the Pacific Northwest will erupt next.

[정답과 해설]

해설 >>>

문장 (2)는 Few Americans question ____. (...를 의심하는/...에 의문을 제기하는 미국인들 은 별로 없다.) + How effectively and wisely has the United States dealt with Islamic terrorism? (미국은 얼마나 효과적이고 지혜롭게 이슬람 테러에 대처해 왔는가?) 두 문장이 결

합된, 즉 How ...? 의문사 의문문이 더 큰 문장의 일부로 들어가 의문사절 (간접의문문)이 된 경우이므로, 의문사절에서의 주어 (the United States)와 조동사 (has)가 정상어순 (the United States has)으로 표현되어야 한다. 다른 문장들에서는 의문사절이 의문문의 구조를 버리고 **주어 + 조동사/ 일반동사/ be 동사의 정상어순**을 취하고 있다.

번역 >>>

① 많은 New York 시의 이민자들이 자기네 도시가 무슨 별명을 갖고 있는지를 모른다.

② 미국이 얼마나 효과적으로 그리고 지혜롭게 이슬람 테러에 대처해 왔는지 의문을 제기하는 미국인이 별로 없다.

③ 대학 미식축구 팬들이 자기네 대학 팀에 얼마나 충실한지 쉽게 볼/알 수 있다.

④ 과학자들은 (미국 서북부 Washington 주에 있는) Mount St. Helens와 다른 태평양 북서부의 화산들이 다음에 정확히 언제 터질지 예측하지 못한다.

정답: ②

---

 48 this + it

Please don't do this. You don't mean it.
제발 이러지 마. 그거 진심이 아니잖아.

Cross-reference
비교: these/those +they:
➡ 451

mean it: 여기서의 주어인 It은 앞에 언급된 어떤 구체적인 대상을 가리키는 용법이 아니라, 상황이나 문맥에 의해 그 의미가 드러나고 이해되는 소위 '상황의 it (situation 'it')'이다. 여기서는 자기가 나한테 대학으로 떠나라고 하고 우리의 사랑이 이루어질 수 없다고 하는 것, '그것을 정말로 뜻한다, 진심이다, 이 말을 하는 것 또는 이러는 것이 장난이 아니다'라는 뜻이다. **be serious** 또는 **mean business**라고도 한다. 그리고 여기서의 it은 앞에 오는 대명사 this를 받는 것으로, 영어에서는 이렇게 현재진행 중이거나 가까이에 있는 사건이나 사물을 처음에는 일단 this로 받은 뒤에 그 이후부터는 it으로 받는 경향이 현저하다. ➡ 13, 348, 566

언급의 대상물/사건이 그렇게 직접적이거나 가깝지 않은 경우에는, 대명사 that을 먼저 사용한 뒤에 그 다음부터 it으로 받는 경향도 있다.

복수형인 경우 일단 these 또는 those로 받은 뒤에 그 이후부터는 they로 받는 경향이 있다.

앞에 나온 대화인
Noah: You're gonna have a million things to do. You got so much ahead of you.
Allie: Don't talk like that.

Noah: It's true. 에서도 지시 대명사 that은 앞에 오는 진술인 You're gonna ... ahead of you.를 가리키고 it은 that을 가리킨다.

example In the sixties and seventies American women realized that a woman could not truly love a man and be truly loved by him while she was dependent on him emotionally or financially or otherwise. **This** must have been a rude awakening for most women at the time, but **it**'s such a simple truth. But as a woman myself, even today, I see so many women don't quite get **it**. I can't stand **those** hopeless dimwits. How can't **they** see you can't eat the cake and have it too.

---

realize 타동 깨닫다, 인식하다, 실현하다　　**emotionally** 부 정서적으로, 감상적으로　　**financially** 부 재정적으로　　**otherwise** 부 다른 식으로, 그렇지 않다면　　**rude awakening**: 명. 즐겁지 않게/고통스럽게 깨닫는 것　　**get it**: understand/realize it; figure it out; 그것을 이해하다/깨닫다　　**see + (that)-절**: ...라는 것을 보다/알다/깨닫다　　**stand**: 타동. 참다, 견디다; put up with; bear (with)　　**dimwit** 명 쪼다, 띨띨이: dim (침침한, 어두운) + wit (재치, 총명함); dummy; nitwit; dumbbell; numbskull; booby

You/We/One cannot eat the cake and have it (too/also/as well).: 케익을 먹고 또 가질 수 없다. 케익은 먹으면 갖고 있을 수 없다. 케익을 갖고 있으려면 먹을 수 없다. → 꿩 먹고 알 먹고 할 수 없다. 둘 다 가질 수는 없다. 격언처럼 상투적으로 자주 사용되는 표현

1960년대와 70년대에 미국 여성들은 여자는 남자에게 감성적으로나 재정적으로 또는 다른 식으로 의존적이어서는 한 남자를 진정으로 사랑할 수도 그에 의해 진정으로 사랑 받을 수도 없다는 것을 깨달았죠.. 이것은 당시 대부분의 여성들에게는 힘든 깨달음이었음에 틀림 없지만 아주 단순한 진리죠. 그러나 저 자신 여성으로서 오늘날에 조차 많은 여성들이 그 점을 제대로 깨닫지 못하는 것을 봅니다. 저는 그런 가망 없는 쪼다들 참을 수가 없어요. 케익을 먹고도 가지고 있을 수는 없다는 걸 그들은 어떻게 모를 수 있을까요?

설명 여성의 평등과 존엄은 독립성을 필요로 하는데 많은 여성들이 아직도 남성에 대해 의존적임을 비판하는 한 여성의 의견

Love Story

영화 내용 Plot Summary

세계적인 명문 Harvard 대학에서 사회과학을 전공하고 ice hockey 선수로 활약하다가 법대에 진학하는 Oliver와 명문 여자 사립대학인 Radcliffe College에서 (참고: Harvard와 같이 Massachusetts 주의 Cambridge에 위치하고 Harvard의 자매 학교였던 Radcliffe는 1999년에 Harvard의 일부로 완전 통합되었다) 클래식 음악을 전공하는 가난한 빵 가게 집의 딸 Jennifer는 캠퍼스 연인으로 사랑에 빠진다. 대단한 사회경제적 차이로 인한 집안의 반대에도 불구하고, 서로에 대한 무한한 사랑만을 믿고 결혼에 이르는 두 사람은 처음의 경제적 시련을 Jennifer가 사립학교에서 교편을 잡고 Oliver가 유수한 법률회사의 변호사가 되면서 극복하지만, 애기를 갖고자 노력하는 중에 Jennifer의 백혈병을 발견한다. Jennifer는 모짜르트와 바흐와 비틀즈에 견주는 Oliver에 대한 사랑을 가슴에 안고, 25세의 나이에 죽음으로 작별을 고한다.

감독/**Director** Arthur Hiller
주연 **Actor/Actress** Oliver Barrett IV 역: Ryan O'Neal; Jennifer Cavalleri 역: Ali MacGraw
작가/**Writer** Erich Segal
작품 포스터/사진 © Paramount Pictures, Love Story Company

03

러브스토리

1970 Flim

Scene

Olive	**49** Hey, what makes you so **50** sure that I went to **51** prep school?
Jennifer	You look stupid and rich.
Oliver	**52** Actually, I'm smart and poor.
Jennifer	Uh-uh, I'm smart and poor.
Oliver	What makes you so smart?
Jennifer	**53-a** wouldn't go for coffee with you.
Oliver	Well, I **53-b** wouldn't ask you.
Jennifer	Well, that's **54** what makes you stupid.

[*Love Story* (1970 film)]

Words & Phrases

- **sure** 형 확신하는
- **stupid** 형 우둔한, 멍청한
- **actually** 부 실은, 실제로(는)
- **uh-uh** 부정 반대, 또는 불만을 나타내는 감탄사

장 면 ・ ・ ・ ・

Radcliffe 대학 도서관에서 책을 대출받으려고 하는 Oliver는 checkout counter에서 아르바이트를 하는 Jennifer에게 대출을 거부당하면서, 둘이 옥신각신 설전을 벌인다. (Jennifer는 5백만 권의 책을 가진 Harvard 대학의 학생이 작은 Radcliffe 도서관으로부터 책을 빌리는 것이 두 학교 간의 협정상 합법적이라 하더라도 부당하다고 주장한다).

가난한 빵집의 딸인 Jennifer는 부유한 티가 나는 Harvard 대학생인 Oliver가 prep school 출신인 것으로 직감하고, Oliver를 'stupid and rich' (띨띨하지만 부자인) 'preppie' 라고 부르며 반감을 나타 낸다. (그러나 둘은 결국 캠퍼스 근처의 coffee shop에서 계속 옥신각신 하면서 첫 데이트를 한다. 이렇게 첫 데이트에서부터 Jennifer의 백혈병으로 인해 두 사람이 헤어지게 될 때까지, 두 사람의 사랑은 서로에게 솔직하며 이렇게 말로 티격태격 하는 속에서 무르익고 지속된다.)

번 역 ・ ・ ・ ・

Oliver	헤이, 왜 내가 prep school에 다녔다고 그렇게 확신하죠?
Jennifer	당신은 멍청한 부자로 보여요.
Oliver	실은 나 똑똑하고 가난한데요.
Jennifer	아니 제가 똑똑하고 가난해요.
Oliver	어떻게 해서 그렇게 똑똑하죠?
Jennifer	당신하곤 커피 마시러 안 가요 (그걸 보면 내가 똑똑하다는 것을 알 거라는 뜻).
Oliver	글쎄 난 청하지도 않을 텐데.
Jennifer	그게 (바로) 당신을 멍청하게 만드는 거예요 (그러니까 바로 당신이 멍청하다는 뜻).

49 hello, hi, hey, yo

hey

상대방 사람을 부르거나 인사하는 낱말들로 hello, hi, hey, yo, there가 있다 (어학적으로는 감탄사 (interjection)로 분류된다). 이 낱말들은 대화가 이루어지고 있는 상황과 문맥, 이야기하는 사람들의 인간관계와 그들을 둘러싼 사회와 문화에 의해 선택되어 사용된다.

이 낱말들 중에 hello가 가장 정중하고 격식을 갖춘 표현이며, 낯선 또는 아직 그다지 가깝지 않은 사람들 간에 선호된다. Hello에 비해 hi는 보다 친근함을 나타내고 격식성을 낮추는 표현이며, 비교적으로 hey는 hi보다도 더욱 비격식체적이고 더 격의 없는 사이에서 쓰인다. Hey는 미국에서는 북부보다 상대적으로 남부에서 비격식적 인사에 보다 자주 쓰이며, 친근한 어감을 전할 수 있는 대신 종종 예의 바르지 못하거나 경박하거나 점잖지 못한 어감을 줄 수 있기 때문에, 공식적인 자리나 정중해야 할 사이에서는 피하는 것이 좋다.

또, 이름을 모르는 상대방을 부르거나 인사하는 감탄사로 yo (yō)도 있는데, 이것은 이들 중 가장 비격식체적으로 격의가 없이 상대방을 부르는 말로, 특히 젊은 흑인들 사이에 많이 쓰인다.

Cross-reference 비교: **there**: ➡ 226

주목 ▶ 격식성의 정도 (가장 격식적 - 가장 비격식적): hello - hi - hey - yo

그리고 there를 사용하여 이름이나 정체를 모르는 낯선 사람을 지칭하기도 한다 (때로는 친한 사이에도 모르는 상대방을 부르듯이 유머스럽게 사용하기도 한다). 예를 들어 이름이나 모르는 사람을 부를 때 Hello(,) there.; Hi(,) there.; Hey(,) there. 등으로 부르는데, 공식적인 상황 또는 나이가 훨씬 많은 연장자나 윗사람에게는 경박하게 들릴 수가 있다 (정중한 표현을 할 때는 sir/ma'am을 사용하는 것이 바람직하다). Excuse me, there, please. (저/거기 실례 좀 하겠습니다)나 Thanks a lot, there. (저, 거기 대단히 감사합니다) 등의 표현을 쓰기도 한다. ➡ 245

Mr. Ross: <u>Hello</u>, I guess I should have phoned, but I was in the neighborhood. I thought ...
Constance MacKenzie: No, that's all right.
Mr. Ross: May I come in?
Constance: Oh, of course.   [*Peyton Place* (1957 film)]

Mr. Rossi (교장신생님):안녕하세요, 진화를 드렸어야 했는데 지 근처에 와 있었이요. 제 생각에는 ...
Mrs. MacKenzie (학부모): 아, 괜찮습니다.
Mr. Rossi (교장선생님): 들어가도 되겠습니까?
Mrs. MacKenzie (학부모): 오, 물론이지요.

---

phone 자동 전화하다. Phone은 자동/타동사 모두 사용된다.　**neighborhood** 명 이웃, 동네, 근처

 A few friends of my husband's never acknowledge me when I answer the phone but just ask, "Is Bob there?" Shouldn't they at least say, "**Hi**, Jane, how are you?" before asking for my husband?

제 남편의 몇몇 친구들은 제가 전화를 받을 때, 저를 절대 아는 척하지 않고 그냥 "Bob 거기 있어요?"라고만 묻습니다. 그 사람들 제 남편을 찾기 전에 적어도 "Jane, 어떻게 지내요?"라고 해야 하지 않나요?

---

acknowledge 타동 인정하다, 알아보다

Oliver: **Hey**, what makes you so sure that I went to prep school?
Jennife: You look stupid and rich.   [*Love Story* (1970 film)]

Oliver: 헤이, 왜 내가 prep school에 다녔다고 그렇게 확신하죠?
Jennifer: 당신은 멍청한 부자로 보여요.

---

prep school: preparatory school: private (usually boarding) college-preparatory school. 명문 대학교 입학을 준비하는 사립학교 (흔히 기숙형).　preppy/ preppie: a student or a graduate of a prep school

---

example

Jake: Now, how can I help you?
Melanie: Well, for starters, you can get your stubborn ass down here and give me a divorce.
Jake: (speechless, dumbfounded)
Melanie: Come on, Jake. I mean it. The joke's over.
Jake: You're shittin' me, right? You show up after seven years without so much as a "**Hey**, **there**, Jake, remember me, your wife?" or a "**Hi**, Honey, lookin' good. How's the family?"   [*Sweet Home Alabama* (2002 film)]

Jake: 아, 어떻게 도와 드릴까?
Melanie: 음, 우선, 네 고집불통인 엉덩이를 이 아래로 내려놓고 나 이혼해 줘.
Jake: (황당해 하며 말을 잃고 있다)

Melanie: 자, 어서, Jake. 나 이거 진짜야. 농담은 끝났어.

Jake: 날 놀리고 있는 거지? 7년 후에 나타나서는 "여봐, 거기, Jake, 나, 당신 아내, 기억나?"라든지 "아, 자기, 좋아 보이네. 식구들은 어때?" 같은 인사조차 없으시나?

---

stubborn [형] 고집불통인, 완강한, 다루기 힘든 **ass** [명] 엉덩이 (buttocks)를 뜻하는 저속어 인데 여기서는 상대방을 경멸적으로 부르는 표현이며 성행위나 성기를 뜻하는 속어로도 쓰인다. **dumbfound** [타동] 크게 당황하게 하다, 충격적이어서 말을 잃게 하다 **joke** [명] 농담. 여기 서 the joke는 '우리의 결혼' (our marriage)을 뜻한다. **shit** [타동] to exaggerate or lie to; ...에 게 뻥치다, 거짓말하다, 갖고 놀다, 농담하다. **honey**: 사랑하거나 아끼는 사람을 부르는 애칭; sweetheart, sweetie, baby, darling

---

장면 New York 시에서 새로이 촉망 받는 패션 디자이너가 된 Melanie가 Andrew의 청혼을 받고, 7 년 만에 부랴부랴 남부 Alabama 주의 한 시골 타운에 살고 있는 법적 남편 Jake에게 내려온다. 허름 하고 작은 그녀의 옛집 현관 앞에 도 착하기가 무섭게, Melanie는 Jake 에게 자기가 가지고 내려온 이혼 서 류에 서명할 것을 요구하는데, Jake 는 능청을 부리고 놀리며 일축한다. 포스터/사진 ⓒ: Touchstone Pictures, Original Film, D&D Films, Pigeon Creek Films, et al.

example

Melanie: **Hey**, cowboy! Apparently, you and I are still hitched.

Jake: Is that right?

Melanie: Yeah.

Jake: Oh! What do you want to be married to me for, anyhow?

Melanie: So I can kiss you any time I want.

[*Sweet Home Alabama* (2002 film)]

Melanie: 야, 이 촌놈아! 분명히 너랑 나랑은 아직 결혼한 사이야.

Jake: 그런가?

Melanie: 그럼.

Jake: 오! 암튼 왜 나랑 결혼해 있고 싶은거지?

Melanie: 내가 원하는 때는 언제든 자기한테 키스할 수 있을려구.

cowboy 명 (비격식세적) 무모하거나 무책임한 사람. 여기서는 무식하고 거친 사람이나 촌놈 (redneck, boor, hick, yokel, country bumpkin)이라는 뜻으로 쓰였다.
hitch (hich) 타동 (단단하게) 묶다, 연결하다; (속어) 결혼시키다. 결혼하다: get hitched/married

장면 ▶ Melanie는 New York 시 시장의 핸섬하고 부유하며 정치적으로 촉망 받고 있는 아들과의 결혼을 식이 진행되는 중에 극적으로 백지화하고, 옛 남편 Jake를 찾아 천둥과 번개가 내리치고 있는 한 들판으로 뛰쳐나온다. 폭우가 쏟아지고 천둥이 으르렁거리며 쉴새 없이 번개가 바로 근처 여기 저기에 내리치는 가운데, 비에 흠뻑 젖은 Melanie와 Jake는 열정적인 포옹과 입맞춤을 나누며 참사랑을 재발견한다. 포스터/사진 ⓒ: Touchstone Pictures, Original Film, D&D Films, Pigeon Creek Films, et al.

example

Owner (white owner to 3 Mexican customers): **Hey**, you! You're in the wrong place, amigo. Come on, let's get out of here. (One of them is showing his money to the owner.) Your money's no good here. Come on, let's go.

[*Giant* (1956 film)]

주인 (도로변 햄버거 음식점에서 백인 주인이 3명의 멕시컨 손님들에게): 여봐요, 당신들! 친구들, 잘못 왔어. 자, 여기서 나갑시다. (그들 중의 한 사람이 돈을 주인에게 보여준다) 당신들 돈 여기선 쓸모 없어. 자, 갑시다.

amigo 명 (스페인어) friend; 친구   **no good** not good의 비격식 구어체

example

Rocky: **Yo**, Paulie. **Hey**, **yo**, Paulie. Every day, every night I pass by, your sister's giving me the shoulder. You know what I mean? She just looks at me like I'm a plate of leftovers. I need a Cadillac to connect with your sister?

[*Rocky* (1976 film)]

Rocky: 야, Paulie. 야, 여기 봐, Paulie. 매일, 매일 밤 내가 지나가는데 너네 여동생 날 무시해. 무슨 말인지 알겠어? 네 여동생이 마치 내가 먹고 남은 음식 한 접시인 것처럼 볼 뿐이야. 네 동생하고 연결되려면 캐딜락 차가 필요하냐?

give someone the (cold) shoulder give someone a show of deliberate indifference or disregard; ...에게 (의도적으로) 무관심을 보이다, 무시하다　**leftover** 명 (흔히 -s 복수형으로 사용) 먹고 남은 음식

example

Boys outside: **Yo**, Bleek! You comin' out to play? **Yo**, Bleek! We're gonna miss the game!

Mrs. Gilliam (Bleek's mother, looking down out the window): Boys! Boys! Please, be quiet!　　　　　　　　　　　　　　　　　　　　*[Mo' Better Blues* (1990 film)]

밖에 있는 소년들 : 야, Bleek! 너 놀러 나오는 거야? 야, Bleek! 우리 (야구) 게임 놓쳐!

Mrs. Gilliam (Bleek's 엄마, 창 밖을 내려다 보면서) : 얘들아, 애들아! 조용히 해!

장면 ▶ 어린 나이에 트럼펫 연주 훈련을 열심히 받고 있는 Bleek의 집 밖에 친구들이 와서 야구 하러 가자고 Bleek에게 소리친다. Bleek의 엄마는 Bleek이 연습 중에 나가지 못하게 한다.

Exercise

다음의 인사말들 중에 격식을 갖추어야 할 상황에서 사용하기에 적절한 표현을 고르세요.

❶ Hello, Ms. Johnson. How do you do?
❷ Hi, Chloe. How are you?
❸ Hey, guys. What's going on?
❹ Yo, bro. What's cookin'?

[정답과 해설]

해설 >>>

❶에서 Hello는 격식을 갖추고 상대를 부르는 기본형이다. Ms.는 기혼/미혼을 불문하고 여성을 부르는 존칭이며 [feminism (여권주의)의 한 언어적 표현으로 1960년대말 이후로 사용되어 온 Mrs.와 Miss를 통합한 존칭으로 Mr.와 Mrs.처럼 뒤에 마침표 (.)를 붙인다],

How do you do?는 처음 만난 사람에게 하는 정중한 인사이다. ❷보다 ❸이, ❸보다 ❹가 더욱 비격식체의 인사말이다. What's cooking/ cookin?은 What's up?이나 What gives?처럼 How are you?, How are things (going (with you))?, What's going on? 보다 더 비격식체적 인 인사말이다.

정답: ❶

sure that I went to prep school
내가 prep school을 다녔다는 것을/다녔다고 확신하는

Cross-reference
비교: 형용사 + (that)-절
(= 부사절 = 감정의 이유):
➡ 261
351
409

형용사 + (that)-절 (주어 + 술부)의 구조로 that-절이 의미상 형용사의 목적어가 되는 경우이다. 이러한 어법이 가능한 형용사들의 대표적인 예:

afraid (...를 두려워하는), assured (확신하는, 확약이나 보장을 받은), aware (알고 있는), certain (확신하는), confident (확신하는), fearful (두려워하는), hopeful (바라는), mindful (개의하는, 꺼리는), optimistic (낙관하는), positive (확신하는), sure (확신하는), resentful (...라는 것에 반감을 가진 또는 나타내는), thankful (고마워하는), unaware (모르고 있는)

구어체나 비격식체적 글에서는 이 어법의 접속사 that이 생략되는 경향이 높아진다.

example If you've just decided to look around for a child to adopt, you may well be **hopeful** **that** you will find one any day soon. Good luck. But probably you had better be **aware** **that** only one in 30 baby-seeking families will get a child this year and **that** the expenses will likely be formidable.

입양할 아이를 찾아보기로 이제 막 결정하셨다면 아마도 머지 않아 언젠가 아이를 찾기를 희망하실 것입니다 (아이를 곧 찾을 것이라고 희망적으로 생각할 것입니다). (그렇게 곧 찾으실) 행운을 빕니다. 그러나 입양 아기를 찾는 30가족들 중에 한 가족만이 금년에 아이를 찾게 될 것이며, 비용이 아마도 상당할 것을 알고 계시는 것이 좋겠습니다.

---

adopt 타동 입양하다   may well ...: ...하는/인 것도 당연하다/놀라운 일이 아니다
seek 타동 찾다, 추구하다   had better + 동사원형: ...하는 것이 좋겠다 (충고)
expense 명 비용   formidable 형 (경쟁력, 위력, 실력 등이) 만만하지 않은, 엄청난

---

example When Bell patented the telephone in 1876, he was **certain** **he could transmit sounds between two distant places**, but he hadn't yet been able to relay human speech.

[... certain (that) he could ...]

Bell이 전화기를 특허 받았을 때 그는 떨어진 두 곳 사이에 소리를 전달할 수 있다는 것은 확신했지만, 아직까지 사람의 말소리를 전달할 수는 없었다.

Alexander Graham Bell (1847-1922) 전화기 발명가   patent 타동 (... 제품에 대해) 특허를 받다
transmit 타동 전송하다   relay 타동 전달하다, 중계하다   human speech 인간의 언어/말

example Most Americans are still <u>optimistic</u> <u>that the American dream has not</u> <u>receded entirely into history</u>.

대부분의 미국인들은 아직도 미국의 꿈이 과거 속으로 완전히 물러나지는 않았다고 낙관적이다.

---

optimistic 형 낙관적인, 낙천적인, 긍정적으로 보는   **recede** 자동 withdraw; 후퇴하다

---

51 prep school

prep school

Preparatory school의 준말로 명문대학 진학을 목표로 하는 사립고등학교 (흔히 기숙학교 (boarding school))를 일컫는데, 학비가 비싸 학생들은 거의 대부분 미국의 기준으로도 가정의 경제력이 상류인 집안의 자녀들이다. 이러한 prep school에 재학하고 있는 학생이나 졸업생을 preppie (또는 preppy)라고 하며, 이 낱말은 이 영화 Love Story에서 Jennifer가 Oliver를 처음 만났을 때부터 죽기 전까지 계속 사용하듯이, 흔히 경제적인 상류층에 대한 반감으로 빈정거리거나 놀리는 뉘앙스를 띈다.

52 actually: 의미 (1) (2)

actually
실은

actually는 문맥에 따라 두 가지 의미를 가질 수 있다.

의미-1 Actually는 대부분의 경우에는 앞의 진술을 부정, 반대, 또는 번복을 하거나, 그에 수정을 가하는 표현을 이끄는 역할을 하며, 이따금 문장 중간에 위치하기도 한다.

의미-2 그러나 actually는 일부의 경우에는 그 반대로 앞의 진술을 긍정, 시인, 보강하는 역할을 하기도 한다. 의미-1과 의미-2의 이해는 문맥과 상황에 의해 결정된다. 여기서 actually는 첫 번째 어법으로 쓰여 있다.

주의 ▶ 의미-1과 의미-2는 같은 낱말이 사실상 정반대의 의미를 나타내는 경우이므로, 문맥과 상황에 비추어 정확한 의미를 파악하고 사용할 수 있어야 한다.

example Bilingual education not only cannot promise that students will learn English but may **actually** do some children more harm than good.

이중언어 교육은 학생들이 영어를 배우리라는 것을 약속할 수 없을뿐더러, 실제로는 어떤 아이들에게는 득보다 해가 될 수 있다.

example Minnesota's license plates proudly proclaim "The Land of 10,000 Lakes." **Actually**, we have more than 15,000 lakes, and we're still counting.

Minnesota 주의 자동차 번호판은 (Minnesota 주가) 만개의 호수를 가진 땅/곳임을 자랑스럽게 선포한다. (그러나) 실은 우리 (Wisconsin 주)는 만 오천 개 이상의 호수를 가지고 있으며 아직도 (새로운 호수들을) 세고 있다.

---

license plate 자동차 번호판　**proclaim** [타동] 선포하다. 여기서는 문맥상 공공연히 boast(자랑하다)에 가깝다.　**We: the State of Wisconsin (Wisconsin 주)** Wisconsinites (Minnesota 주의 동남쪽에 인접한 Wisconsin 주 사람들)

---

example Daffodils, cherry trees and wildflowers bloom in May in Wisconsin's Door County. May is **actually** the prettiest time to visit the peninsula.

Wisconsin 주의 Door County에서는 5월에 수선화와 벚꽃나무와 야생화들이 활짝 핀다. 5월은 사실 이 반도를 방문하기에 가장 아름다운 때이다.

---

bloom [자동] 꽃이 피다, 만발하다　**peninsula** [명] 반도

Door County, Wisconsin Topic

아름다운 자연환경으로 5월경부터 가을까지 많은 관광객들을 끌며, 5대호의 하나인 Lake Michigan 안으로 좁게 뻗은 the Door Peninsula (반도)를 포함한 Wisconsin 주의 북동부의 한 군 (county)

53 would = 주어의 의지 (현재/미래)

> ### 53-a) I **would**n't go for coffee with you.
> 나라면 당신하곤 커피 마시러 안 가요
> ### 53-b) I **would**n't ask you.
> 누가 청하기나 한대요? (직역: (같이 커피 마시러 가자고) 청하지 않을 거예요):

Cross-reference

비교: would: 추측:
➡ 511

비교: Would you ...?:
➡ 146
  152
  482
  508

여기서 조동사 would는 형태상으로는 과거시제이지만 실제로는 현재나 미래 시간의 행위에 대한 말하는 이 (주어)의 의지, 의사, 바램, 고집 등을 나타낸다. 이 어법의 would는 will을 사용하는 경우보다 신중하거나 정중하거나 상황에 따라 가정적인 어감을 함축하는 경향이 있다.
(53-a)의 경우에는 I wouldn't go for coffee with you ((even) if you were to ask me 또는 (even) if you asked/should ask me). (당신이 나에게 청한다 해도)라는 가정적인 뉘앙스가 문맥상 함축되어 있다.
➡ 513, 521

example I have been a stay-at-home dad for three years. I **would** not trade anything for the joy I see every day on the faces of my daughter and son.
저는 3년 동안 집에 있어 온 아빠입니다. 저는 제 딸과 아들의 얼굴 위에 매일 보는 기쁨을 어느 무엇과도 바꾸지 않을 것입니다.

stay-at-home dad 와이프가 직장 생활을 하고 아이 아빠가 아이를 돌보고 가정 생활을 돌보는 경우   **trade A for B** A와 B를 교환하다. A를 주고 B를 갖다/받다.

주의 ▶ 지난 3년간 직장 생활을 하지 않고 집에서 아이들을 돌보며 지내온 한 아빠 (stay-at-home dad)가 한 시사 주간지에 써 보낸 편지 글인데 표현이 올바르지 않다. 교환하는 (trade) 두 대상물이 바뀌어 있다. trade + 주는 것 + for + 구하는/받는 것이 되어야 한다. 정확한 표현:
I would not trade for anything the joy I see every day on the faces of my daughter and son.
또는,
I would trade anything for the joy I see every day on the faces of my daughter and son.

example
Stella: You're really a doctor?
Stephen: You think I was making it up?
Stella: Some guys **would** do anything for a date.   [*Stella* (1990 film)]

Stella: 정말 의사세요?
Stephen: 제가 그걸 (의사라고 거짓말을) 지어냈다고 생각하시나요?
Stella: 어떤 남자들은 데이트를 위해서라면 뭐든지 하려고 하죠.

make up 타동 (사실이 아닌 것을) 지어내다, 날조하다; fabricate

장면 ▶ 바에서 바텐더 (bartender)로 일하는 Stella는 자기에게 데이트를 신청해서 오늘 저녁 영화를 함께 본 Stephen이 의사라는 말을 듣고 놀라움을 나타낸다.

 what =관계대명사; what (관계대명사) 분열문 = 의사소통의 윤활유 (communication lubricant)

That's <u>what</u> **makes you stupid.**
그게 당신을 멍청하게 만드는 거예요 (그게 바로 당신이 멍청하다는 걸 뜻해요, 그걸 보면 바로 당신이 멍청하다는 걸 알 수 있죠).

여기서 <u>what</u>은 그 자체가 선행사를 포함하는 관계대명사로서 다른 영어로 풀어 쓰자면, <u>the thing that/which</u> (이따금씩 복수 개념을 내포하여 <u>the things that/which</u>로 표현될 수도 있다) 또는 문어체로 <u>that which</u>라고 할 수 있으며, 한국어로 흔히 '… (하는/인) 것'으로 번역된다.
That's <u>what</u> makes you stupid. = That's <u>the thing that</u> makes you stupid. ← That's <u>the thing</u>. + <u>That thing</u> (= <u>that</u>) makes you stupid. ➡ 77, 280, 375, 4460, 5060, 5380, 558

주목 ▶ 그리고 이 문장에서 주목할 점은 이 문장은 's (= is)와 what을 생략하고도, 즉 **That makes you stupid.** (그게 당신을 멍청하게 만들어요)로도 구문적으로 완전한 문장이 된다.

그러나, 이 문장을 주어인 That 뒤에 be 동사를 연결한 뒤에 관계대명사 what을 사용하여 술부인 makes you stupid를 what 뒤에 연결하여 관계사절로 재구성한 이유는, That makes you stupid. 가 너무 느닷없고 세련되지 못한 진술방식이어서 듣는 이로 하여금 술부의 내용을 기대하고 준비하게 하거나 주목시키는, 즉 의사소통을 약간의 시간을 가지고 원활하게 하는 세련된 표현 기법이다.

이 구문은 하나의 문장을 관계대명사 what을 사용하여 두 개의 부분으로 분열시킨 뒤에, be 동사를 사용하여 결합시킨 일종의 분열문으로 의사소통을 위한 윤활유의 역할을 한다.

example I had the guts to admit **what** I felt. [*Love Story* (1970 film)]
← I had the guts to admit <u>the thing that</u> I felt.
← I had the guts to admit <u>the thing</u>. + I felt <u>the thing</u> (= <u>that</u>).
난 내가 느낀 바를 인정할 용기가 있었어. (난 용기 내서 내가 느낀 감정을 인정했어.)

guts (guts) 명 원래 위 (stomach) 또는 장 (bowels, entrails)을 뜻하는 말인데 여기서는 용기나 배짱 (courage, gumption, spunk, fortitude, determination)을 뜻하는 속어

example What is the problem with having English as our official language? Language **is what** binds us. This is not a racist issue, but a unity issue. Language binds us.

→ Language **is the thing that** binds us.

→ Language **is what** binds us.

영어를 우리의 공식어로 하는데 뭐가 문제입니까? 언어라는 것은 우리를 (하나로) 묶는 것입니다. 이것은 인종차별적 이슈가 아니라 (미국인들의) 일체성의 이슈입니다.

---

official 형 공식적인　　**bind** 타동 묶다, 결속시키다　　**racist** 인종차별주의자. 여기서는 형용사로서 '인종차별적인'　　**unity** 명 일치, 유대

해설 영어를 미국의 공식어로 채택하자고 주장하는 입장이다. 실은 대부분의 경우 이민자들에 대한 편견이나 외국 문화에 대해 좁은 시각을 가진 사람들이 취하는 입장이다.

주목 이 어법의 관계대명사 what-절이 다음처럼 주어인 경우들도 흔히 있다.

example **What I am interested in is** having the government of the United States more concerned about human rights than about property rights.

I am interested in having the government ...

→ **What I am interested in is** having the government ...

내가 관심이 있는 것은 재산권보다 인권에 관해 더욱 배려하는 미연방 정부를 갖는 것입니다.

---

be concerned about ...: ...에 관해 걱정하는/배려하는. 구별: be concerned with ...: ...에 관계/관여하는　　**property rights:** 명. 재산권

Oliver   My great-grandfather ⑤⑤ just ⑤⑥ happened to give a building to Harvard.

Jennifer   ⑤⑦ So his not so great grandson would be able to get in.

Oliver   Hey, if ⑤⑧ you're ⑤⑨ so convinced I'm a loser, why did you (60) bulldoze me into buying you coffee?

Jennifer   I like your body.

[Love Story (1970 film)]

Words & Phrases

- **great-grandfather** 명 증조부
- **grandson** 명 손자
- **get in** 들어가다. 여기서는 입학되다 (be admitted)는 뜻
- **convince** 타동 확신시키다.> 명 **conviction**: 확신, 신념
- **loser** 명 지는/진 사람, 실패한 사람, 제대로/잘 하지 못한 사람, 못난 사람
- **bulldoze** 타동 불도저 (bulldozer)로 밀다

장 면 · · · ·

Oliver와 Jennifer가 드디어 Radcliffe 도서관을 나와 캠퍼스 근처의 coffee shop에서 첫 데이트를 하고 있다. 티격태격하는 것은 여전하다. Jennifer의 특유한 날카롭고 위트가 넘치고 솔직한 언변이 여기서도 엿보인다.

번 역 · · · ·

Oliver   내 증조 할아버지께서 Harvard 대학에 건물을 하나 기증하셨을 뿐이예요.

Jennifer   그래서 그분의 그다지 위대하지도 않은 손자가 입학 될 수 있게끔 말이죠.

Oliver   여봐요, 내가 못난 놈이라는 게 그렇게 확신이 들면 왜 나로 하여금 당신한테 커피를 사주게 밀어붙였나요?

Jennifer   당신의 몸이 마음에 들어서죠.

55 just = 강조의 부사

just
...일/할 뿐

여기서의 just는 뒤따르는 술부인 happened to give a building to Harvard를 수식하는 부사이다. 부사로서의 just는 동사, 형용사, 부사, 명사, 또는 절을 수식할 수 있는데, 부사로서의 just의 의미의 폭이 상당히 넓은데다가 (문맥에 따라서는 강조의 기능을 하는가 하면, 그 반대로 의미를 정도를 최소화하거나 감소시키는 어감을 전하기도 한다), 그 의미를 피부로 느끼지 못하는 한국의 영어 선생님들은 부사로서의 just의 의미를 제대로 설명하지 못하고 얼버무리는 경우가 허다하다.

여기서의 just는 부사로서 just가 수식하는 (just에 뒤따르는) 말이나 표현의 의미의 정도를 최소화하거나 감소시키는 기능을 하여, '오로지, 단지, 불과, 그냥 ... 일/할 뿐 (그 이상은 전혀 아니다)' (only; merely; simply; nothing more than)이라는 뜻을 나타낸다.

여기서는 '증조 할아버지께서 Harvard 대학에 건물 하나를 기증하게 된 것뿐이지 (그 이상은 아니다), 그렇다고해서 증조 할아버지가 이 대학을 좌지우지 하거나 내가 큰 특혜를 받거나 한 것은 전혀 아니다,' 또는 그런 식의 심각한 일은 아니라는 뜻이다. ➡ 70, 229, 324, 330, 541, 584

example During the holiday season, don't **just** assume that everyone celebrates Christmas.
연말 휴일 철에 모든 사람이 크리스마스를 축하한다고 그냥 가정하지 마십시오.

assume 타동 가정하다, 전제하다. **assumption** 명 가정, 전제

example

Landlord: You a student?
Benjamin: Not exactly.
Landlord: What are you then?
Benjamin: Oh, I'm **just** sorta travelin' through.
Landlord: I like to know who's living in my house.
Benjamin: I'm **just** visiting.
Landlord: You're not one of those outside agitators?
Benjamin: Oh, no.   [*The Graduate* (1967 film)]

집주인: 학생인가요?

Benjamin: 꼭 그런 건 아니고요.

집주인: 그럼 뭔가요?

Benjamin: 오, 저 그냥 여행하면서 지나가고 있는 중이랄까.

집주인: 내 집에 누가 사는지 알고 싶은 겁니다.

Benjamin: 그냥 방문 중일 뿐이예요.

집주인: 당신 저 외부 선동가들 중의 한 사람은 아니죠?

Benjamin: 오, 아녜요.

장면 대학을 막 졸업한 Benjamin이 the University of California at Berkeley에 다니는 Elaine 에게 청혼하기 위해서, 캠퍼스의 학생 아파트를 일시 빌리려고 집주인 (landlord)을 만나고 있다. 집주인은 Benjamin이 혹시 학생운동이 한창이던 이 시절에 외부로부터 학생운동을 하러 이 캠퍼 스에 일시적으로 온 캠퍼스 선동가 (agitator)가 아닌가 의심한다.

sorta: sort of를 빨리 발음한 것을 표기한 것으로 somewhat, kind of, roughly speaking (약간, 어느 정도, 대충 말하자면)이라는 부사구로 구어체적이며 비격식체적 표현이다.

agitator 명 동요를 일으키는 자, 선동가 < **agitate** 타동 동요시키다, 선동하다

56 happen + to-부정사

Oliver (to Jennifer): **My great-grandfather just** happened to give **a building to Harvard.** [*Love Story* (1970 film)]

Oliver (Jennifer에게): 내 증조 할아버지께서 하버드에게 건물 하나 기증하게 된 것뿐이야.

Happen + to-부정사의 구조로, 특별한 이유나 의도 없이 일이나 상황이 저절로 또는 우연히 ...하게 벌 어지거나 일어나는 것을 나타낸다. 그 구체적인 뉘앙스는 문맥에 따라 드러나며, 한국어로는 한마디로 기계적으로 번역하기 힘든 경우들이 흔하다.

이 경우에는 '나의 증조부께서 건물 한 채를 기증하시게 되었다, 나의 증조 할아버지께서 건물 한 채를 기증하시게 된 일이 있었을 뿐이다, 그것이 무슨 다른 어마어마한 의도나 의미가 있었던 것은 아니다.' 라는 뜻이다.

example Two days after the 9/11 attack I was harassed by somebody because I **happen to be** a dark-skinned Italian. Somebody mistook me for somebody from Iraq.

(2001년의) 9/11 테러 공격 이틀 후 나는 (어떻게 해서/하필) 피부가 검은 이탈리아인이기 때문에 어떤 사람한테서 괴롭힘을 당했다. 누군가 나를 이라크로부터 온 사람으로 착각한 것이다.

---

attack 명 공격   **harass** 타동 괴롭히다, 추행하다   **dark-skinned** 피부가 어두운 색인
mistake A for B A를 B로 착각하다. **mistook**: mistake의 과거형

---

example At the time of his death in 1826, Jefferson had 129 slaves, including Sally Hemmings. She was Jefferson's longtime mistress. She also **happen**ed **to be** Jefferson's wife's half-sister.

1826년에 죽을 당시 Jefferson은 Sally Hemmings를 포함하여 129명의 노예를 소유하고 있었다. Hemmings는 Jefferson의 오랜 정부였다. 그녀는 또 Jefferson의 아내의 이복자매였다 (그녀에 관해 말하자면 Jefferson의 결혼과 노예 관계를 둘러싸고 일들이 그렇게 전개되었다는 어감).

Thomas Jefferson 1743-1826, 미국 제 3대 대통령 (1801-1809)   **mistress** 명 정부, 애인
half-sister 명 이복여동생/언니/누나

---

 so + (that) + 절 (주어 + may, can, will) = 목적/의도

So his not so great grandson would be able to get in
그분의 그다지 위대하지 않은 손자가 입학할 수 있도록

이 표현은 날카로운 언변을 가진 Jennifer가 바로 앞에서 Oliver가 한 말을 뒤이어서 더 긴 문장으로 끝 맺는 것이다. 즉 My great-grandfather just happened to give a building to Harvard **so** his not so great grandson would be able to get in. (나의 증조부가 Harvard 대학에 건물 한 채를 기증했 을 따름이다. 그분의 그다지 위대하지 않은 손자가 입학할 수 있도록)이라는 문장이 Oliver의 말을 받 아서 Jennifer가 완성한 문장이다. 여기서 so는 '...할 수 있도록, ...하게끔'이라는 의도나 목적을 나타내 는 상관접속사 so that에서 that이 생략된 경우로, **so that**이 다분히 문어체적이고 격식을 갖춘 표현 에서 쓰이는 반면, (여기서처럼 that을 생략하고) **so**만을 사용하는 어법은 일상 구어 표현이나 비격식 체적 글에 자주 쓰인다.

주의 ▶ 아울러 주목할 것으로 so 뒤에 따르는 주어 뒤에 조동사로 흔히 may나 can이 따르며, 이따금 will 이 쓰이는 경우도 있고, 어떤 조동사도 사용되지 않는 경우도 있다. 접속사 so가 이렇게 목적이나 의도를 나 타내는 경우에는 so의 다른 어법인 '그래서 ...하게 (또는 할 수 있게) 되다'라는 결과, 효과, 또는 결론을 나 타내는 경우와 달리, 글로 표현할 때 so 앞에 쉼표 (comma)를 찍지 않는 것이 정어법이다. ➡ 34, 259, 278

example We should strive for a level playing field **so** all Americans **can** have an equal opportunity at success. But a lot of Americans complain and blame their lot in life on the wealthy.

우리는 모든 미국인들이 공평한 성공의 기회를 가질 수 있게 평평한 경기장을 만들도록 노력해야 합니다. 그러나 많은 미국인들이 불평하면서 자기의 운명을 놓고 부자들을 탓합니다.

주목 ... so all Americans ... (비격식/구어체) = ... so that all Americans ... (격식체/문어체) = ... that all Americans ... (가장 격식체/문어체)

---

blame A on B/ blame B for A A (문제)를 놓고 B를 탓하다   **lot** 명 운(수), 운명
the wealthy: wealthy people, 부자들

주의: 비교 A절, + **so** + B절 구문과의 비교:

A절, + so + B절: B절 = 결과의 so-절:
이유/조건을 나타내는 A절이 앞에 오고 그 뒤에 결과/결론을 나타내는 'so + B절'이 따를 때는 so 앞에 쉼표 (comma)를 찍는다. 여기서의 so는 결과/결론을 나타내는 대등접속사의 역할을 한다. 그러나, 'A절 + so (that) + B절 (주어 + may/can/will ...)' 구문의 경우에는 so 앞에 쉼표 (comma)를 찍지 않는 것이 정어법이다.

주의 그러나 이 어법에서도 so 앞에 (구문적 복잡성이 없는 경우인데도) comma를 찍는 원어민들이 종종 있는데 그런 경우 'A절, + so + B절' 구문과 혼동을 일으킬 수 있으므로 바람직한 정어법이 아니다.

example Blues songs got bigger tips than gospel tunes, **so** B.B. King decided to become a blues singer.

블루즈 노래들이 복음성가들보다 더 큰 팁을 가져다 주어서 B.B. King은 블루즈 가수가 되기로 결심했다.

B.B. King: 1925-2015, 미국 blues guitarist, singer-songwriter
gospel 명 (성경) 복음(말씀), 찬송가

You're so convinced (that) I'm a loser.
당신은 내가 못난 놈이라고 그렇게까지 확신한다.

convince 타동 납득/설득/확신시키다; persuade   loser 명 실패자, 패배자

이 구문은 be + convinced + that-절의 구문으로, 한국어로는 대개 '...임을/라고 확신하다' 정도로 번역될 수 있는데, 영어로는 어학적으로 엄밀히 말하자면 수동태의 구문으로 that-절의 내용을 확신 당한 상태에 있음을 나타낸다. 여기서는 일상적인 구어체에서 convinced (확신 된, 확신하는)의 내용인 절을 이끄는 접속사 that이 생략된 경우이다. 그러나 여기서는 이 수동태 문장을 가능하게 하는, 즉 convince (확신시키다)의 주어는 나타나 있지 않다.

주목 수동태 구문에서 수동태 동작을 가한 행위자가 표현되지 않은 이유는 무엇보다 첫 번째로, 이 문장의 초점은 바로 이 문장의 주어인 (convince가 된) you이지 누가 you로 하여금 convince되게 하였느냐에 주 관심이 있는 것이 아니라, you 자신이 어떻게 되었느냐 또는 어떤 상태에 있느냐에 관심이 있기 때문이다. 여기서처럼 영어의 수동태 구문에서 대다수의 경우 누가 그 수동태를 발생시키거나 가능하게 하는지, 즉 그 동작자 (doer, agent)가 명시되지 않는 이유는 바로 이 이유 때문이다.

그리고, 두 번째의 이유로, you가 convince되게 한 (당신으로 하여금 ...임을/라고 확신하게 하는) 그 동작자가 문맥상 뚜렷하게 드러나거나, 또는 말하는 이와 듣는 이 간에 굳이 말하지 않아도 암묵적으로 이해될 때, 그 동작자가 표현되지 않는 것이다. 이 경우에는 표현되지 않은 동작자는 문맥상 나의 겉모양새나 느낌 또는 태도이며, 이 동작자를 갖춘 문장으로 표현하면 You're so convinced <u>by my appearances</u> (또는 <u>looks</u> 또는 <u>attitude</u>) (that) <u>I'm a loser.</u>가 되며, 이 문장을 능동태로 표현하자면 My appearances (또는 looks 또는 attitude) so convinced you (또는 <u>convinced you so much</u>) <u>(that)</u> <u>I'm a loser.</u>가 된다. ➡ 417, 519

example Why on earth **is**n't making a home more highly regard**ed**?

[an American housewife]

[... regard**ed** (<u>**by** us</u>/(<u>**American**</u>) <u>**people**</u>)?]
도대체 왜 집안 살림을 하는 게 더 존중 받지 못하고 있나요?

highly 부 (비중, 가치, 중요성) 높게   regard 타동 간주하다, 여기다

example Women **are** allow**ed** in all forms of air and naval combat, except submarine warfare.

여성들은 잠수함 전투를 제외하고는 모든 형태의 공해전에 (복무/참가하는 것이) 허용된다.

---

allow의 주체: 여성의 평등한 권리를 보장하는 미국의 사회, 문화, 법 또는 군부 정책
여기서의 **air**와 **naval** the Air Force (공군)과 the Navy (해군)의 형용사   **combat** 명 전투
submarine 명/형 잠수함(의)   **warfare** 명 전쟁/교전 (상태, 상황)

---

example By the late 1970s many of the casual demonstrators and weekend hippies **were** convinc**ed** that "the system works well enough."

1970년대 후반까지는 어쩌다가 데모에 참가하는 사람들이나 주말에 히피 행세를 하는 사람들의 다수는 "체제가 충분히 잘 굴러간다."고 확신하게 되었다.

---

casual 형 비공식적인, 계획되지 않은, 일상적인
convinced 형 확신하는 < **convince** 타동 확신시키다

■ 배경: 정치문화 ▶   1960년대의 젊은 세대의 급진주의와 진보주의가 1970년대 후반에 들어 퇴조하고 보수의 물결이 서서히 일기 시작했다.

59 so = 정도의 지시 부사

<u>so</u> convinced
그렇게나 확신하면

여기서의 so는 앞에서 진술되거나 함축된 (대부분의 경우에 있어서는 상당한) 정도를 가리키는 정도의 지시 부사이다. 즉, 이 용법의 so가 나타내는 정도는 문맥 속에서 전달되고 이해된다.

이 경우에는 문맥상 '아까 도서관에서 처음 만났을 때부터 나를 stupid and rich preppie (멍청한데 돈은 많은 preppie)라고 부르기 시작해서, 지금은 나를 증조부가 건물을 기증했기 때문에 입학할 수 있었던 못난 녀석으로 취급할 그런 정도로 (내가 못난 녀석이라고 확신이 든다면)'라는 의미이다. 지시부사로서의 so의 대표적 용법이다. ➡ 431

Cross-reference
비교: so = 강조의 부사:
➡ 39
   186
   264
   277

example Back when the typical U.S. family consisted of a mother and father and two, three or four children, to find the right Christmas cards for relatives was easy. But now our lives are not **so** cut and dried.

보통의 미국 가정이 어머니와 아버지와 두서너 자식들로 구성되었던 옛날에는 친척들용으로 딱 맞는 크리스마스 카드들을 찾는 것이 쉬웠다. 그러나 이제 우리의 삶은 그렇게 판에 박은 것이 아니다.

배경: 사회문화 ▶ 1960년대 이후로 급증한 이혼과 재혼으로 인해 가족의 구성과 관계가 예전처럼 단순하고 뚜렷하고 일반적이지 않다.

---

cut-and-dried 형 미리 정해진, 판에 박은, 일상적인

---

example Behind the benign language of "abstinence only" lies a punitive attitude worthy of the Puritan preachers of old. Only good kids – those who don't have sex – are worthy of protection. Those who experiment are bad kids and deserve unwanted pregnancies or sexually transmitted diseases. It's not said **so** harshly, of course, but that's the underlying message.

"오직 금욕"이라고 하는 부드러운 말 뒤에는 옛날의 청교도 목사들에게 걸맞는 벌하는 태도가 존재하고 있다. 오직 착한 애들 (sex를 하지 않는 애들)만 보호 받을 자격이 있다. (sex를) 실험하는 애들은 나쁜 애들이고 원치 않는 임신이나 성병을 받아 싸다. 물론 그렇게 가혹하게 표현되는 것은 아니지만, 그것이 바로 그 아래에 깔려 있는 메시지이다.

---

benign 형 부드러운, 상냥한, 자애로운, (의학) 양성의, 악성의   **abstinence** 명 금욕, 절제 < **abstain** 자동 (abstain from ...) 삼가다, 절제하다   **punitive** 형 벌하는, 가혹한   **worthy of ...:** ...를 받을 자격이 있는   **Puritan** 형 청교도의, 금욕적인   **preacher** 명 목사   **deserve** 타동 ...를 받을 자격이 있다   **pregnancy** 명 임신 < **pregnant** 형 임신한   **transmit** 타동 전염시키다, 전송하다   **underlying** 형 기본적인, 아래에 기반하고 있는

---

example If slavery is not wrong, nothing is wrong. I cannot remember when I did not **so** think and feel.

노예제가 잘못된 것이 아니라면 잘못된 것이라고는 아무 것도 없습니다. 나는 그렇게 생각하고 느끼지 않은 적을 기억할 수가 없습니다.

---

60 타동사 + 목적어 + into + -ing (동명사) 구문

bulldoze me **into** buy**ing** you coffee
나를/나로 하여금 당신한테 커피를 사주도록 밀어붙이다

타동사 + 목적어 + into + -ing (동명사)의 구조로 '목적어로 하여금 ... (동명사의 동작을)하게끔 하다.'
라는 뜻을 나타내며, 여기서 **into**는 변화의 결과를 나타내는 전치사이다.

이 어법으로 쓰일 수 있는 타동사의 대표적인 예들:

(O) 타동사 + 목적어 + into + -ing / (X) 타동사 + 목적어 + to-부정사:

bamboozle (속임, 아첨, 또는 꼬심 등의 방법으로 ...를 ...하게 하다)   **beguile** (속여서 ...하게 하다)
bludgeon (두드려 패거나 억지로 ...하게 하다)   **bluff** (허세를 부리거나 뻥을 쳐서 ...하게 하다)
browbeat (노려보는 눈빛이나 위협적인 말로 ...하게 하다)   **bulldoze** (강압이나 협박 등의 강제
의 수단을 통해 ...하게 하다) **deceive** (속여서 ...하게 하다)]   **delude** (속이거나 착각시키거나 오도
해서 ...하게 하다)   **dupe** (속이다; trick; deceive) **flatter** (아첨해서 ...하게 하다)   **fool** (속여서
...하게 하다)   **goad** (부추기거나 찔러서 ...하게 하다) **hoodwink** (속여서 ...하게 하다)   **hustle**
(압력을 행사하거나 강요해서 ...하게 하다) **intimidate** (겁을 주어서 ...하게 하다)   **inveigle**
(아첨이나 교묘한 말로 유혹해서 ...하게 하다) **jawbone** (설득하거나 말로 타일러서 ...하게 하다)
needle (부추기거나 찔러서 ...하게 하다) **prod** (부추기거나 찔러서 ...하게 하다)   **provoke** (부
추기거나 자극해서 ...하게 하다) **snooker** (속여, 속이다)   **snow** (달콤하거나 번지르한 언행 따
위로 속여서 ...하게 하다) **soft-soap** (달콤한 말이나 아첨을 해서 ...하게 하다)   **spur** (...하도록
부추기다) **strong-arm** (위협하거나 강제로 ...하게 하다)   **sweet-talk** (비격식체, 달콤한 말로
꼬이거나 설득하여 ...하게 하다) **talk** (말로 해서 ...하게 하다)   **trap** (덫이나 올가미에 씌워 또는
꼼짝 못하게 해놓고 ...하게 하다) **trick** (속여서 ...하게 하다)   **wheedle** (달콤하거나 아첨하거나
속이는 언행으로 ...하게 하다) **wrangle** (말씨름을 해서 ...하게 하다)

> **비교** '목적어 + into + -ing' 형태로도 사용되고 '목적어 + to-부정사' 형태를 취할 수도 있는 동사들:

(O) 타동사 + 목적어 + into + -ing / (O) 타동사 + 목적어 + to-부정사:

brainwash (세뇌시켜서 ...하게 하다)   **cajole** (달콤한 아첨이나 약속 따위로 꼬드겨서 ...하게 하다)
coerce (강제, 위협, 권위 등의 수단으로 ...하게 하다)   **coax** (달콤한 말이나 아첨 또는 설득 등
으로 ...하게 하다)   **entice** (달콤한 말이나 기대를 부추겨서 유혹해서 ...하게 하다)   **force** (강
제로 ...하게 하다)   **hoodwink** (속이다)   **lure** (미끼를 던져 ...하게 하다)   **lead** (...하게끔 이
끌다/유도하다)   **mislead** (...하게끔 오도하다, 속이다)   **persuade** (설득해서 ...하게 하다)
pressure (압력을 넣어 ...하게 하다)   **tempt** (...하도록 유혹하다)

example In its rush to invade Iraq, the Bush administration deceived the American people. It deceived the United Nations. It <u>**strong-armed**</u> some traditional allies <u>**into**</u> going along with us and trashed the ones who wouldn't.

Iraq를 성급히 공격하면서 Bush 행정부는 미국민들을 속였다. 국제연합 (UN)을 속였다. 몇몇 전통적인 우방들에게 압력을 가해 우리와 함께 가도록 (전쟁에 참여하도록) 강제하였으며, 그러고자 하지 않는 우방들을 (쓰레기처럼) 버렸다.

---

invade 타동 침공하다   **ally** 명 동지, 동맹국   **trash** 타동 (쓰레기를, 쓰레기처럼) 버리다

[사진] 2003년 초 임박한 the Iraq War (이라크 전쟁, 3/20/2003-12/18/2011)에 반대하는 미국 시민들이 북부 Wisconsin 주의 State Capitol (주 의사당) 건물 앞에서 한겨울의 추위를 무릅쓰고 anti-war rally (반전 집회)를 열고 있다. 사인들 중에는 Dr. Martin Luther King, Jr.의 반전 표현인 "War is NOT the Answer!"와 Albert Einstein의 평화를 옹호하는 표현이 눈길을 끈다.

사진: © 박우상 (Dr. David)

example The people in power have **fooled** and **brainwashed** most average citizens **into** believ**ing** the Constitution really protects us.

권력에 있는 자들은 대부분의 보통 시민들로 하여금 헌법이 우리를 정말로 보호한다고 믿도록 우롱하고 세뇌시켰다.

---

average 형 평균적인, 보통의, 평범한   **citizen** 명 시민
constitution 명 구성, 체제, 골격, 헌법. **the Constitution (of the United States)** 미국 헌법

---

example Employers claim that labor unions **intimidate** and **coerce** their workers **into** join**ing** the unions and that radical Communist influences are at work.

고용주들은 노조들이 자기 근로자들을 노조에 가입하도록 위협하고 강요하며 급진적인 공산주의자들 (영향/세력)이 활동/작용하고 있다고 주장한다.

---

employer 명 고용주, 회사/기업(측)   **union**: (labor) union: 노동조합   **radical** 형 급진적인
Communist 명 공산주의자. 여기서는 형용. 공산주의(자)의   **influence** 명 영향(력)
at work 일/작용하고 있는

---

example Joe Montana often **leads** us **into** think**ing** that for him the impossible just happens.

Joe Montana는 종종 우리로 하여금 그에게는 불가능한 일이 진짜 일어난다고 생각하게끔 한다.

Joe Montana (1956-): 미국 프로 football 스타 쿼터백 (quarterback), San Francisco 49ers (1979-1992), Kansas City Chiefs (1993-1994)

다음 표현에서 빈칸에 사용되기에 적절한 것을 고르세요 (2개).

During the holiday season, retailers entice consumers _____.

❶ to open up their wallets
❷ to opening up their wallets
❸ for opening up their wallets
❹ into opening up their wallets
❺ open up their wallets

[정답과 해설]

해설 >>>

주목 Entice는 '목적어를 유혹해서 ...하게 하다.'는 의미로 주어 + entice + 목적어 + into + -ing 또는 주어 + entice + 목적어 + to-부정사 구조를 사용하므로, 문법적으로나 의미상으로나 ❶과 ❹는 제대로 된 표현들이지만 [참고: into + -ing 형인 (❹가 to-부정사 형인 (1)보다 상대적으로 보다 자주 사용된다], ❷와 ❸은 한국어로는 그럴 법 하지만 entice가 취하는 형태는 아니며, entice는 사역동사 (예: make, have, let; help도 가능)가 아니므로 ❺에서처럼 목적어를 설명하는 동사로 원형동사를 사용할 수 없다.

번역 >>>

연말 할러데이 시즌 동안 소매업자들은 소비자들이 지갑을 활짝 열게 유혹한다.

정답: ❶ ❹

Scene

Oliver	I ⑥ major in social studies.
Jennifer	⑥ It doesn't ⑥ show. I know you ⑥ 've got at least ⑥ a few brains.
Oliver	Really?
Jennifer	Yeah. You ⑥ 're hung up on me, ⑥ aren't you?

[Love Story (1970 film)]

Words & Phrases

- **social studies** 정통 사회학 (sociology)이라기 보다 사회를 연구하는 제반 학문들을 (사회학, 역사학, 경제학, 정치학 등을 포함하여) 두루 가리킨다.
- **at least** 적어도, 최소한; at the lowest number, quantity, or estimate

장 면 ・ ・ ・ ・

Radcliffe 여대의 도서관 대출 카운터에서 처음 만난 Oliver와 Jennifer가 캠퍼스 근처의 커피샵에 첫 데이트를 갔다가 Jennifer의 기숙사를 향해 돌아오면서 대화를 나누고 있다.

번 역 ・ ・ ・ ・

Oliver	나 사회학 전공이예요.
Jennifer	(사회학 학생 같은) 티가 안 나는데요. (그러나) 적어도 약간의 두뇌는 갖고 있다는 건 알아요.
Oliver	정말요?
Jennifer	그럼요. 나한테 반해 있잖아요, 그죠?

영어의 이해 with Dr. David

 major: 자동사/명사:

major in social studies
사회(과)학을 전공하다

여기서 major (ˈmei·dʒər)는 자동사로서 '전공하다'라는 뜻인데 전공(학생)을 뜻하는 명사로도 자주 쓰인다.

전공과목을 목적어로 취할 때는 major in + 전공과목: ...를 전공하다.

 Franklin D. Roosevelt **majored in** history at Harvard College.
Franklin D. Roosevelt는 Harvard 대학에서 역사를 전공했다.

 Franklin D. Roosevelt was a history **major** at Harvard College.
Franklin D. Roosevelt는 Harvard 대학에서 역사학 전공 (학생)이었다.

62 it = 앞에 온 진술 내용 (전체 또는 일부)

It doesn't show.
그게 보이질/티가 나질 않는다.

여기서 대명사 it은 앞에 온 어떤 특정한 대상물을 가리키는 것이 아니라, 앞에 온 진술이나 대화의 내용 (전체 또는 일부)을 가리킨다.

여기서는 앞에서 진술인 You major in social studies. (당신이 사회학을 전공한다는 것) 문장 전체를 가리킨다. ➡ 432

 Unfaithful wives still receive far more censure than roving husbands, but that disapproval doesn't stop women from fooling around – **it** just means they usually keep very quiet about their actions and feel extremely isolated.
[대명사 it: 앞에 온 진술인 Unfaithful ... fooling around 전체]
바람 피는 부인들은 아직도 나돌아다니는 남편들보다 훨씬 많은 비난을 받지만, 그러나 그 (여성에 대한 사회적인) 불인정 때문에 여자들이 바람을 피고 다니는 것을 중단하지는 않는다. 그것은 단지 그들이 주로 자기들의 행위에 관해 아주 조용히 있으며 극히 소외됨을 느낀다는 것을 의미할 따름이다.

---

unfaithful/roving having an (extramarital) affair, cheating, philandering, fooling around; 바람을 피우고 다니는, 배우자에게 충실하지 못한, 나돌아다니는   **censure** 명 문책, 비판
rove 자동 방랑하다, (방황하며, 목표 없이) 여기저기 돌아다니다   **disapproval** 명 불인정,
approva 명 인정, 승인 < **approve** 동 인정/승인하다   **isolate** 타동 단절/소외시키다

 The notion that Americans have no social class is patently absurd. Of course we live in a class system, and everyone knows **it**.
[대명사 it: 앞에 온 진술인 We live in a class system.]
미국인들은 사회계층이 없다는 생각은 명백히 얼토당토않다. 물론 우리는 계층 체제 안에 살고 있으며 모든 이가 그것을 알고 있다.

social class 사회 계층   **patently** 부 명백히, 분명히; obviously; clearly; totally; completely
absurd 형 우둔한, 말도 안 되는

63 한국어로 수동적 의미의 자동사들

show
보이다/드러나다

동사 show는 확률적으로 엄밀하게 말하자면, '...를 보이다, 보여주다'라는 뜻의 타동사로 쓰이는 경우가 '보이다, 드러나다'라는 자동사로 쓰이는 경우보다 많다. 여기에서 show는 자동사로 쓰여 앞에 오는 진술 내용인 당신이 사회학을 전공한다는 것이 (당신이 그것을 드러내 보이려고 하거나 성적표나 학적부 따위가 그것을 증명하거나 하지 않고) (자연스럽게 또는 저절로 태도나 언행 등에) '드러나지 않는다, 보이지 않는다, 티가 나지 않는다'라는 어감이다.

한국인 영어 학습자들은 **show** (보여 주다, 보이다), **open** (열다, 열리다), **close** (닫다, 닫히다), **start** (시작하다, 시작되다), **begin** (시작하다, 시작되다), **end** (끝내다, 끝나다), **change** (변화시키다, 변화하다), **develop** (발전시키다, 발전하다), **break** (깨다, 깨지다), **increase** (증가시키다, 증가되다), **decrease** (감소시키다, 감소되다), **play** (연주하다, 연주되다) 등, 타동사와 자동사 양쪽으로 쓰이는 동사가 특히 자동으로 쓰일 경우의 어감에 유의해야 한다.

비교 ▶

It shows in the way you talk/speak.
그것이 당신이 말하는 식에 보인다/드러난다. [show: 자동사]
Your attitude and language show it.
당신의 태도와 언어가 그것을 보여준다/드러내 보인다. [show: 타동사]

example The slave trade legally ended in the United States in 1808.
노예 무역은 미국에서 법적으로 1808년에 중단되었다.

설명 ▶ 한국어로는 '중단되다'라는 수동적인 어감을 띠기 때문에, end를 타동사로 하여 수동태로 써서 The slave trade was legally ended ... (노예 무역은 법적으로 중단되었다.)라고 표현할 것 같지만 (이 수동태 표현은 예를 들어 미국 헌법 (the U.S. Constitution)처럼 노예 무역을 end 시킨 주체 (agent)를 염두에 두고 하는 표현으로는 가능하다), 이 표현은 end를 자동사로 사용하여 the slave trade에 초점을 두고 the slave trade가 능동적으로 지속되거나 멈출 수 있는 주체로 (능동태 구문을 사용하여) 표현하여, '1808년에 끝을 맺게 되었다, 중단되었다'는 뉘앙스를 띈다.

미연방 헌법에 의해 노예 수입은 1808년에 법적으로 금지되었으나 밀수입 (smuggling, illegal trade)은 계속되었다.

example World War II **end**ed the Depression.

제2차 세계대전 (세계대전으로 인한 전국민의 완전 고용)이 대공황을 끝나게 했다.

[제2차 세계대전으로 인한 전국민의 완전고용이 대공황 (the (Great) Depression, 1929-1930년대)을 종결시켰다는 뜻]

설명 여기서는 end가 타동사로 쓰여 World War II는 the Depression을 end시킨 주체이고, the Depression은 World War II가 end한 동작의 대상 (목적어)이다.

이 문장은 the Depression을 주어로 쓰면 The Depression was <u>end</u>ed by World War II. (대공황은 제2차 세계대전에 의해 중단되었다.)가 되는데 (이 수동태에서도 end는 역시 <u>타동사이다</u>), the Depression을 주어로 그리고 end를 자동사로 써서 the Depression 자체가 end (끝나는) 행위자로 표현하자면, The Depression <u>end</u>ed (largely) owing to World War II. (대공황은 (주로) 제2차 세계대전 덕택에 끝났다.)라고 표현할 수 있다 (여기서의 end: <u>자동사</u>).

example As the Seventies **open**ed, the women's liberation movement commanded the attention of the nation for the first time.

[open: 여기서는 자동사로 '열리다, 시작되다']

[the women's liberation movement: the movement to liberate women/ for the liberation of women. 여기서의 women: 타동사 liberate 또는 형용사 of의 목적어]

(19)70년대가 열리면서 여성 해방 운동은 처음으로 전국민의 주목을 받게 되었다.

---

command 타동 명령하다. 여기서는 **deserve**; receive; 받다, 받을 자격이 있다

---

example The country's first gas station **open**ed in Columbus in 1912. Bank One **open**ed the nation's first drive-through bank in Columbus in 1950.

[여기서 첫번째 open: 자동사. 두번째 open: 타동사]

이 나라의 최초의 주유소는 (Ohio 주의 주도인) Columbus에서 1912년에 문을 열었다. 은행 Bank One은 이 나라 최초의 (차를 몰고 들어가 지나가면서 업무를 보는) drive-through 은행을 Columbus에서 1950년에 열었다.

Columbus 미국 중서부의 동쪽 Ohio 주의 중부에 위치한 도시. Ohio 주의 state capital (주도); 인구 약 100만   **drive-through bank** 차를 몰고 창구를 통과하면서 서비스를 받는 은행

---

example Often, the eyes of young Amish are **open**ed to the convenience, comfort, and glitz of modern life by the outside world.

[여기서의 opened: 타동사 open의 수동태 구문에서의 과거분사형]

종종 (물질문명과 과학기술의 사용을 거부하고 소박하게 살아가는) Amish 젊은이들의 눈이 외부 세계에 의해 현대 생활의 편리함과 편안함과 휘황찬란함에 뜨인다.

[사진] Wisconsin 주에서의 그 Amish quilt auction이 진행되고 있는 동안 Amish 젊은이들이 앵무새와 함께 담소를 나누며 시간을 보내고 있다. 일부의 Amish 젊은이들은 제한적이긴 하지만 자동차와 마이커/스피커, 맥도날드 등의 현대문명의 이기를 사용하기도 한다. 사진: ⓒ 박우상 (Dr. David)

example Male and female recruits **train** side by side at most military training camps.

[여기서의 train: 자동사: 훈련/교육을 받다]

대부분의 군대 훈련장에서는 남녀 신병들이 나란히 훈련 받는다.

recruit 명 신병, 신참, 신입

example Willie Mays had **been** **trained** for baseball by his father since before the boy could walk.

[여기서의 train: 타동사 '(...를) 훈련/교육시키다'의 수동형]

Willie Mays는 걸을 수 있기 전부터 아버지에 의해 야구 훈련을 받아 왔다.

Willie Mays: (1931-) 미국 Major League Baseball (MLB)의 대스타 (New York Giants & Mets, 1950년대-60년대)

example The Civil War **began** in 1861 and **end**ed in 1865.

[여기서의 began과 ended: 자동사]

(노예제의 존속과 확대를 주요 이슈로 미국의 북부와 남부가 혈전을 벌인) 남북 전쟁은 1861년에 시작되고 1865년에 끝났다.

example Although Patsy Cline died at her prime in a 1963 plane crash, she remains the unparalleled queen of country torch songs and her albums still **sell**.

[여기서의 sell: 자동사: 팔리다]

Patsy Cline은 전성기에 1963년의 비행기 추락으로 죽었지만, 그녀는 컨츄리 스타일의 이루지 못한 사랑 노래의 견줄 이 없는 여왕으로 남아 있어 그녀의 앨범들은 아직도 팔린다.

Patsy Cline (1932-1963): 미국 country 가수. 최대 히트곡: Crazy (1961); I Fall to Pieces (1961) **torch song**: 슬픈 또는 못 이룬 사랑의 노래 **prime** 명 전성기 **crash** 명 추락 **unparalleled** 형 unsurpassed; unrivaled; unequaled; unmatched; supreme; 견줄 대상이 없는, 독보적인

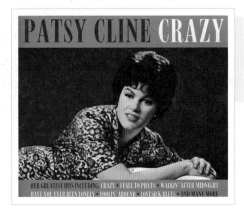

[사진] Patsy Cline의 Crazy (1961)는 아직도 country music standard의 지위를 누리고 있다.
사진: © Revolver Records, Primo

---

64 have got; 've got; got = have (소유)의 비격식체

've got

Have got의 축약형 (contraction)이다. Have got은 갖고/소유하고 있음을 뜻하는 have의 비격식체이고 구어체적 표현이다. have got의 have를 생략하고 got만을 사용할 수도 있는데, 그런 경우 have got보다도 더욱 비격식체적이고 구어체적 표현이 된다. Got의 사용은 공식적인 환경이나 점잖은 자리에서 이야기할 때, 또는 어느 정도나마 진지하거나 정중한 성격을 가진 글에서는 피하는 것이 좋다.

➡ 132, 327

example You**'ve got** a friend in Pennsylvania.

당신은 Pennsylvania (미국 동부의 한 주)에 친구가 있으십니다.

설명 ▶ 이 표현은 미국 동부 Pennsylvania 주의 공식 홍보 문구이다. 외부로부터 많은 관광객들이 방문하도록 have보다 친근한 구어체인 'vе got을 사용한 표현이다. 특히 Pennsylvania 주의 자동차 번호판 (license plate)에 오랫동안 사용되어 왔다.

[사진] 미국 동부 Pennsylvania 주의 자동차 번호판에 적힌 주 홍보 문구 "You've Got a Friend in Pennsylvania."

example A school bus driver on strike said, "We**'ve got** families to provide for, but we**'ve got** no secure future."

파업 중인 한 학교 버스 운전수가 말했다. "우리는 부양할 가족이 있지만 (확실하게) 보장된 미래가 없다."

---

on strike 파업 중인   **provide for ...:** support; 부양하다   **secure** 형 안전한, 안정된; safe; stable

---

Frank (to Jack, his younger brother): See, there are people in this world who depend on me. I **got** a wife and two kids, who expect to wake up every morning with food on the table and heat in the house. I **got** a mortgage. I **got** car payments. I have to be responsible. I have to make sure the numbers balance out each month.   *[Fabulous Baker Boys* (1989 film)]

Frank (동생 Jack에게): 이 세상엔 나한테 달려 있는 사람들이 있잖아. 매일 아침 깨어나서 식탁엔 음식이 집 안엔 난방이 있기를 기대하는 아내랑 두 애들이 있지. (집) 융자가 있지. 차 월부금이 있지. 난 (이 모든 걸) 책임져야만 해. 매달 (수입과 지출의, 가계부의) 숫자가 밸런스가 맞도록 해야만 해.

---

mortgage: 발음에 주의: /t/ 묵음 (silent) 명 저당, 융자   **make sure (that) ...** that-절 하는/인 것을 확실히 하다, 확실히 ...하다   **The numbers balance out.** the numbers (수입과 지출)이 균형을 이루게 하다, 적자를 내지 않도록 하다, 살림을 꾸려 가다

---

a few <u>brains</u>

인간이나 동물의 뇌를 총체적으로 대표해서 표현할 때 brain이라고 하는데, 여기서는 사람의 머리에 여러 개의 brain들이 들어 있다는 인식이 전제된 어법으로 복수형인 brains로 되어 있다. 이런 의미로서의 복수형인 brains는 흔히 이해력, 지력, 총명함 등의 추상명사의 뜻을 나타낸다. a few brains = some intellectual power (또는 intelligence) (어느 정도의 지력, 똑똑함) 이 문장 전체가 나타내는 뜻은 바로 뒤에 Jennifer가 하는 말을 함께 고려하면, 멍청한 당신이지만 나를 좋아하는 것을 보니까 어느 정도는 똑똑한 면이 있음을 인정한다는 뉘앙스이다.

전체가 나타내는 뜻은 바로 뒤에 Jennifer가 하는 말을 함께 고려하면, 멍청한 당신이지만 나를 좋아하는 것을 보니까 어느 정도는 똑똑한 면이 있음을 인정한다는 뉘앙스이다.

example Throughout his lifetime, Albert Einstein tirelessly pursued knowledge, harnessing the full potential of his <u>brains</u> to push the boundaries of scientific understanding.

Albert Einstein은 평생 동안 과학적 이해의 경계를 확장시키기 위해 자기 뇌의 최대한의 잠재력을 활용하면서 지칠줄 모르고 지식을 추구했다.

tirelessly 부 지칠 줄 모르고   **pursue** 타동 추구하다   **harness** 타동 활용하다   **potential** 명 잠재력, 가능성   **brains** 명 뇌, 지력/총명함; intelligence   **boundary** 명 경계(선)   **scientific** 형 과학적인

You're hung up on me.
당신은 나한테 반해/뿅 가 있다.

be hung up on someone의 표현으로 '누구에게 반해 있다, '뿅 가 있다, 푹 빠졌다'는 속어 표현인데 이렇게 항상 수동태로 쓴다. (X) I hang you up.

example Hundreds of millions of youths around the world **are hung up on** Korean idol groups.

수억 명의 세계 각지의 젊은이들이 한국의 아이돌 그룹들에 뿅 가 있죠.

같은 의미의 표현들 (전치사에 주의):

You've fallen in love **with** me.; You're in love **with** me.; You've fallen **for** me.; (속어/비격식체) You have/You've got a crush/case **on** me.; You're enamored **of/with** me.; You're infatuated **with** me.; You're stuck **on** me.; You're taken/smitten **with** me. (여기서 마지막 네 가지 표현 역시 주로 수동태 구문 으로 표현한다.)

 부가의문문의 기본

> **You're** hung up on me, **aren't you?**:

여기서 이 문장의 끝에 붙은 aren't you?는 소위 부가의문문 (tag question)으로 불리는 구문이다. 부가의문문은 서술문 뒤에 쉼표 (,) (comma)를 찍고 꼬리표 (tag)를 달듯이 부가시키는 의문문의 구조로, 흔히는 (항상 그런 것은 아니다) 앞에 오는 서술문이 긍정문이면 부정 의문문의, 부정문이면 긍정 의문문의 형태를 취하여 서술문의 진술을 강조 또는 재다짐하거나 (이런 경우 부가의문문의 문미에서 어조가 내려가는 것이 보통이다), 상대방에게 물어보거나 동의를 구하는 형식을 취해 확인을 하는 (이런 경우 부가의문문의 문미에서 어조가 올라가는 것이 보통이다) 표현기법이다.

부가의문문의 주어와 (조)동사는 대부분의 경우에 앞에 오는 서술문의 주어와 (조)동사와 일치하며, 부가의문문은 문어체보다 구어체에서 압도적으로 빈번히 쓰인다.

➡ 75, 91, 139, 173, 478

example Women, too, should be interested in the environment. **It's** an extended form of housekeeping, **isn't it?**

여자들 또한 환경에 관심을 가져야 합니다. 그것 (환경보호에 관심을 갖는 것)은 연장된 형태의 집안 살림 관리가 아니겠어요?

environment 명 환경 **extended** 형 연장된 < extend 타동 연장시키다
housekeeping 명 가정 살림/관리

Francesca: Oh, there you are.

Robert: You caught me. I was just picking you some flowers. **Men** still **do** that, **don't they**? **I'm not** out-of-date, **am I**, picking flowers for a woman to show appreciation**?**

Francesca: No, not at all.   [*The Bridges of Madison County* (1995 film)]

Francesca: 오, 거기 계시네요.

Robert: 들켰군요. 부인께 드리려고 꽃을 좀 따고 있었어요. 남자들 아직도 그러지 않나요 (여자에게 꽃을 따서 주지 않나요)? 고마움을 표시하러 여자분에게 드리려고 꽃을 따고 있는 내가 구식은 아니죠, 그죠?

Francesca: 아니예요, 전혀.

---

pick somebody something ...에게 ...를 따서 주다   **out-of-date** 형 시대에 뒤쳐진
appreciation 명 감사함

---

example If a waiter is being rude, the best course is to ask, "**You're not** trying to be rude, **are you?**" It's much more effective to speak up than to suffer in silence and then stiff him at the end of your meal.

어떤 웨이터가 무례하다면 제일 좋은 방법은 "무례하려고 하는 건 아니시겠죠?"라고 물어보는 것이다. 말없이 끙끙 앓다가 식사가 끝나고 나서 그 웨이터에게 팁을 주지 않는 것보다 (감추지 않고 또는 거리낌 없이) 말을 하는 편이 훨씬 더 효과적이다.

---

speak up/out 주저 없이 말하다/표현하다   **stiff** (비격식) 타동 팁을 주지 않다
rude 형 무례한 **effective** 형 효과적인 **suffer in silence** 침묵 속에 (말하지 못하고) 힘들어하다

주목   A waiter **is being** rude.에서 is being은 주로 또는 성격적으로 무례함을 나타내는 is와 달리 be 동사 is의 진행형으로 (어떤 손님에게) 일시적으로 rude하게 대하고 있는 모습을 나타낸다.

Scene

Oliver   **Hello, Jen. 68 What would you say if I told you 69 I'm in love with you?**

Jennifer   **Never say love if you don't really mean it.**

[Love Story (1970 film)]

Words & Phrases

- **mean** 타동 뜻하다, 의미하다, 의도하다

- **in love with (someone)** ...를 사랑하는. 사람과의 모임, 동반, 교제 등을 뜻하는 전치사 with 가 사용된다고 해서 반드시 두 사람이 서로 사랑함을 뜻하는 것은 아니다. 단지 주어에 초점이 있어서 주어가 누구 (someone)를 사랑하는 마음 상태에 있음을 나타낼 뿐, 짝사랑인 경우도 얼마든지 있다.

장 면

Harvard 대학의 hockey 선수인 Oliver가 Dartmouth 대학과의 경기를 마치고 기숙사 방에 돌아와, 지금까지 딱 두 번 데이트 한 Jennifer에게 전화를 걸어 사랑을 고백한다. (Jennifer는 Oliver의 말을 전혀 진지하게 받아들이지 않는다.)

번 역

Oliver   여보세요, Jen. 내가 당신을 사랑한다고 당신한테 말하면 뭐라고 할거예요?

Jennifer   정말 진심이 아니면 사랑이라는 말 절대로 하지 마요.

68   가정법 과거 = 열린 가능성: 소망, 우려, 신중, 정중

What <u>would</u> you say <u>if</u> I <u>told</u> you (that) I'm in love with you?

내가 당신을 사랑한다고 당신한테 말하면 뭐라고 할래요?

Cross-reference

비교: 가정법 과거 = 닫힌 가능성:

➡ (397)

주목 ▶ 가정법 과거 = open possibility (열린 가능성)

이 문장은 현재 또는 미래 시간의 일을 진술하는데 과거시제인 would와 told가 사용되었으니 가정법 과거의 구문이다. 그러나 여기서 절대 유의할 점은, 한국의 영어 교육에서 가르치는 대로 가정법 과거는 현재 사실의 반대 또는 실현이 불가능한 일을 반대로 가정하는 것으로 이해하면, 이 가정법 과거의 표현을 전혀 이해할 수 없게 된다.

Love Story (러브스토리)   133

이러한 유형의 가정법 과거 구문은 한국의 영어 교육이 전혀 가르치지 않고 있을 뿐만 아니라 제대로 이해조차 하고 있지 못한 어법으로서, 현재 사실의 반대라든지 실현 가능성이 없는 가정이라는 한국인들이 기계적으로 가르쳐 온 가정법 과거의 용법과 전혀 달리, 가정법 과거라는 구문적 형태를 사용하여 미래지향적이고 실현성/가능성이 열려 있는 일에 대한 정중한 부탁이나 요청, 신중한 논리, 또는 강렬한 소망 등의 분위기나 어감 (mood, nuance)을 전한다.

가정법 과거 구문은 확률적으로는 현재 사실의 반대라든지 불가능한 일을 반대로 가정해 보는 경우들이 많은 것이 사실이지만, 이 문장의 경우에서처럼 엄밀하게 말하자면 실현 가능성이 열려 있는 경우들 또한 제법 흔히 있으며, 그런 경우 이 문장에서처럼 말하는 이의 강한 소망이나 (if-절과 직설법을 사용하는 경우보다) 신중하거나 정중한 전제와 주장을 나타내는 것이 보통이다.

이런 점에서 한국의 영어 교육에서 예나 지금이나 변함없이 가정법 과거의 대표적 예문으로 사용하는 If I were a bird, I could fly. (내가 새라면 날 수 있을 텐데.; 내가 새가 아니라서 날 수 없어서 아쉽다.) 는 가정법 과거 구문이 나타낼 수 있는 의미 구조의 일부를 확률적으로 설명할 뿐, 실은 가정법 과거라는 어법의 올바른 이해를 오도하는 주범이기도 하다.

이제 실현 가능성이 열려 있으며 말하는 이의 강한 바램이나 신중하거나 정중한 가정과 주장을 나타내는 어법으로서의 가정법 과거의 예들을 보자.

➡ (184) (194) (202)]

example

Phil (to Rita): **If** I ever **could**, I **would** love you for the rest of my life.

[*Groundhog Day* (1993 film)]

Phil (Rita에게): 내가 그럴 수만 있다면 내 남은 평생 동안 당신을 사랑할게요.

장면 ▶ 잠이 들어 가고 있는 Rita에게 Phil이 자기의 강렬한 사랑이 장래에 이루어지기를 간절히 소망하면서 Rita의 귓가에서 속삭이고 있는 표현이다.

example I'm 25 years old and have been going with Mike for three years. We have decided to settle down. However, I am Jewish, and Mike is Catholic. According to the Jewish religion, the children are born with the faith of the mother, so our children **would** be Jewish. But Mike says he would never forgive himself **if** he **didn't** baptize his children in the Catholic Church.

저는 스물 다섯 살이고 Mike와 삼 년 동안 사귀어 왔어요. 우리는 (결혼해서) 정착하기로 결정했는데요. 그런데 저는 유대인이고 Mike은 가톨릭이예요. 유대 종교에 따르면 아이들은 어머니의 신앙을 가지고 태어나는 것이니 우리 애들은 유대인이 되는 거죠. 그러나 Mike는 자기 애들을 가톨릭 교회에서 세례 주지 않으면 자신을 결코 용서할 수 없을 거라고 말해요.

Jewish 형 유대교/유대인의. **Jewish religion**: Judaism   **settle down** 동 정착하다.
baptize 타동 ...에게 세례를 주다. > **baptism** 명 세례

설명 이 경우 또한 장래의 아내가 자기의 유대교를 아이들에게 절대적으로 주장하거나 해서 아이들이 가톨릭 전통에 따라 영세를 받지 못할 가능성을 현실적으로 인정하고, 그렇게 되면 가톨릭 신자인 아버지로서의 자신을 용서할 수 없음을, 그래서 그런 일이 발생하지 않기를 소망하는 마음이 표현되어 있다.

example Things in the United States **would** get better **if** Congress drastically **cut** back the American troops in Europe and Asia. Spend U.S. dollars here.
미국 연방의회가 유럽과 아시아에 있는 미군을 과감히 감축하면 미국의 사정은 나아질 것이다. 미국의 돈을 국내에서 쓰라.

---

things (비격식 구어체) 이런 저런 상황들/사정들　**cut** 여기서의 cut은 기본형 cut의 과거형
cut back 타동 reduce; decrease; curtail; 감축하다, 감소시키다　**drastically** 부 근본적으로, 철저하게, 과감하게　**troops** 명 군대, 군인들(집합명사)

설명 이 예문에서의 가정법 과거 형태 또한 실현 불가능한 것을 가정하는 것이 아니라, Congress (연방의회)로 하여금 해외주둔 미군을 대폭 줄이도록 현재 또는 미래 지향적으로 적극 제안 또는 요구하는 한편, 그 결과 미국 내정의 사정도 나아질 것이라는 결론을 상당히 확신하는 표현이다.
여기서는 가정법 과거라는 형식을 통하여 그러한 제안 또는 요구의 가상적 성격을 표현하고, 그 결론에 신중한 톤 (tone)을 더하는 느낌을 준다. 이 표현은 직설법인 Things in the United States **will** get better **if** Congress drastically **cuts** back the American troops in Europe and Asia.와 비교하여 전달하고자 하는 기본 메시지는 같으나, 가정과 결론을 연결하여 펼치는 자기 주장이 **신중**하고 **조심**스럽고 상황에 따라서는 더욱 **정중**한 어감을 띤다.

example

Question: My father says that when you're dining, the hand you're not eating with should be in your lap. Is this true?

Answer: Many people go by this "rule" because it's the simplest way to keep from resting one arm on the table while you eat with the other hand. But nobody seems to follow this rule at all times, and nobody **would** feel offended **if** you occasionally mov**ed** your free hand out from under the table, to reach for something or to gesture.

질문: 저의 아버지가 그러시는데 식사를 할 때 음식을 먹지 않는 손은 무릎에 놓여 있어야 한다고 합니다. 이 말 정말인가요?
대답: 많은 사람들이 그렇게 하면 다른 손으로 식사하는 동안 그 한 팔을 테이블 위에 놓지 않게 하는 가장 단순한 방법이기 때문에 이 (소위) "규칙"을 따릅니다. 그러나 어느 누구도 이 규칙을 항상 따르는 것 같지 않으며, 또한 가끔씩 뭔가 팔을 내밀어 집으려 한다든지, 제스처를 하기 위해 (음식을 먹는데) 사용하고 있지 않은 팔을 테이블 아래로부터 밖으로 움직인다 해도 감정을 상해할 사람은 아무도 없을 것입니다.

여기서도 Nobody <u>would</u> feel offended <u>if</u> you occasionally mov<u>ed</u> your hand out from under the table, to reach for something or to gesture.는 가정법 과거 형태의 구문이지만, 한국인들이 배워 온 바 대로 현재 사실을 반대로 가정하는 것도 실현 가능성이 없는 것을 가정하는 것도 아니다. 구체적으로 이 경우는 음식을 먹지 않고 있는 손을 전혀 움직일 수 없음에도 불구하고 가정하는 것이 아니다. 오히려 거의 그 반대로 어떤 것을 (예를 들어 양념 등을) 집고자 하거나, 제스처를 하고자 하거나 하는 등의 경우에 그 팔을 제법 움직일 수 있는 것이며, 그 결과로도 실제로 감정을 상해할 사람은 아무도 없을 것으로 판단되는 것이다.

---

in/on your lap 무릎에 (놓여 있는) **keep from + 명/대명/-ing** (동명사): ...하지 않다, ...하는 것을 삼가다 **all the time**: at all times; always; invariably; 항상, 언제나 **offended** 형 불쾌한. offend (타동. ...의 감정을 상하게 하다, 모욕적으로 느끼게 하다)의 과거분사형 형용사 **occasionally** 부 on occasion; sometimes; (every) now and then; 이따금씩, 때로는 **reach for** ...: ...를 집거나 잡으려고 팔을 뻗다 **gesture** 자동 제스처를 하다

---

example

Coach Carter: 'Nigger' is a derogatory term used to insult our ancestors. See, <u>if</u> a white man us<u>ed</u> it, you<u>'d</u> be ready to fight. You're saying it's cool. Well, it's not cool. We clear? [*Coach Carter* (2005 film)]

Coach Carter (자기가 코치하는 대부분 흑인인 고등학교 농구 선수들에게): Nigger (깜둥이)는 우리의 조상들을 모욕하기 위해 쓰이는 경멸적인 말이다. 알다시피 백인 남자가 그 말을 쓰면 너흰 곧바로 싸우려 할거다. 너희는 그 말이 멋지다고 하는데 근데 멋지지 않다. 알아들었나?

여기서도 If a white man used it (백인 남자가 그 말을 사용하면)이라는 상황이 가상적으로 벌어지면 you'd be ready to fight. (곧 싸울 준비가 되어 있을 것이다, 곧 한바탕 치르려 할 것이다)라는 결론이 벌어질 가능성이 아주 높다. 그런 실현 가능성 높은 가정과 결론이 가정법 과거라는 형태에 의해 신중하게 표현되어 있다.

---

derogatory 형 경멸적인, 비하하는; **disparaging; belittling; denigrating; scornful; disdainful** **term** 명 용어, 어구 **ancestor** 명 조상 **clear** 형 (분명히) 이해되는, 알아들은

백인이 흑인을 nigger라는 모멸적인 말로 지칭하던 야만적 시대는 적어도 공적인 상황에서는 사라졌다. 그런데 오늘날 흑인이 흑인을 nigger라고 부르는 일이 자주 있다. 어떤 경우에는 흑인들 간에 흑인의 정체성이나 긍지를 나타낸다는 의도로, 또, 어떤 경우에는 상대방 흑인을 놀리거나 비웃기 위해, 또는 흑인들끼리만 있을 때 자조적으로, 또는, 어떤 경우에는 백인에 대한 반감을 드러내 보이기 위해 그렇게 표현한다.

이 장면에서는 흑인이 절대 다수인 미국 남부의 한 고등학교에서 새로 부임한 농구 코치가 선수들이 서로를 nigger라고 부르는 것을 보고, 기본적으로는 흑인이 자기를 비하하는 그 말의 사용을 금지시킨다.

다음의 한국어 표현을 가정법 과거 구문의 영어로 표현해 보세요.

정치인들이 원주민들의 목소리에 귀 기울인다면 원주민들의 생활수준은 상당히 향상될 것이다.

원주민들 indigenous/native/aboriginal people　　**...에 귀 기울이다** lend/give an ear
생활수준 living standard; standard of living　　**향상되다** improve; be enhanced/
elevate　　**상당히** considerably; significantly; substantially

[모범영작]

If politicians lent an ear to the voices of indigenous people, the living standards of those people would be enhanced considerably.

69 **가정법 주절 + 직설법 종속절: 법/시제 일치의 문제**

if I told you (that) I'm in love with you.
내가 당신을 사랑한다고 말한다면

여기서 if I told you는 가정법 과거 구문의 조건절이면서 또한, 뒤에 오는 I'm in love with you를 동사 told의 목적어인 종속절로 지배하는 주절이다. 여기서 가정법 과거 구문인 주절의 동사가 과거형 (told)이지만, 그에 지배되는 종속절에서는 동사가 현재형 (여기서는 I'm의 am)으로 되어 있음에 주목해야 한다. 즉, 이 종속절은 가정법 과거가 아니라 직설법으로 되어 있으며, 주절이 told로 과거시제이지만 종속절의 동사가 시제의 일치를 따르지 않고 (따른다면 같은 과거형으로 일치하여 was가 되어야 한다) 현재시제로 남아 있다.

이렇게 가정법 과거 구문인 주절의 지배를 받는 종속절의 동사에는 대부분의 경우 주절의 과거시제에 어울리는 시제의 일치가 일어나지 않는다 (항상 그런 것은 아니며, 그 종속절이 현재에도 분명히 사실이거나 시간을 초월하여 진실인 경우 더욱 그러하다). 이렇게 종속절에서 시제의 일치가 일어나지 않는 경우들 (대다수의 경우들)과 시제의 일치가 일어나는 소수의 경우들의 예들을 보자.

예문 시제의 일치가 적용되지 않은 경우:

example American women have participated more extensively in combat in Iraq than in any previous war in U.S. history. They are flying fighter jets and attack helicopters, patrolling streets armed with machine guns and commanding units of mostly male soldiers. We **could** not do what **needs** to be done over there **without women**.

without women = (가정법 조건절을 대신하는 부사구) but/save for women; if there were no women; if it were not for women; if we didn't have women

미국 여성들은 미국 역사상 이전의 어떤 전쟁에서보다 이라크에서의 전투에 더욱 광범위하게 참가해 왔다. 미국 여성들은 (이라크 전쟁에서) 전투기들과 공격용 헬리콥터들을 조종하고, 기관총으로 무장하고 거리들을 순찰하며 대부분 남성 군인들로 구성된 부대들을 지휘하고 있다. 여성들이 없다면 우리는 그곳에서 수행되어질 필요가 있는 것을 할 수 없을 것이다.

extensively 부 광범위하게 **combat** 명 전투 **patrol** 타동 순찰하다 **armed with ...:** ...(으)로 무장하고 **command** 타동 명령/지휘하다

설명 여기서 what needs to be done over there은 앞에 오는 가정법 과거 구문인 주절 We could not do의 do 목적어로서 종속절인데, 이 종속절의 동사가 주절의 가정법 과거 동사인 could의 과거시제에 일치하는 needed가 아니라 직설법 현재형인 needs임에 유의

example **If** Dr. King **were** alive, he **would** continue to tell the world how important **it** is for us to love each and everyone who **walks** this earth no matter what the color of his skin **may** be.

King 박사 (미국의 현대 민권운동의 기수였던 Martin Luther King, Jr. 목사 (1929-1968, 암살))가 살아 있다면, 우리가 그의 피부가 무슨 색이든 간에 이 땅을 걷는 모든 한 사람 한 사람을 사랑하는 것이 얼마나 중요한지를 이 세상에 계속해서 알릴 것이다.

alive 형 살아 있는 **skin** 명 피부 **earth** 명 지구, 땅, 세상

설명 King 목사를 추모하는 16세의 한 흑인 소녀이 표현한 이 글에서 how important ... may be가 가정법 과거 구문인 주절 he would continue to tell the world의 지배를 받는 종속절인데, 종속절 내의 모든 동사들 (is, walks, may)이 주절의 동사 would의 과거시제에 일치하지 않고 현재시제로 되어 있다. 즉 이 종속절은 현재시제를 사용한 직설법의 표현이다.

example Christianity is a big part of my life, but it **would**n't be **if** I **did**n't have the parents I **have**.

기독교는 내 삶의 큰 부분이지만, 만일 내가 내 부모와 같은 부모를 갖고 있지 않다면 그렇지 않을 것이다. (내가 내 부모님처럼 기독교 신앙이 돈독한 부모를 갖고 있지 않다면 기독교는 내 삶의 큰 부분이지 않을 것이다.)

설명 여기서도 I have는 앞에 오는 가정법 과거 구문의 일부인 the parents를 수식하는 종속절 (관계사절, 형용사절)인데, 주절의 동사인 did의 과거시제의 영향을 받지 않고 현재시제 (have)로 되어 있다.

example What **would** we do if we **did** not have rich people who **own** businesses and factories, etc., and **give** employment to other people?

기업/사업체들과 공장들 등을 소유하고 다른 사람들에게 일자리를 주는 부유한 사람들이 없다면 우리는 무엇을 하겠는가? [기업들과 부유한 사람들을 위한 정책을 지지하는 사람의 견해]

설명 여기서도 가정법 과거로 표현된 주절의 지배를 받으며, 앞에 오는 선행사인 rich people 을 수식하는 종속절 (관계사절, 형용사절)인 who own ... other people에서 동사가 주절의 동사 did의 과거시제에 일치하지 않은 현재시제 (own, give)로 되어 있다.

[사진] 여러 모습의 자본주의 체제에 기반하고 있는 미국과 서구의 선진 사회들에서는, 부의 집중과 대기업의 비대화와 정치 과정의 오염 등 자본주의 자체의 여러 가지 결함들에 대한 근본적인 비판과 경계 또한 적지 않다. 이 사진에서는 Wisconsin 대학 캠퍼스에서 한 여자가 "Stop robbing the poor to feast the rich. (부자들을 잘 먹이기 위해 가난한 사람들을 강도질 하는 것을 중단하라)"라는 싸인을 들고 여러 시민들과 학생들과 함께 조용한 시위를 하고 있다.
사진: ⓒ 박우상 (Dr. David)

예문 시제의 일치가 적용된 경우:

example If every environmentalist **would** do all he or she **could** to make the Earth safer, cleaner and greener, we truly **would** have Earth Day, every day.

모든 환경주의자가 지구를 보다 안전하고 깨끗하고 푸르게 만들기 위해서 자기가 할 수 있는 모든 것을 하고자 한다면, 우리는 매일 Earth Day (지구의 날, 4월 22일)를 지낼 것이다. (매일이 Earth Day일 것이다.)

설명 여기서는 앞에 오는 선행사인 all을 수식하는 관계사절인 he or she could ... greener가 앞에 오는 가정법 과거 구문인 주절 every environmentalist would do all의 지배를 받는 종속절인데, 종속절의 동사 could가 주절의 과거시제 would에 따라 과거시제로 일치하고 있다.

Jennife	I don't dine outdoors with 70 just 71 anybody.
Oliver	Am I 70 just 71 anybody?
Jennifer	What do you think, preppie?

[Love Story (1970 film)]

Words & Phrases

- **dine** 자동 식사하다. 흔히 정찬 (dinner)과 같은 주요 식사를 할 때를 일컫는다.
- **outdoors** 부 밖에서. 실외, 집밖, 또는 야외에서
- **preppie/preppy** 명 (비격식, 속어) 명문 대학에 진학하기 위해 부유한 집 아이들이 다니는 비싼 preparatory school (prep school; 대부분 기숙학교 boarding school) 학생 또는 졸업생. 여기서처럼 종종 빈정대는 어감으로 사용된다.

장 면 · · · ·

Oliver와 Jennifer가 대학 캠퍼스의 작은 필드 옆에 놓인 나무로 된 관중석에 앉아 같이 점심을 먹기 위해, 사람들이 많은 거리를 걸어가면서 껄껄거리며 대화를 나누고 있다. Jennifer도 마침내 Oliver에 대해 누그러지고 위트가 있는 태도로 좋아하는 감정을 비치기 시작한다.

번 역 · · · ·

Jennifer	난 그냥 아무하고나 외식 안 해요.
Oliver	내가 그냥 아무런 사람인가요?
Jennifer	preppie, 어떻게 생각하요?

영어의 이해 with Dr. David

70 just = 강조의 부사 = only, merely, simply, none other than

just anybody
그냥 누구나/아무런 사람

부사로서의 just는 동사, 형용사, 부사, 명사, 또는 절을 수식할 수 있는데, 부사로서의 just의 의미의

폭이 상당히 넓은데다가 (문맥에 따라서는 강조의 기능을 하는가 하면, 그 반대로 의미의 정도를 최소화하거나 감소시키는 어감을 전하기도 한다), 그 의미를 피부로 느끼지 못하는 한국의 영어 선생님들은 부사로서의 just의 의미를 제대로 설명하지 못하고 얼버무리는 경우가 허다하다. 여기서의 just는 부사로서 '단지/ 불과/ 그냥 ...일/할 뿐 (그 이상은 전혀 아니다)' (only; merely; simply; nothing more than; none other than)이라는 뜻을 나타내어, 뒤에 오는 말의 의미를 약화시킨다. 이 경우에는 '그냥 anybody이면 된다, 아무나 된다, 특별한 사람일 필요가 없다'는 뉘앙스가 되게 한다.
➡ 55, 229, 324, 330, 541

To you I'm just a friend

That's all I've ever been

'Cause you don't know me

[Elvis Presley, Ray Charles, Anne Murray, et al., You Don't Know Me (country/pop song)]

당신에게 저는 그냥 친구일뿐

언제든 저는 친구였을 뿐이죠

당신이 저를 모르니까요

71 anybody = 아무나, 누구나

just anybody

여기서의 anybody는 어떤 특별한 성질이나 자격의 조건이 일체 없는 그냥 아무나인 사람을 의미한다. 그러니까 I don't dine outdoors with just anybody. 문장 전체로는 '나는 그냥 아무나 하고는 외식을 함께 하지 않는다, 나는 어떤 특별한 자격을 갖춘 사람과만 외식을 함께 한다'는 뜻이 된다.

주목 ▶ anybody는 문맥에 따라서는 (특히 의문문과 조건절에서) (뭐라도 되는, 어느 정도라도, 조금이라도, 어떤 식으로라도) 중요한, 알려진, 비중 있는, 영향력 있는 사람을 뜻한다.

example Is he **anybody** in national politics?

그 사람 전국 정치에서 (뭐라도 되는) 중요한 사람이야?

example If he's **anybody** in national politics, how come I've never heard about him?

그가 전국 정치에서 (뭐라도 되는) 중요한 사람이라면 어떻게 해서 나는 그에 관해 한 번도 들어본 적이 없지?

Oliver: ⑫ See, I think you're scared. You put up a big glass wall to ⑬ keep from getting hurt. But ⑭ it also keeps you from getting touched. ⑮ It's a risk, isn't it, Jenny? At least I had ⑯ the guts to admit ⑰ what I felt. Someday ⑱ you're gonna have to come up with ⑲ the courage to admit you care.

Jennifer (after a few silent moments, with a serious face): I care.
(Then they kiss each other.)

[*Love Story* (1970 film)]

Words & Phrases

• **scare** 타동 겁나게 하다

• **get hurt**: 다치다, 상처받다. 여기서 hurt는 동형인 hurt (다치게 하다, 상처를 입히다)의 과거분사형.

• **risk** 명 위험 (부담)

• **guts** 명 원래 위 (stomach) 또는 장 (bowels, entrails)을 뜻하는 말인데, 여기서는 용기나 배
짱을 뜻하는 속어; courage, gumption, spunk, fortitude, determination

• **admit** 타동 인정하다

• **someday** 부 어느 날엔가 (비특정한 미래 시점에). [주의]: 비특정한 어떤 날을 뜻하는 명사구
로는 some day라고 두 낱말로 쓰지만, 이렇게 부사로 쓰일 때는 이렇게 someday로 한 낱말로
붙여 쓰는 것이 정어법이다.

• **come up with** ...: ...를 내(놓)다, ...를 갖고 (나)오다, 제공하다. Thomas Edison came up with
a major invention every six months. (Thomas Edison은 매 6개월마다 중요 발명품을 내놓았다.)

• **courage** 명 용기

- **silent** 형 말이 없는
- **moment** 명 짧은 시간, 순간
- **serious** 형 심각한, 진지한

장 면 • • • •

Oliver와 Jennifer가 온통 눈이 덮인 캠퍼스를 함께 걷고 있다. Oliver가 자기에게 마음의 문을 아직도 꼭꼭 닫고 있는 Jennifer에게 마음의 문을 열라고 간청하는 듯하면서도 당당하게 설득한다. 여기서 Jennifer에 대한 자신의 진실한 사랑을 전달한 Oliver와 Oliver의 자신에 대한 사랑의 깊이와 진정성을 깨달은 Jennifer가 첫 키스를 나눈다.

번 역 • • • •

Oliver 거 무서워하는 것 같아요. 다치지 않으려고 큰 유리 벽을 세웠군요. 그러나 그러면 만져질 (감동/사랑받을) 수도 없어요. 위험부담인 거죠, 그죠, Jenny? 적어도 나는 내가 느낀 바를 용기 내서 인정했는데. 어느 날엔가 당신도 좋아한다는 걸 인정하는 용기를 내야 할 거예요.

Jennifer (잠시 조용한 순간 후에 진지한 얼굴로): 나도 좋아해요. (그리고는 서로 키스한다.)

영어의 이해 with Dr. David

72 의사소통의 윤활유 (Communication Lubricant)

> _See_

여기서의 see는 보통의 경우에서처럼 무엇을 본다는 뜻을 전하는 것이 아니라 본 저자가 communication lubricant (의사소통의 윤활유)라고 부르는 것으로서, 흔히 바로 뒤에 약간의 멈춤 (pause)이 오며 (글로 표현할 때 앞뒤에 쉼표가 온다) 말하는 이에게는 하고자 하는 표현의 적합한 낱말, 어구, 구문 형태, 어법, 스타일 등을 생각할 여유를 주고, 듣는 이에게는 앞에 온 진술을 소화하고 곧 듣게 될 말을 예측하거나 준비할 시간을 허용함으로써 의사소통을 원활하게 하는 기능을 한다.

이러한 communication lubricant의 역할을 자주 하는 표현들로는 (You) see (?); you know (?); I'm telling you; I tell you; let me tell you; (I'll) tell you what; I mean; you know what I mean; believe me; (all) right?; well; like; See what I'm talking about/getting at?; To be honest with you, ... 등이 있다. ➡ 420, 498

Mr. Ammer: Anyone can be a victim of sexual harassment – blue collar, white collar, a woman, a man. Sexual harassment can come in many forms. **You see**, what is hilarious to some could be offensive to others.   [*Click* (2006 film)]

Mr. Ammer: 누구나 성희롱의 희생자가 될 수 있습니다 – 육체 근로자일 수도, 사무직 근로자일 수도, 여성일 수도, 남성일 수도 있죠. 성희롱은 여러 가지 형태로 올 수 있습니다. 어떤 사람들에게는 아주 신나는 일이 다른 사람들에게는 모욕적일 수가 있는 것이죠.

---

victim 명 희생자　**sexual harassment** 성희롱, 성추행　**hilarious** 형 대단히 웃기는, 신나는; extremely funny, merry, cheerful　**offensive** 형 불쾌하게 하는, 감정을 상하게 하는

"Even on the West Coast, **you know**, up until the, the, eighties, Asians were, were, very much disliked by whites."

(인종과 문화적으로 다양한) 서부 지역에서조차, 아시죠, (19)80년대까지 아시안계 사람들은 백인들한테 미움을 아주 많이 받았죠.

---

the West Coast 미국의 태평양을 접한 서부 지역 (California, Oregon, Washington 주들 포함)　**the eighties/ Eighties** the '80s; the 1980's; 1980년대

Jennifer: **I mean, I guess,** I never thought there was another world better than this one. I mean, what could be better than Mozart, or Bach, or you? And the Beatles.   [*Love Story* (1970 film)]

[... another world (that/which was) better than this one (= world).]

Jennifer: 난 한번도 이 세상보다 더 좋은 다른 세상이 있다고 생각해 본 적이 없어. 무엇이 모차르트, 또는 바흐, 또는 자기보다 더 좋을 수 있을까? 그리고 비틀즈랑.

장면　Oliver와 급속도로 사랑에 빠진 Jennifer가 Oliver를 자기가 열정적으로 사랑하는 모차르트, 바흐, 그리고 비틀즈에 비유하면서, 이 외에 다른 천국이 있을 수 없다고 말한다.

Mary: I'm a member of the Bay Area Scrabble Club. Pathetic, I know.
Steve: That is pathetic.
Mary: Shut up. (Both chuckle.)
Steve: I'm serious. **I mean**, how did you get into it?
Mary: When my parents came over from Italy, they joined a scrabble club so they could learn English. And after my mom died, my dad just became, **like**, obsessed with the game and wanted me to play with him all the time.
Steve: Cool. Hmm.   [*The Wedding Planner* (2001 film)]

Mary: 전 (샌프란시스코) 만 지역 스크래블 클럽 회원이에요. 딱한 일이죠. 알고 있어요.

Steve: 거 딱하네요.

Mary: 입 다물어요. (두 사람 다 껄껄 웃는다.)

Steve: 정말이예요. 어떻게 스크래블을 하게 됐어요?

Mary: 저희 부모님이 이탈리아로부터 건너오셨을 때 영어를 배우시려고 스크래블 클럽에 가입하셨거든요. 그리고 제 엄마가 돌아가시고 나서 아빠는 이 게임에 완전히 빠져서 항상 제가 아빠랑 게임하고 놀기를 원하셨어요.

Steve: 멋지군요. 흠.

장면 ▶ Mary와 Steve가 어느 날 저녁 San Francisco의 명물인 the Golden Gate Bridge 옆의 공원에서 첫 데이트를 하면서 서로에게 끌리고 있다.

---

pathetic 형 딱한, 한심한, 개탄스러운; pitiful; pitiable; miserable; contemptible
be obsessed with ... ...에 집착하는, ...에 몰두해 있는

[사진] Kentucky 주의 한 작은 타운에서 아이들과 어른들이 동네 도서관에 모여서 낱말들을 짜맞추는 게임인 Scrabble을 즐기고 있다.
사진 제공: © the Kenton County Public Library

73 **keep from + -ing; from = 금지, 기피, 보호**

> **<u>keep</u> <u>from</u> gett<u>ing</u> hurt**
> 다치지/상처받지 않다

keep from …는 '…를 삼가다, …하지 않다, …로부터 보호받다' (restrain oneself from; refrain from; abstain from …)라는 뜻으로 여기서 전치사 from은 금지, 기피, 절제, 또는 보호를 나타낸다. 그리고, get hurt는 일종의 수동태 (get + 과거분사)의 표현으로 …되는/…당하는 사건이나 과정을 나타내며 (이 경우에는 다치다/상처받다), get이 전치사 (from)의 목적어이므로 동명사형인 getting으로 표현된 것이다.

example Can the ocean **<u>keep</u> <u>from</u>** rush**ing** to the shore? It's just impossible.
[Elvis Presley, Perry Como, et al., *It's Impossible* (Elvis Presley song, 1973)]
바다가 바닷가로 질주해 가지 않을 수 있나요? 불가능할 뿐이죠.

example Hundreds of farms around the country have opened their gates to visitors during the last decade or two, often to **<u>keep</u> <u>from</u>** go**ing** out of business.
전국적으로 수백 개의 농장들이 지난 일 이십 년 동안에 종종 폐업하지 않기 위해서 농장 문을 방문객들에게 열었다.

gate 명 문, 정문   **decade** 명 10년

배경: 경제문화 ▶ 도시인들이 휴가나 주말을 자연 속에서 쉬고, 토속적인 식사와 레저를 즐길 수 있도록 하는 농장들이 지난 10-20여 년 사이에 크게 늘었다.

[사진] Breakfast on a Farm: 미국 Wisconsin 주 남부의 한 농장에서 6월의 어느 토요일 오전에 주변의 도시들에서 놀러 온 식구들, 이웃들, 친구들이 함께 그 농장의 전통적인 아침 식사를 즐기고 있다 (milk, toasts, pancakes, sausages, scrambled eggs, juices, etc.). 방문객들은 식사 후에는 농장 주위를 wagon 마차를 타고 돌며, petting zoo에 들어가 동물과 어울리거나, 밴드와 춤 등 재미있는 게임들과 활동들을 즐긴다. 사진: ⓒ 박우상 (Dr. David)

It also keeps you from getting touched.
그건 또 당신으로 하여금 사랑의 손길이 닿지 않게 해요.

keep + 목적어 + from + -ing (동명사)의 구문으로 목적어가 ...하지 못하게 함을 나타내는 표현이다. 바로 앞에 온 keep + from + 목적어의 구문에 keep의 직접목적어가 덧붙여진 경우이다. 여기서는 그렇게 커다란 유리 벽을 쌓으면, 다치지 않을 수는 있겠지만 만져질 수는 없음을 말하는 표현이다.

(문맥상 육체적으로 만져지는 것일 뿐만 아니라, 정신적으로도 사랑받는 것을 뜻한다고 보아야 한다). 그리고 여기서의 touched (만져짐)는 getting touched의 형태 (get + 과거분사)로 touch되는 사건이나 과정을 묘사하는 수동태이며, getting이 동명사 (-ing) 형인 것은 앞에 오는 전치사 (from)의 목적어이기 때문이다.

이렇게 목적어로 하여금 ...하지 못하게 하거나 목적어가 ...하는 것을 방해, 금지, 중지 또는 억제함을 나타내는 타동사 + 목적어 + from + -ing의 형태를 취할 수 있는 타동사들의 예들:
absolve, ban, bar, block, deflect, deter, disable, discourage, dissuade, divert, enjoin, exclude, excuse, exempt, foreclose, frustrate, keep, preclude, prevent, prohibit, refrain, restrain, restrict, save, stop, suppress, suspend.

example When he was alive, Franklin D. Roosevelt strove mightily to **keep people from** see**ing** him in his wheelchair.

살아 있을 때 Franklin D. Roosevelt는 사람들이 휠체어에 탄 자기를 보지 못하도록 대단히 애썼다.

strove strive (자동 대단히 노력하다)의 과거형 **mightily** 부 강력하게, 크게; strongly; tremendously

배경 Franklin Delano Roosevelt (FDR, 1882-1945, 미국 32대 대통령 (1933-1945))는 39세의 나이에 소아마비에 걸려 다리에 강철 보조 (steel braces)를 착용하고 부축을 받거나 휠체어를 타고 움직였으나, 대중 앞에 나설 때는 자신의 불구를 드러내지 않도록 조치를 취하고 대단한 노력을 기울였다.

[사진] 39세 중년의 나이에 어느 날 느닷없이 찾아온 polio (소아마비) 장애를 국민들에게 최대한 감추면서, 불굴의 의지로 the Great Depression (대공황)의 극복과 제2차 세계대전의 승리 직전까지 미국을 이끌었던 Franklin Delano Roosevelt (FDR) 대통령. 이제는 Washington, D.C.의 FDR Memorial에서 wheelchair에 앉아 있는 동상의 모습으로 추모 되고 있다.
사진제공: © Justin Meo

example A lack of water isn't California's only physical problem. Every few years, the ground starts to shake, and buildings and highway overpasses fall down. Does this **stop people from** mov**ing** there? No.

물이 없는 것만이 California 주의 유일한 물리적인 문제점이 아니다. 몇 년마다 땅이 흔들리기 시작하고 빌딩들과 고속 고가도로들이 내려앉는다. 이것이 사람들로 하여금 그리로 이사 가지 못하게 하는가? 아니다.

> 참고 ▶ California를 묘사하기에는 a lack of water (물이 없는 것)보다 a shortage of water (물이 부족한 것)이 정확한 표현이다.

75 부가의문문: 긍정, + 부정?

It's a risk, isn't it?
그건 위험 부담이잖아요?

서술문 + 부가의문문 (isn't it?)이 결합된 구문이다. 여기서 주어인 it은 앞에 진술된 내용으로서, 상처받지는 않지만 touch 되지 못하게 되는 것 (to keep from getting hurt but to be kept from getting touched)을 뜻한다. 상처받지 않는 것은 좋지만 touch 되지 못하는 것은 커다란 위험 부담이나 대가라는 뜻이다. ▶ 67, 75, 91, 139, 173, 478

example Bailey learns life's important lessons from his guardian angel: "Each man's life touches so many other lives. And when he isn't around, **he leaves** an awful hole, **doesn't he?**" You see, George, **you** really **had** a wonderful life, **didn't you?**
[*It's a Wonderful Life* (1946 film)]

(George) Bailey는 인생의 중요한 교훈들을 자기의 수호천사로부터 배운다: "한 사람 한 사람의 인생이 아주 많은 다른 사람들의 삶에 영향을 주지. 그리고 그가 없으면 (세상을 떠나고 나면) (주변에) 끔찍한 구멍을 남기잖아?" George, 당신도 보듯이 당신 정말 멋진 인생을 살았잖아요?

lesson 명 교훈   **guardian angel** 명 수호천사   **around** 형 곁에/주위에 있는
awful 형 끔찍한, 형편없는

> 장면 ▶ 선하고 유쾌하고 야심 있던 George Bailey가 인생이 너무 힘들고 희망이 없다고 느끼면서 자살을 생각한다. 그에게 나타난 그의 수호천사 (guardian angel)가 그에게 들려주는 Bailey 자신의 인생 이야기와 삶의 관점에서 새로운 희망과 용기를 찾는다.

[사진] Frank Capra 감독, James Stewart 주연의 It's a Wonderful Life (1946). 미국인의 선의 (goodwill)와 낙관주의 (optimism)를 보여주는 미국의 대표적인 영화들 중의 하나로 손꼽힌다.
사진 (포스터): © RKO Pictures

76 have the courage (guts, spunk, gumption, balls, nerve) + to-부정사

the <u>guts</u> to <u>admit</u> what I felt
내가 느낀 것을 (당신에 대한 사랑의 감정을) 인정하는 배짱/용기);
the <u>courage</u> to <u>admit</u> you care
당신이 날 염려해 준다고 (또는 좋아한다고) 인정하는 용기

Have the courage (또는 속어 또는 비격식체로 guts, spunk, gumption, balls) + to-부정사의 표현으로 '...할/하는 용기나 배짱이 있다, 용기를 내거나 배짱을 부려서 ...하다'라는 뜻이다. 이 경우에 복수형으로 사용되는 balls는 원래 남성의 성기의 특정 부위를 뜻하는 낱말로 점잖은 자리에서는 사용을 절대 피해야 하며, 문맥에 따라서는 용기나 배짱보다는 대담함이나 당돌함 또는 뻔뻔함이라는 어감을 띄기도 한다.

이런 대담함, 당돌함, 뻔뻔함을 나타내는 명사로 nerve, impudence, boldness, audacity가 to-부정사 앞에 쓰이기도 한다.). 여기서의 to-부정사는 앞에 오는 the courage (guts, spunk, gumption, balls)의 의미를 수식/제한하는 형용사구의 기능을 한다.

example It was a land of opportunity. There was life to be made for any man with drive and ambition. If your dream was big enough and you had the **guts to follow** it, there was truly a fortune to be made. [*Seabiscuit* (2003 film)]
그곳은 (20세기 초의 미국은) 기회의 땅이었다. 추진력과 야심을 가진 남자라면 누구나 멋진 인생을 이룰 수 있었다. 꿈이 충분히 큰 자라면, 그리고 그 큰 꿈을 추구할 배짱이 있는 자라면, 정말 한 재산 만들 수 있었다.

drive 명 추진력, 적극성   **ambition** 명 야망, 야심   **fortune** 명 큰 재산/부; great wealth/ riches
opportunity 명 기회   **life** 명 여기서는 멋진 인생, a good/great/wonderful life   **drive** 명 추진
력, 적극성   **ambition** 명 야망, 야심   **guts** 명 courage; boldness; gumption; spunk; 배짱, 용기
fortune 명 큰 재산/부; great wealth/ riches

▊**배경: 사회·문화·경제**▶ 산업화와 경제 개발이 한창이고 낙관주의와 진보주의가 사회의 정신적 주류였
던 20세기 초의 미국의 사회 분위기를 그린 표현이다.

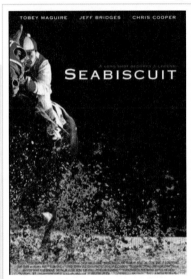

[사진] 미국인들이 배고프고 희망을 잃던 1930년대의 the
Great Depression (대공황) 중에 늙고 병약해서 아무
가능성도 없던 race horse Seabiscuit. 그러나 jockey,
trainer, 그리고 promoter의 헌신과 열정적인 teamwork
에 힘입어 기적처럼 일어서 달리고 또 달려 race의 챔피언
으로 우뚝 솟으며, 미국인들에게 희망과 용기의 상징이 된
Seabiscuit의 American Dream을 그린 영화의 포스터
사진: © Universal Pictures, DreamWorks, Spyglass
Entertainment, et al.

example   Thirty years ago, the young men of this nation fell into one of three
groups: Those who had the **courage to serve** in the Vietnam war, those who
had the **courage to protest** the war and those who lacked the **courage to do**
either.

30년 전에 이 나라의 젊은이들은 세 부류 중의 하나에 속했다: 베트남 전쟁에서 싸울 용기를 가진 자들, 전쟁에 항의
할 용기를 가진 자들, 그리고 그 둘 중의 어느 것도 할 용기가 없었던 자들

protest 타동 ...에게/...에 관해 항의하다   **lack** 타동 ...를 결여하다, ...가 없다

example

Jake: I want a serious girlfriend – somebody I can love that's gonna love me
back. Is that psycho?
Ted: It's beautiful, Jake. I think a ton of guys feel the same way as you do.
They just don't have the **balls to admit** it.   [*Sixteen Candles* (1984 film)]

Jake: 난 진지한 여자친구, 내가 사랑할 수 있고 (나의 사랑에 대답해서) 나를 사랑해 줄 누군가를 원해. 그러는게 싸
이코니?

Ted: 멋진 거야, Jake. 수많은 애들이 너랑 같은 식으로 느낀다고 생각해. 자식들 그걸 인정할 배짱이 없을 뿐이야.

주의 ▶ **balls**: (vulgar, 비속어) 용기, 배짱; courage, guts (비격식 구어체)

---

serious 형 진지한. 여기서는 진실하게 사귀는/사랑하는　**a ton of** ...; **tons of** ...; 수많은 ...
admit 타동 받아들이다, 인정하다; accept; acknowledge

장면 ▶ 어른들에게 오해 받고 소외되고 성인의 문턱에서 삶의 진로와 인간/이성 관계로 고민하는 두 고등학생 간의 (Jake는 졸업반, Ted는 1학년) 대화이다.

 77 **what =관계대명사 = the thing that**

> <u>what</u> I felt
> 내가 느낀 것/바

여기서 what은 그 자체가 선행사를 포함하는 관계대명사로서 다른 영어로 풀어 쓰자면 흔히 the (kind of) <u>thing</u> <u>that</u>/which 또는 that which 라고 할 수 있으며, 한국어로는 흔히 '...(하는/인) 것'으로 번역된다. 문맥에 따라서는 이따금씩 복수의 의미를 뜻하는 경우가 있으며, 그러한 경우에는 the things that/which로 풀어 쓸 수 있다.

주의 ▶ 국내 영어교육에서 설명에 자주 사용하는 that which는 현대의 일상적 영어에서는 거의 사용되지 않는 대단한 격식을 갖춘 문어체이므로 사용에 주의해야 한다.
[➡ (54) (280) (375) (446) (506) (538) (558)]

---

example

Oliver (to Jennifer): I had the guts to admit **<u>what</u>** I felt.　　　*[Love Story* (1970 film)]

= I had the guts to admit <u>the thing that/which</u> I felt.
= I had the guts to admit <u>the thing</u>. + I felt <u>the thing</u> (= <u>that</u>/<u>which</u>).
Oliver (Jennifer에게): 난 용기를 내서 내가 (너와의 사랑에 관해) 느낀 바를 인정했잖아.

---

guts (gʌts) 명 원래 위 (stomach) 또는 장 (bowels, entrails, intestines)을 뜻하는 말인데, 여기서는 용기나 배짱 (courage, gumption, spunk, fortitude, determination)을 뜻하는 속어

 My husband and I recently moved from Texas to a Northern state. <u>**What truly appalls me**</u> is the lack of respect shown by children. Most children do not use "Ma'am" and "Sir" when they speak to adults.

[What truly appalls me = The thing that truly appalls me]

나의 남편과 나는 최근에 Texas 주로부터 한 북부의 주로 이사 왔다. 나를 정말 경악하게 하는 것은 애들에 의해 보여지는 존경심의 부재이다 (애들이 어른들에게 존경심을 보이지 않는 것이다). 대부분의 (북부의) 애들은 어른들한테 얘기할 때 (남부의 아이들과 달리) "사모님"과 "어르신"을 사용하지 않는다.

Northern 형 북쪽(north)의. 여기서는 미국의 북부지역 (the (American) North)에 있는
appall 타동 끔찍하게 하다, 경악시키다 **Ma'am:** Madam, 부인을 존중해서 부르는 호칭

문화배경 아이들의 어른들에 대한 예의와 존경과 규율의 강조하는 미국 남부와 그에 대해 상대적으로 너그럽고 아이들의 인격을 보다 존중하는 북부의 문화적 차이를 보여 주는 이야기이다.

example The '70s brought the women's movement right into the kitchen. Feminists held a mirror up to all those happy housewives and many of them didn't like **what they saw**.

[what they saw = the thing(s) that they saw]

1970년대는 여권운동을 바로 부엌 안으로 가져왔다. 여권주의자들은 그 모든 행복한 ('소위 행복하다'라는 뉴앙스) 주부들에게 거울을 들이댔고, 많은 주부들은 자기들이 본 것을 (거울 속에 본 자기의 모습을) 좋아하지 않았다.

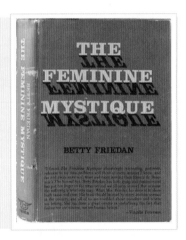

[사진] 1963년에 당시의 미국 여성의 삶을 제2차 세계대전 중의 대학살 (the Holocaust)를 앞둔 유대인들의 강제수용소 (concentration camp)에 비유하면서 미국 여성들의 사회문화와 역사에 충격을 가한 책이 출간되었다. 바로 feminism의 본격적인 선언인 **Betty Friedan**의 **The Feminine Mystique**였다. 곧 뒤이어 1960년대 후반에 미국의 여성 activist들이 거리와 광장에서 또 언론과 문화예술에서 feminism과 women's rights, 그리고 남성의 억압으로부터의 해방을 외치고 (the women's liberation movement), 1970년대에는 feminism이 미국 가정의 부엌에까지 들어와 자리잡기 시작했다고 평가된다.

example Music was sacred to African-Americans because it was connected to their survival. They sang **what they could not say**.

[what they could not say = (the) things (that) they could not say]

음악은 미국 흑인들에게는 그들의 생존과 관련되어 있기 때문에 신성한 것이었다. 그들은 말로 할 수 없는 것들을 노래로 했다.

---

sacred 형 신성한 **survival** 명 생존 < survive: 동. 살아남다, 견뎌내다

미국 흑인들 (African-Americans)의 old spiritual songs (spirituals, 영가) **Topic**

다음 표현들 중에서 what의 의미가 나머지와 다른 하나는 어느 것인가요?

❶ When FDR advocated "the forgotten man at the bottom of the economic pyramid" in the depths of the Great Depression, many affluent Americans did not like <u>what</u> they heard from him.

❷ In the 1960s, radical students didn't believe <u>what</u> their government told them about the Vietnam War.

❸ When women demanded the right to vote at the turn of the twentieth century, lots of men did not know <u>what</u> the women were talking about.

❹ <u>What</u> the earliest settlers had to go through in the American colonies were simply horrific.

[정답과 해설]

해 설 >>>

❶ ❷ ❹에서의 what은 the thing(s) that ... (... 하는/인 것)으로 대체될 수 있는 관계대명사인 데 반해, ❸에서의 what the women were talking about는 What were the women talking about?라는 의문문이 더 큰 문장의 일부로 들어가 의문문의 구조를 잃고 주어 + 동사의 정상어순 의 형태를 취한 의문사절 (= 간접의문문)이다. 즉 여기서의 what은 관계대명사가 아니라, 상대방 으로부터 Yes 또는 No의 대답이 아닌 특정한 정보를 대답할 것을 기대하는 의문사이다.

번 역 >>>

❶ FDR (Franklin Delano Roosevelt (미국 제32대 대통령; 1882-1945))이 대공황이 심화되어 있 던 때에 "경제 피라미드의 맨 바닥에서 잊혀진 사람"을 옹호했을 때 많은 부유한 미국인들은 자기 들이 FDR로부터 들은 바를 탐탁해 하지 않았다.

❷ 1960년대에 급진적인 학생들은 정부가 베트남 전쟁에 관해 그들에게 말해 주는 것(들)을 믿지 않 았다.

❸ 여자들이 20세기에 접어들면서 투표권을 요구했을 때 많은 남자들은 그 여자들이 무슨 이야기를 하고 있는지를 몰랐다.

❹ 가장 초기의 정착인들이 미국 식민지들에서 겪어야만 했던 것들은 단적으로 끔찍했다.

정답: ❸

[사진] 관련 항목: [Exercise] 선택지 (answer choice) 3번: 1909년 경의 미국의 남녀의 역할 (gender role)에 관한 이 그림은, 미국 여성들이 요구하고 있는 투표권 (suffrage; the right to vote)이 실현되면 남자들은 집에서 아기들이나 보면서 여자들에게 눌려 살아야 할 것을 우려하는 남자들의 풍자를 담고 있다.
사진: Original copyright: E.W. Gustin.
사진 제공: U.S. Library of Congress

78 be going to = 추측: 가능성/순리

You're gonna have to come up with the courage ...
당신 ...할 용기를 내야 할걸요

gonna는 going to를 비격식체적 구어체에서 빨리 발음한 것을 표기한 것이며, 여기서의 be going to-부정사는 한국의 영어 교육에서 가르치는 주어의 의도를 나타내는 용법으로 쓰인 것이 아니라, 미래에 주어가 논리적으로나 상황적으로나 (예정이 되어 있다든지 일이 돌아가는 모양을 보건대 그렇게 될 조짐이 뚜렷하다든지) 주어가 그렇게 될 것이 마땅하거나, 순리적이거나 자연스럽거나 분명하거나, 가능성이 대단히 높다고 보는 말하는 이의 추측이나 판단을 나타낸다.

즉, 이 문장은 (당신도 실은 나를 좋아하고 있거나, 머지 않아 좋아하게 될

Cross-reference

비교: be going to = 말하는 이의 의지:
➡ 32

비교: be going to = 주어의 의지:
➡ 365, 494, 555

것이기 때문에) '언젠가는 당신도 나를 좋아한다는 것을 인정하는 용기를 내게 될 것이다, 그렇게 되는 것이 마땅하다, 순리다.'라는 표현이다.

➡ 40, 93, 306, 453, 518, 570

Donna (wife): After you do all this work and become a big player at your company, do you really think you're **gonna** have any more time for us? Or **are** things just **gonna** get even more out of control?　　　　　　　　[*Click* (2006 film)]

Donna (일 중독 환자인 건축가 남편에게): 이 모든 일을 다 하고 당신 회사에서 거물이 되고 나면, 우리 가족을 위해 시간을 더 낼 수 있을 거라고 정말 생각해? 아니면 사정이 더욱 통제 불능이 될까? (자연스러운/순리적인 결과는 오히려 가족을 위해 시간을 내기가 더 힘들어질까?)

---

big player 명 중요한/영향력 있는 사람; big cheese (비격식체); big shot (비격식체); big wig (비격식체); big gun (속어)

장면 ▶ Architect (건축사)로서 자기가 일하는 건축회사의 중요 인물이 되고 성공하기 위해 계속해서 가정 생활을 거의 완전 희생하는 남편에게, 아내 Donna가 남편에게 정말 성공하고 나면 가정과 함께 할 시간을 더 가질 수 있을지 묻는다.

79 You care.:

You care.

You care.는 You care about me. (당신은 나를 위해 걱정해 준다, 내가 어떤 상태에 있는지, 잘 지내는지, 잘 하고 있는지 등 염려한다, 내가 잘 되기를 바라고 배려해 준다) 또는 You care for me. (나를 좋아한다 또는 나를 돌봐 준다)라는 뜻인데, 여기서는 문맥상 양쪽의 의미를 동시에 함축한다고 볼 수 있다. 기본적으로는 문맥상 이해되는 표현에서의 생략 현상이다.

Jennifer	⑧⓪ What could be better than Mozart, or Bach, or you?
Oliver	Jenny? ⑧① I'm ⑧② up there with Bach and Mozart?
Jennifer	Uh-huh. ⑧③ And the Beatles.

[Love Story (1970 film]

장 면 • • • •

Oliver의 기숙사 방에서 사랑을 나눈 두 사람이 침대에 누워 달콤한 대화를 나누고 있다. 서양 고전 음악 (classical music)을 전공하는 Jennifer가 그녀의 Oliver에 대한 사랑을 그녀의 모차르트, 바흐, 그리고 비틀즈에 대한 열렬한 사랑과 같은 차원으로 비유하자, Oliver는 환상적인 감동과 기쁨을 느낀다.

번 역 • • • •

Jennifer 무엇이 모차르트, 또는 바흐, 또는 너보다 더 좋을 수 있겠어?
Oliver Jenny? 내가 그 높은 곳에 바흐랑 모차르트랑 같이 있는 거란 말야?
Jennifer 어. 그리고 비틀즈랑도.

80 수사의문문: Wh-수사의문문 | could = 추측: 가능성 (현재/미래)

<u>What could</u> be better than Mozart, or Bach, or you?
무엇이 모차르트, 또는 바흐, 또는 자기보다 좋을 수가 있겠어?

이 Wh-의문문은 모차르트나 바흐나 자기보다 더 좋은 무엇이 있을 것을 전제로 또는 그런 가능성을 염두에 두고 그것이 무엇인가를 묻는 보통의 Wh-의문문이 아니라, 소위 수사의문문 (rhetorical question)으로서 말하는 이가 자기의 의견이나 판단을 의문문의 형식을 빌어 강하게 전달하는 표현 기법이다. 긍정의 수사의문문은 강한 부정의 진술의 효과를, 부정의 수사의문문은 강한 긍정의 효과를 노린다.

즉, 이 문장은 Nothing could be better than Mozart, or Bach, or you. (어떤 것도 모차르트, 또는 바흐, 또는 자기보다 좋을 수 없어; 모차르트, 또는 바흐, 또는 자기보다 좋은 것은 하나도 있을 수 없어)와 같은 의미를 의문문의 형식을 빌어 표현한 것이다. ➡ 429

주목 ▶ 그리고 여기서 사용된 could는 형태상으로는 과거시제이지만 실제로는 현재 또는 미래 시간의 동작, 사건, 또는 상황의 가능성에 관한 현재 시점에서의 예측이나 판단을 나타낸다는 점에 유의해야 한다.

could라고 하는 과거시제의 형태가 실제로도 과거시제를 나타내는 경우와 여기서처럼 실제로는 현재나 미래를 나타내는 경우에는, 듣는 이 또는 읽는 이의 입장에서는 문맥이나 상황에 의해 이해되며, 말하는 또는 글 쓰는 이의 입장에서는 현재 또는 미래지향적으로 could를 사용하는 경우, can을 사용하는 경우보다 신중하거나 (그렇지 않을 수도 있음을 부정하지 않는), 유보적이거나, 정중한 어감을 함축하고자 하는 의도가 있음을 나타낸다. ➡ 27

81 서술문 + ? = Yes-No 의문문: 어법 (2): 주관적, 감정적

I'm up there with Bach and Mozart?
내가 저 위에서 바흐랑 모짜르트와 함께 있다고?

이 문장은 구문 형태상으로만 주어 + 술부의 어순을 취하고 있는 서술문이지 의미, 의도, 기능, 효과 모든 면에서 의문문이다 (서술의문문이라고 한다). 서술의문문은 서술문의 형태를 취하여

Cross-reference

비교: 서술문 + ? = Yes-No
의문문: 중립적, 객관적:
➡ 300
411
457
485
489

(1) 객관적, 감정 중립적으로 묻는 어법과 (2) 상대방의 진술에 대해 놀라움, 믿기 어려움, 역겨움, 반감, 반대, 빈정거림, 비판 등 감정적 반응이나 주관적 판단을 표현하는 어법 등 두 어법이 있다. 두 어법 모두 기본적으로 일상적 구어 표현이나 비격식체의 스타일이며, Yes-No 의문문에서처럼 문미에서 어조가 올라가고 글로 쓸 때는 의문부호로 끝맺는다.

이 문장은 어법 (2)의 문장으로서 지금까지 데이트를 하면서 주로 핀잔을 주고 놀리고 하던 Jennifer가 이제는 자기와 사랑에 흠뻑 빠져 자기를 모짜르트와 바흐에 비교하자, Oliver가 너무도 행복하며 내가 정말 이제 자기한테 저 높은 곳에서 바흐랑 모짜르트와 어깨를 같이 하는 사람이냐고 놀랍고 믿기 어려운 기쁨으로 반문하며 확인하고자 하는 표현이다.

➡ 37, 99, 178, 251, 304

example

Angelina: Would you like some pizza?
Bud: Uh, what is pizza?
Angelina: **You don't know what pizza is?** Where are you from?
Bud: From Kansas.
Angelina: Kansas. Where is that?
Bud: It's right in the middle of the U.S.A.
Angelina: So, that's where your home is.
Bud: Um.   [*Splendor in the Grass* (1961 film)]

Angelina: 피자 좀 먹을래?
Bud: 어, 피자가 뭐야?
Angelina: 피자가 뭔지 몰라? 어디 출신이야?
Bud: Kansas 출신이야.
Angelina: Kansas라. 그게 어딘데
Bud: 미국 한 가운데야.
Angelina: 그래, 거기가 고향이 있는 곳이라.
Bud: 응.

배경: 사회문화 ▶ 미국 대공황 직전 1928-29년이 시대적 배경인 청춘의 사랑 영화 Splendor in the Grass (초원의 빛). 미국 중서부 시골 Kansas 주 출신인 Bud는 동북부의 Yale 대 캠퍼스의 한 Italian restaurant의 주인의 딸인 Angelina가 권하는 피자를 먹어 본 적이 없어서 무엇이냐고 묻는다. Angelina는 피자를 모르는 Bud의 질문이 황당하다. Pizza는 미국 사회에서 여성들이 직장 생활을 시작한 1960년대 후반-1970년대 이후로 주류의 음식 문화에 들어오기 시작했다. 즉, 미국 사회에서의 _pizza_의 성장은 _women's rights_ (여권)과 _feminism_ (페미니즘)의 성장과 함께 이루어졌다.

[사진] 미국 사회의 대공황 (the Great Depression)의 사회 경제적 대격변기를 배경으로 한 첫사랑의 아름다움과 이루어 지지 못한 사랑의 슬픔을 그린 청춘 로맨스의 고전 *Splendor in the Grass* (1961 film)

포스터. 사진: © Newtown Productions, Warner Bros, et al.

82 up there | with = 사귐, 교제, 혼합

up there with Bach and Mozart
저 위에서 바흐랑 모짜르트와

여기서 up there (저 위에, 높은 저곳에, 저 높이)은 '저 하늘에' (up in the sky; 또는 기독교적인 의미로 up in heaven (실제로 이 장면 바로 앞에서 Jennifer가 자기가 자라난 가정의 가톨릭 신앙과 지금 자기의 비신앙인의 입장을 이야기한다)), 또는 '가장 높은 차원/ 수준에서' (up on the highest level) 라는 뜻이다. 그리고 여기서의 with은 사귐, 교제, 혼합 (association, mingling, mixing)을 나타내는 전치사이다. 즉 이 표현은 '내가 바흐와 모차르트 같은 훌륭하고 높은 분들과 저 높은 곳에서 함께 어울리고 있는 수준의 사람이냐'라는 뜻이다.

example Thanksgiving is a chance to make memories **with** family and friends.
추수감사절 (11월 네째 목요일)은 가족과 친구들과 (함께) 추억을 만들 기회다.

example Now Hindu children go to school **with** Jewish children; Muslims, Buddhists, and Sikhs work side by side with Protestants and Catholics.
이제는 힌두교 아이들이 유대인 아이들과 함께 학교를 다니고 회교도들, 불교도들, 그리고 쉬크교도들이 개신교인들과 천주교 신자들과 함께 나란히 일을 한다.

the + 복수형 = 그룹, 밴드, 팀

And the Beatles.

- -

And you're up there with the Beatles, too. (자긴 저 높은 곳에 비틀즈랑도 같이 있어) 또는 You're up there with Bach and Mozart and the Beatles. (자긴 저 위에 바흐랑 모차르트랑 비틀즈랑 같이 있어)가 표현의 경제를 위해 반복되는 부분을 생략한 표현.

문화배경 The Beatles:
The Beatles는 1960년에 영국에서 구성되어 1970년까지 함께 활동한 4인조 rock 그룹으로 (John Lennon, Paul McCartney, George Harrison, Ringo Starr), 1963-64년에 미국 젊은이들의 대중 음악계에 상륙하여 소위 'the British Invasion' (영국의 침공)과 선풍적인 Beatlemania (비틀즈를 광적으로 좋아하는 마음 상태나 문화 현상을 뜻함)를 이끌면서, rock-'n'-roll을 중심으로 한 미국의 대중 음악뿐만 아니라 복장과 용모 스타일과 진보적이고 자유주의적 정신으로 대중 문화에 지대한 영향을 남겼다. The Beatles의 경우처럼 다수의 멤버들로 구성된 그룹의 이름은 rock 밴드 Chicago, Queen, Green Day처럼 단수형 고유명사를 사용하는 경우들도 있으나, 그룹의 전 구성원을 총칭하는 기능을 하는 정관사 the를 앞에 쓰고 구성원 한 사람 한 사람을 뜻하는 명사 (또는 고유명사)를 복수형으로 사용하는 경우들이 흔하다.

예시 the Rolling Stones (1960년대 미국의 'the British Invasion'에 중요한 기여를 하고 오늘날까지 활동을 계속하고 있는 영국계 rock 그룹); the Yankees (New York 시의 한 프로 야구 팀. 이 팀의 선수 한 사람 한 사람이 Yankee인 것이다); the Packers (Wisconsin 주 Green Bay를 기반으로 한 프로 football 팀); the Celtics (Boston의 프로 농구 팀); the Green Berets (미 육군 특공대 (the U.S. Army Special Operations Command)의 원조); the Teamsters (직업 트럭 운전사들을 중심으로 조직된 미국 최대의 노조 (labor union)들 중의 하나).

Scene

Jennifer	㉒ Next year I have a scholarship in Paris.
Oliver	Paris?
Jennifer	Yeah. ㊶ I've never been to Europe. I ㊸ can ㉀ hardly wait.
Oliver	Hey, how long ㉈ have you known about this?
Jennifer	㉉ Come on, Ollie. ⑨Don't be stupid, ㉁would you, please? ㊿It's inevitable!
Oliver	What is?
Jennifer	㊿ That ㉄we're gonna graduate and go ㉔our separate ways.
Oliver	㉕ What are you talking about?
Jennifer	You're a preppie millionaire, and I'm ㉖a social zero. ㉗You've gotta go back where you belong.
Oliver	Don't leave me, Jenny, please. ㉘What about our marriage?
Jennifer	Who said anything about marriage?
Oliver	I'm saying it now.
Jennifer	㉙ You ⑩ wanna marry me?
Oliver	Yeah.
Jennifer	Why?
Oliver	Because ... (Overwhelmed by his emotion, Oliver cannot find words.)
Jennifer	That's a good reason. (They kiss each other.)

[*Love Story* (1970 film)]

Words & Phrases

- **scholarship** 명 장학금

- **hardly** 부 거의 ... 않다/아니다 (scarcely, barely, almost not, with little likelihood)

- **stupid** 형 우둔한, 멍청한

- **inevitable** 형 불가피한, 일어나게끔 되어 있는

- **graduate** 자동 졸업하다. 명사 (졸업생)나 형용사 (졸업한 후의, 졸업생의, 대학원의)로 쓰일 때의 발음은 [´grædʒ·u·eit]보다 주로 [´grædʒ·u·it]으로 발음된다.

- **separate** 형 분리된

- **millionaire** 명 백만장자

- **belong** 자동 속하다

- **leave** 타동 ...를 떠나다
- **marriage** 명 결혼
- **marry** 타동 ...와 결혼하다
- **overwhelm** 타동 압도하다
- **emotion** (흔히 강한) 감정
- **find** 타동 찾다, 발견하다
- **word** 명 (낱)말
- **reason** 명 이유

캠퍼스를 걸으면서 Jennifer는 Oliver에게 내년에 졸업하면 바로 장학금을 받아 서양 고전 음악 대학원 공부를 하러 프랑스 파리에 갈 계획을 말한다. 가난한 빵 가게 집의 딸인 그녀는 Boston의 대부호의 아들로 법대에 진학할 Oliver와의 엄청난 경제적 차이를 인정하고, 서로 너무도 사랑하지만 그 사랑은 현실적으로 이루어질 수 없는 것이어서 두 사람은 숙명적인 서로의 갈 길을 가기 위해 헤어져야 한다고 믿는다.

그러나, 이 자리 이 순간에 Oliver가 Jennifer의 현실 숙명론을 일축하고 과감하게 결혼을 제안한다. 예리한 재치와 언변을 상표로 하는 Jennifer가 Oliver에게 왜 자기와 결혼을 해야만 하는지 근거를 대라고 하고, Oliver가 순간적으로 대답을 찾지 못하고 당황해 하자, 항상 이성적으로만 보이던 Jennifer는 Oliver의 무조건적이면서 절대적인 사랑을 철저한 낭만주의자가 되어 받아들인다.

Jennifer	내년에 나 파리에서 장학금 받아.
Oliver	파리?
Jennifer	응. 나 유럽에 한번도 가본 적 없어. 너무나도 기다려져.
Oliver	헤이, 이 일 얼마 동안이나 알고 있었어?
Jennifer	그러지 마, Ollie. 제발 어리석지 않을 거지? 불가피해!
Oliver	뭐가?
Jennifer	우리 졸업할 거고 그러면 각자의 다른 길을 가게 되어 있다는 거 말이야.
Oliver	무슨 소릴 하고 있는 거야?
Jennifer	넌 preppie 백만장자이고 난 사회적으로 아무 것도 가진 게 없는 사람이야. 넌 네가 속하는 곳으로 돌아가야 해.
Oliver	날 떠나지 마, Jenny, 제발. 우리 결혼은 어떡하고?
Jennifer	결혼에 관해서 우리 아무 얘기도 한 적 없잖아.
Oliver	내가 지금 결혼 얘길 하고 있는 거야.
Jennifer	자기 나랑 결혼하길 원해?
Oliver	응.
Jennifer	왜?
Oliver	왜냐하면 ... (자기 감정에 압도되어 Oliver가 할 말을 찾지 못한다.)
Jennifer	그거 좋은 이유야. (두 사람은 서로 키스한다.)

84 현재 시제 = 미래 시간: 계획, 예정, 확정, 준비된 미래의 사건

Next year I **have** a scholarship in Paris.
내년에 나 파리에서 장학금 받아.

여기서 next year (내년)은 미래 시간인데, 술부 동사인 have의 시제는 현재이다. 여기서의 현재시제는 이렇게 미래 시간을 나타내는 어구와 함께 쓰여 (미래 시간의 어구가 문장 내에 표현되든지 적어도 문맥상 드러나거나 말하는 이와 듣는 이 간에 암묵적인 이해가 있어야 한다) 미래의 사건, 행위, 또는 상황을 마치 현재의 사실이나 진리처럼 확정적인 (또는 계획, 예정, 준비된) 것으로 표현한다.

이 문장에서는 내년에 파리에서 장학금을 받게끔 결정이 되었다 (그렇게 통보 받았다), 그러니 내년에 파리에 가면 장학금을 받을 것이다, 그렇게 예정되어 있다는 뜻이다.

example In Poplar Bluff, Missouri, this year's Fourth of July excitement **begins** with the Black River Festival **on Saturday**, **July 2**. Events **include** a parade, music, crafts, boat rides, and beach volleyball. **On Monday**, a gigantic fireworks and laser display **provides** the dazzling finale.

Missouri 주의 Poplar Bluff에서 금년 7월 4일 (독립기념일, Independence Day)의 흥은 7월 2일 토요일에 벌어지는 the Black River 축제와 함께 시작된다. 행사들은 퍼레이드, 음악, 수공예품들, 배타기, 그리고 비치 배구를 포함한다. 월요일에는 거대한 불꽃놀이와 레이저 쇼가 휘황찬란한 대단원을 제공한다.

Topic 미국의 보편적인 소도시의 독립기념일 축제 행사의 모습

Poplar Bluff 미국의 중남부에 있는 Missouri 주의 동남부에 위치한 작은 도시   **craft** 명 a hand(i) craft item; 수공예품 **fireworks** 명 폭죽, 불꽃놀이, 항상-s 복수형으로 사용 **dazzling** 형 휘황찬란한, 현란한, 눈부신 **finale** 명 휘날레, 마무리, 대단원

[사진] A Typical Neighborhood Celebration of Independence Day (전형적인 동네의 독립기념일 축제)

[사진 위] 미국 Wisconsin 주의 주도 Madison 서쪽의 한 동네에서 이웃들이 미국을 상징하는 온갖 red, white and blue 색상과 모양을 입고 장식하고 동네 길을 따라 자기 동네만의 작은 the Fourth of July 퍼레이드를 하고 있다. 사진: © 박우상 (Dr. David)

[사진 아래] 그 동네 이웃들이 퍼레이드가 끝나는 지점에 있는 동네 공원에 앉아 juggling을 포함한 광대쇼 (clowns' shows), 댄스, 핫도그, 햄버거 등을 즐기고 있다. 사진: © 박우상 (Dr. David)

example The Indian Summer Festival of Milwaukee, one of the nation's largest Native American cultural celebrations, <u>unfolds</u> <u>on</u> <u>September 9-11</u> along the lakefront. Colorful dancing, an intertribal powwow and princess contest <u>brighten</u> the weekend along with music and dance.

이 나라의 가장 큰 미국 원주민의 문화 축제인 Milwaukee 시의 인디언 여름 축제는 호수 (5대호의 하나인 Lake Michigan)가에서 9월 9-11에 열린다. 색색의 춤, 다부족 전통 축제, 그리고 공주 선발 대회가 음악과 춤과 함께 이 주말을 흥겹게 한다.

powwow 북미 인디언들이 질병을 내몰고 풍성한 수확과 사냥을 등 부족의 번영을 기원하면서 음식, 주술, 음악, 춤, drumming, chanting과 함께 집단으로 벌이는 의식이자 축제

intertribal 형 원주민 (Native American) 부족 (tribe)들 간의. 주목: 실제로 Native Americans는 자기들 그룹의 오랜 명칭인 tribe (부족)을 외부에게는 민족/국가의 의미를 나타내는 nation이라고 부른다.

[사진] 미국 Wisconsin 주의 Oneida Indian Reservation에서 거북이 등과 독수리 깃털 등으로 장식한 원주민 Oneida 족의 한 소년이 powwow에서의 전통적인 춤 스타일인 땅을 내리밟는 스텝으로 pow-wow grounds 의 앞으로 나아가고 있다.
사진: © 박우상 (Dr. David)

85 현재 완료 = 경험; have been + to + 장소

I've never been to Europe.
나 유럽에 가본 적이 전혀 없어

여기서 현재완료 시제 (have + 과거분사)는 현재완료의 여러 용법들 중에 지금까지 '...한/인/해본 적이 있다'는 뜻의 경험을 나타낸다. 그리고 '...에 간/가본 적이 있다'고 할 때, have been + to + 장소라고 표현한다.
➡ 190, 206, 262, 334, 369, 550, 582

Cross-reference
비교: 현재 완료 = 계속:
➡ 19, 88, 266, 400, 469, 552

비교: 현재 완료 = 완료 (= 결과:
➡ 240, 445

example The stereotypical welfare mom has 10 kids, including a pregnant teenage daughter, all taking advantage of the welfare dole. I **have** never personally **known** such a woman.

정부의 복지 혜택을 받는 전형적인 엄마는 임신한 10대의 딸을 포함해서 열명의 애들을 갖고 있고, 그 모두가 복지 실업 수당을 이용하고 있다. (그러나) 난 그런 여자를 개인적으로 안 적이 전혀 없다. (그러한 여자를 내 눈으로 직접 한번도 본적이 없다, 대중의 인식 (stereotype)이 오도되어 있다는 뜻)

stereotypical [형] 고정관념의　　**stereotype** [명] 고정관념　　**welfare mom**: (흔히는 젊은 나이에) 아이를 낳고 정부의 복지 혜택으로 살아가는 여성　　**welfare dole**: 무료 복지 혜택. 복지 혜택을 받는 사람들에 대한 부정적인 어감을 내포한다.　　**take advantage of ...**: ...를 이용/활용하다 라는 중립적인 (때로는 긍정적인) 의미를 나타내기도 하지만, 종종 부정적 또는 비판적인 어감을 표현하기도 한다.

example **Hey, you guys, <u>been to</u> a prom?**

[..., (you've/ have you) been to a prom?]

야, 얘들아, 프람에 가본 적 있니?

prom 학교에서 (특히 고등학교에서) 학생들이 학년이 끝날 때 하는 공식적 댄스 (formal하게 dress up 하고 가는 dance)로, 특히 졸업반의 senior dance는 인생의 한 이정표처럼 중요한 일로 여겨진다.

[사진] 미국 Kansas 주의 아주 작은 도시인 Great Bend의 고등학교 졸업반 학생들 (seniors)이 졸업을 앞두고 senior prom dance를 즐기고 있다. 졸업을 한 후 오~랜 동안 대화와 추억거리가 될 high school prom의 열기가 느껴진다.

사진 제공: City of Great Bend, Kansas

86 hardly: 부정의 정도 부사

can <u>hardly</u> wait.

거의 기다릴 수 없다

Hardly는 앞에 부정어를 취하지 않고 그 자체가 부정의 의미를 갖는 정도의 부사이다. 이와 유사한 부정적 정도 부사로 scarcely, seldom, rarely, barely가 있는데, 이들 중에도 부정의 정도가 가장 강하고 (hardly, scarcely, seldom, rarely, barely 순서라고 보면 무난하다) 가장 높은 빈도로 사용되는 것이 hardly이다.

hardly는 문맥에 따라 '거의 ... 아니다' (almost not; scarcely), 또는, 그보다 더욱 강한 강조적인 부정인 '전혀 ... 아니다' (not at all; never)라는 부정의 의미를 가진다. 그 부정의 정도가 불분명한 경우들이 많으며 대개 문맥과 상황에 의해 파악된다. ➡ 563

example Many "domestic" GM and Ford products may have been designed and assembled here, but such cars are **hardly** domestic.

많은 (소위) "국내산인" GM (General Motors)과 Ford사의 제품들은 여기서 (미국 내에서) 디자인되고 조립되었지만, 그런 차들은 "국내산"이 거의 아니다.

product 명 제품   **assemble** 타동 조립하다   **domestic** 형 국내의, 가정의. 여기서는 국내산인

배경 ▶ 미국 자동차 제조사들인 GM, Ford, Chrysler의 차들은 이름표 (name plate)만이 미국이지, 전체 부품들의 과반수가 외국에서 만들어져 수입된 것들이다.

example Nudists are infiltrating into popular culture. A lot of women - and men – are willing to shed their clothes with **hardly** any coaxing at nude beaches.

나체주의자들이 대중 문화 속으로 파고들고 있다. 수많은 여자들 – 그리고 남자들 – 이 누드 비치에서 (옷을 벗으라고) 거의 구슬리지 않아도 옷을 기꺼이 벗으려 한다.

infiltrate 타동/자동 침투하다; permeate   **shed** 타동 (피, 땀, 눈물, 잎사귀, 옷 등을) 떨구다, 떨어뜨리다, 흘리다, 벗다   **coax** 타동/자동 아첨이나 달콤한 말로 구슬리다/하게 하다

example The U.S. may be rich, but we **hardly** have the best education system.

미국은 부유할지라도 우리가 (세계에서) 가장 훌륭한 교육 시스템을 가진 것은 거의 아니다.

87 can hardly wait (for + 목적어)/ (to-부정사)

I can hardly wait

난 (그게) 너무도 기다려진다

한국어로 '...(하기)를 너무도/손꼽아 기다리다, 바라다'라는 표현을 영어로는 can hardly wait (for something 또는 to do something), 즉 '...(하기)를 거의 기다릴 수 없다'라고 표현한다.
Can hardly 대신에 보다 낮은 빈도로 cannot/can't가 사용되기도 한다. 이 경우에는 더욱 풀어 쓰자면 I can hardly wait for it. (= the scholarship in Paris)이다.

주의 ▶ 교육 수준이 낮은 원어민들 중에는 can 대신에 부정형인 can't를 써서 can't hardly wait라고

말하는 사람들이 간혹 있는데, 이것은 뒤따르는 부정의 부사 hardly와 결합하여 이중 부정을 구성하기 때문에 비표준 (nonstandard) 어법으로 간주되며, 문어체와 공식체에서는 반드시 피해야 한다.

example Jennifer (to Oliver): Next year I have a scholarship in Paris. I **can hardly wait** (forit).

[Love Story (1970 film)]

Jennifer (Oliver에게): 내년에 나 파리에서 장학금 받아. 너무나도 기다려져.

example I **can hardly wait to carve** the bird at this Thanksgiving dinner.
저는 이번 추수감사절 저녁 식사에서 칠면조를 자르는 게 너무 기다려지네요.

---

the bird turkey, 칠면조

---

example I **can't wait to play** touch football with my uncles and cousins this Thanksgiving morning.
난 이번 추수감사절 아침에 삼촌들이랑 사촌들이랑 touch football 하는 것이 너무 기다려진다.

[사진] Football (미식축구)는 Thanksgiving Day에 많은 미국인들의 전통이다. 가족들이 아들이나 손자가 하는 football 시합을 보러 가거나, 집 뜰이나 동네 공원에서 football 주고 받기나 비공식 약식 게임인 touch football을 하고, TV로 football 경기들을 관전하는 것은 roast turkey (구운 칠면조)를 먹는 것만큼이나 Thanksgiving Day의 오랜 전통이다. 사진 제공: © Brandon Harvey

88 현재완료 = 계속

How long <u>have</u> you <u>known</u> about this?
자기 이 일에 관해 얼마나 오랫동안 알고 있었어/알아 왔어?

여기서 have known은 현재완료 (have + 과거분사) 시제로서, 현재완료 시제의 여러 용법들 중에 과거의 한 시점으로부터 현재까지 계속되어 온 사건, 행위 또는 상태를 나타낸다.

Cross-reference
비교: 현재 완료 = 경험:
➡ 5, 190, 206, 262, 334, 369, 550, 582

비교: 현재 완료 = 완료 (+ 결과):
➡ 240, 445

이 문장에서는 how long (얼마나 오랫동안)이라는 기간/동안을 묻는 부사어구가 이 현재완료 시제의 계속/지속을 뜻하는 용법을 결정적으로 확인한다. 현재완료의 계속의 의미는 대부분의 경우 이렇게 how long, (for) long, for + 지속/계속 기간, (ever) since + 과거 (과거 ... 이후로부터 지금까지 (계속해서)) 등의 지속/계속을 나타내는 어구와 함께 쓰인다.
➡ 19, 266, 400, 469, 552

example The United States **has been** a superpower **since** the late 19th century.

미국은 19세기 말부터 (계속해서) 강대국이었다 (현재까지 강대국이다).

89 Come on.: 의미 (1) (2)

Come on, Ollie.

그러지마, Ollie

Come on.은 명령문의 형태를 취하여 감탄사 또는 부사적으로 쓰이는 표현으로, 기본적으로 두 가지 의미를 가질 수 있다.

의미-1 Come on.은 긍정적인 반응이 없거나 주저하는 듯한 상대방을 부추기거나 재촉하거나 격려하는 감탄사적 표현으로 흔히 쓰인다.

의미-2 Come on.은 상대방의 의견이나 진술에 반대 또는 일축하거나 재고를 청하는 구어체의 표현으로도 자주 사용된다.

여기서는 두 번째 의미로 쓰여 있다.
➡ (200) (220) (426)]

의미-1

example Hey, you! You're in the wrong place, amigo. **Come on**, let's get out of here. Your money's no good here. **Come on**, let's go.   [*Giant* (1956 film)]

햄버거 식당 주인 (들어오는 멕시코계 손님들을 내쫓으면서): 야, 너희들! 이 친구들아 (스페인어로 amigo), 잘못 찾아 왔어. 자, 여길 나가자. 너희들 돈 여기선 쓸모 없어. 자, 가자.

---

no good not good의 비표준/저교육자적 (nonstandard/uneducated) 표현
amigo (스페인어) 명 친구

example

Harry: Hey, some people see rap as poetry.

Erica: Yeah, but, **come on**.   [*Something's Gotta Give* (2003 film)]

Harry: 이봐요, 어떤 이들은 rap음악을 시처럼 생각해요.

Erica: 예, 근데, 아 무슨 말씀을. (그 말도 안 되는, 황당한 주장 그만두라는 뉘앙스)

---

see/view/regard/ look at/on/upon A as B (= 명/형) A를 B라고 보다/간주하다.
Consider는 예외적으로 consider A (to be) B (= 명/형)의 형태로 사용된다. 주의: (X) consider
A as B   **rap** (music/songs) 랩 음악/노래

---

example Going to work over this Memorial Day weekend? **Come on**, it's a three-day weekend. The office is the last place anyone should be going.

[(Are you)/(You are) going to work ...?]

이 현충일 주말 (미국에서는 5월 마지막 월요일을 포함한 주말)에 직장에 가요? 에이 무슨 말씀을, 이건 삼일 간의
주말이에요. 사무실은 어느 누구든 가장 가선 안될 곳이죠.

Memorial Day (미국) the last Monday in May   **a three-day weekend** Memorial Day
전의 Saturday, Sunday, 그리고 Memorial Monday 3일에 걸쳐 여러 가지 행사들과 친구/이웃
들 간에 많은 이벤트들이 벌어진다.

Rose: Stay back. Don't come any closer.

Jack: **Come on**. Just give me your hand. I'll pull you back over.

[*Titanic* (1997 film)]

Rose: 물러서요. 조금도 더 가까이 오지 마요.

Jack: 무슨 소릴, 자. 나한테 손을 줘요. 이 뒤로 끌어 올려 줄 테니까.

장면 가족이 상류사회에 머물기 위해 사랑하지도 않는 사람과 결혼을 해야 하는 운명을 비관하며
Titanic 호 갑판으로부터 대서양으로 뛰어들어 자살을 기도하는 Rose를, 갑판의 난간을 잡고 있는
손을 놓기 직전에 발견한 Jack이 말로 구슬린 뒤에 갑판 위로 끌어 올린다.

90 명령문: Be + 형용사; Don't be + 형용사

Don't be stupid.
멍청한 소리/생각/행동 마.

형용사를 명령문으로 표현하면 Be + 형용사.가 된다. 이 경우에는 Be stupid. (멍청해라, 멍청해 봐.)이다.

이 명령문의 부정은 Do not/Don't be stupid., 또는, 부정을 강조하려면 Never be stupid.나 Don't ever be stupid. 또는, Don't be stupid, ever.가 되며, 특히 '너를 두고 하는 말이다.'라는 어감으로 you를 강조하자면 Don't you (ever) be stupid.가 된다. ➡ 109

Lorelei: You're wasting all your time on unrefined persons without any money.
Dorothy: Honey, some people just don't care about money.
Lorelei: Please, **don't** be **silly.**

[*Gentlemen Prefer Blondes* (신사는 금발을 좋아해, 1953 film)]

Lorelei (Marilyn Monroe): 넌 너의 모든 시간을 돈 한 푼도 없는 세련되지 못한 사람들한테 낭비하고 있어.
Dorothy: 얘, 어떤 사람들은 돈에 전혀 개의치 않아.
Lorelei: 제발 바보같이 굴지마.

---

unrefined 형 세련되지 않은

---

example **Don't** be "**creative**" with the Thanksgiving menu. Thanksgiving is the most traditional day.

추수감사절 (Thanksgiving Day, 11월 네째 목요일) 음식 메뉴를 가지고 "창의적"이지 마십시오. (전통적인 음식과 스타일을 따르십시오). 추수감사절은 가장 전통적인 날입니다.

[사진] Thanksgiving Day에 두 친구 가족들이 모여서 전통적인 메뉴인 구운 칠면조 (roast turkey), 호박 파이, 고구마 파이, 으깬 감자 (mashed potatoes) 등을 중심으로 한 Thanksgiving dinner를 함께 먹으면서 대화를 나누고 있다.
사진: ⓒ 박우상 (Dr. David)

..., would you?

...할래, 하시죠?

여기서의 would you?는 앞에 오는 명령문 (이 경우 Don't be stupid.)에 부가되어 명령, 주문, 부탁 등을 재차 확인, 촉구, 다짐 또는 격려하는 부가의문문이다.

부가의문문의 기본에 관해서는 ➡ 67, 75, 139, 173, 478

주목 ▶ 여기서 유의해야 할 점은 한국의 영어 교육에서는 명령문의 부가의문문으로는 반드시 **will you?**가 사용되어야 하며 그 이외의 표현들에 관해서는 기계적으로 틀린 것으로 가르치는데, 그것은 단적으로 무지의 소치이다.

실제 영어에서는 명령문의 부가의문문으로 will you? 이외에도, 말하는 이의 뜻하는 의도와 상황에 따라 won't you?, would you?, wouldn't you?, why don't you?, (all) right?, O.K.?, you know?, you see?, huh? 등 여러 가지가 쓰인다. 이들 중에 사용 빈도가 확률적으로 가장 높은 것은 will you?이다.

example

Gordon Gekko: Hard work? You work Hard? My father, he worked like an elephant, pushing electrical supplies till he dropped dead at 49 with a heart attack. Wake up, **will you**, pal? *[Wall Street (1987 film)]*

Gordon Gekko: 열심히 일하는 거라고? 너 열심히 일해? 내 아버진 전기 자재를 팔면서 코끼리처럼 열심히 일하더니 49세에 심장마비로 갔어. 야, 이 친구야, 꿈 깨지?

---

push 타동 열심히 팔다, 판매를 촉진하다; promote; pitch
drop dead (비격식체, 정중하지 않음) 자동 (갑자기) 죽다; die; pass away/on

장면 ▶ 증권법과 윤리를 무시하면서 사욕의 극대화를 신앙처럼 쫓는 증권 사기의 고수 Gordon Gekko (Michael Douglas역)는 젊은 졸개 직원 Bud Fox (Charlie Sheen역)와 리무진에 타면서, 한 회사에 관한 내부정보를 캐내 올 것을 요구한다. 그것이 불법임을 아는 Bud가 그 요구를 거절하며 대신 열심히 일할 것을 제안하자, Gordon은 성실하고 열심히 일한다는 미국의 전통적 직업윤리를 냉소하면서 Bud에게 자기의 성공철학을 한 수 가르쳐 주고자 한다.

example A 53-year-old black electrician in Los Angeles was late for another job as he left a house where he had installed light fixtures. He was running to his van as a police patrol car passed by, and that was a mistake. The cruiser made a U-turn and two officers emerged with their guns pointed at him, yelling, "Yo, freeze!" The woman who owned the house he had just left ran out and threw her arms around him, shouting, "Gentlemen, stop it, **would you?**" One officer replied immediately, "Ma'am, would you step aside and be more careful, please? We mean business," fearing she'd be shot.

Los Angeles에 사는 53세의 한 흑인 전기 기사가 자기가 (방금) 전등 설비를 설치한 한 집을 (일을 마치고) 떠날 때 그 다음 일에 늦고 있었다. (그래서) 그는 자기의 밴 차량으로 달려가고 있었는데 그때 한 경찰 순찰차가 지나가고 있었고, 바로 그게 실수였다. 그 경찰차는 U자 회전을 하더니 두 경찰관이 "여봐, 꼼짝마!" 하고 소리치며 총을 그에게 겨누고 나타났다. (그러자) 그가 방금 떠났던 집의 주인인 여자가 뛰어 나와서는 "경찰관님들, 쏘지 마세요, 예?" 하고 외치면서 두 팔을 벌려 그를 감싸 안았다. (그러자) 그 부인이 총맞을 것을 우려하면서 한 경관이 "부인, 제발 비켜서시고 좀 더 조심해 주시지요? 우리 이거 진짜로 하는 겁니다."라고 즉시 대답하였다.

---

install 타동 설치하다   **light fixtures** (고정해서 설치하는) 조명 설비/기구들
patrol car; cruiser 경찰 순찰차   **emerge** 자동 출현하다, 등장하다   **Freeze!:** 꼼짝마!
mean business/ mean it 진짜다, 진짜로 하는 것입니다, 장난이 아니다

---

example
Spud: Hand me that socket wrench, **would you?**
Truvy: This funny-looking thing?
Spud: Yeah, thank you.

[*Steel Magnolias* (1989 film)]

Spud (남편, 자기의 낡은 차 밑에 들어가 고치면서): 그 소켓렌치 (너트를 돌리는 도구의 일종) 좀 이리 줄래?
Truvy (부인): 이 웃기게 생긴 거야?
Spud: 그래, 고마워.

example Celebrating a special occasion with a Scandinavian smorgasbord lets you start the party early and still give late comers time to arrive before the hot food is served. Cold foods can be left out until dessert time. And be ready with plenty of plates, **wouldn't you?** It's traditional to begin each course with a clean one.

특별한 경우 (경사 따위)를 스칸디나비아 스타일의 뷔페식으로 축하하면 파티를 일찍 시작할 수 있고 늦게 도착하는 사람들에게도 따뜻한 음식이 나올 때까지 도착할 시간을 줄 수 있습니다. 차가운 음식은 디저트 시간까지 내버려 두어도 좋습니다. 그리고 많은 접시를 놓고 파티 준비를 하시는 것이 좋겠지요? 음식 코스마다 새 접시로 시작하는 것이 상례이니까요.

smorgasbord 명 (원래 Swedish: sandwich + table) 뜨겁고 차가운 다양한 디저트와 음식과 후식이 제공되는 (대개는 큰 규모의) 뷔페

 example

Ned: I brung this along for when we have to kill them fellas. Figure we could use some now.
Will: Not me. I don't touch it no more.
Ned: Oh, come on, Will. It's raining.
Will: I know it's raining. Give some to the kid, **why don't you**?

[Unforgiven (1992 film)]

Ned: 그 녀석들을 해치워야 할 때를 위해 이걸 가져왔는데. 지금 좀 해도 되겠구만.
Will: 난 안 해. 난 술 이제 손 안 대네.
Ned: 아, 왜 그러시나, Will. 비도 오고 그러는데.
Will: 비 오는걸 누가 모르나. 애한테나 좀 주게나.

---

brung bring의 과거형 또는 과거분사형으로 주로 저교육자층이 쓰는 비격식체적이고 구어체적 낱말

them fellas = those fellow: 주목: them + 복수 명사 = those + 복수 명사: 교육수준이 아주 낮은 사람들의 구어체적 어법이다. 그러한 그룹의 사람과 대화하면서 같은 차원에서 인간적 관계를 터야 하는 상황이 아닌 한, 즉 일반적인 상황에서는 사용하지 않아야 할 어법이다.

fella (fel´•ə) 명 fellow의 비공식적 낱말. **fellow** (fel´•ō) 명 녀석, 자식, 친구

I brung this along for (the time) when we have to kill them fellas.: (1) when 앞에 the time이 생략되어 있다고 볼 수 있다. (2) 여기서 along은 먼 길을 쭉 따라 (줄 곳) 온 어감을 나타내는 부사.

(I) figure (that) we could use some (of the whiskey) now.: figure (fig´•yər): 타동 ...라고 생각하다; think; guess; gather; reckon; conclude; surmise

I don't touch it no more. 주목: 부정어가 두 번 들어 있어 논리적으로는 긍정일 것 같으나 사실은 I don't touch it anymore.을 뜻하는 저교육자적 이중 부정 (double negation)의 표현이다.

Give some (of the whiskey) to the kid.

장면 ▶ 한때 악명 높았던 총잡이 William (흔히는 Bill로 불리는데 이 영화에서는 Will로 불리고 있다), 그의 흑인 파트너 Ned 그리고 젊은 조수 the Schofield Kid (이 장면에서는 그냥 "kid"로 불리고 있다) 세 사람이 천 달러의 현상금이 걸린 두 명의 불한당을 죽이러, Wyoming 주의 Big Sky를 향해 비 오는 밤 숲 속을 뚫고 말을 달리고 있다. Ned가 William에게 자기가 챙겨 온 위스키를 권하고 있다.

example

Radio Raheem (at a Korean-owned grocery store): Twenty D Energizers.

Korean shopkeeper (male): Twenty C Energizers?
Radio Raheem: D, not C. D!
Korean shopkeeper (male): C Energizers?
Radio Raheem: D, motherfucker, D! Learn to speak English first, **alright**?
Korean shopkeeper (female): How many you say?
Radio Raheem: Twenty!

[*Do the Right Thing* (1989 film)]

Radio Raheem (한국인이 소유하고 있는 식품점에서): D형 Energizer 배터리 20개 주시오.
한인 주인 (남자): C형 에너자이저 20개요?
Radio Raheem: D요, C가 아니라. D라구요.
한인 주인 (남자): C 에너자이저?
Radio Raheem: D라고 이 (욕설), D! 우선 영어부터 배우시지, 어?
한인 주인 (여자): 몇 개라구요?
Radio Raheem: 스무 개!

example A large group of Japanese tourists finished their visit to a Western art exhibit in Texas. As they descended the stairs, the friendly Texan who had been their guide said good-bye in local fashion, calling after them, "Y'all come back now, **hear**?" With that, the entire group turned and walked back up the stairs.

상당수의 일본인 관광객 일행이 텍사스에서 열린 미국 서부 그림 전시회 관람을 마쳤다. 그들이 계단을 내려가고 있는데 그들의 안내자였던 친절한 텍사스 사람이 그들의 뒤에 대고 현지 어법대로 "여러분 다 또 다시 오십시오, 예?" 하고 외치면서 작별인사를 했다. 그 소리를 듣자 그 일행 전체가 뒤돌아 계단을 다시 올라갔다.

---

exhibit 명 전시   **descend** 여기서는 타동. ...를 내려가다   **stair** 명 계단; staircase
in local fashion 현지 (영어)식대로; 현지에서 하는 대로; 정확하게는 (O) in a **local** fashion/ way/ manner

---

주목 y'all:
대명사. you all; all of you (여러분 모두; 모든 여러분)을 뜻하는 남부의 토속적이고 구수한 사투리; 근래에 들어와 남부 간의 접촉과 이주 그리고 빈번한 통신 정보의 교환으로 인해 점점 사라지고 있으며, 북부의 비슷한 표현이라 할 수 있는 you guys로 빠른 속도로 대체되고 있는 중이다. You guys는 1980년대 이후로는 남자들뿐만 아니라, 남녀가 혼합된 그룹 그리고 더 나아가 여자들만의 그룹에 대해서도 쓰인다.

[사진] The Great Smoky Mountains 내의 Tennessee 주의 동부에 있는 작은 도시 Pigeon Forge의 중심도로변에 방문객들과 여행객들을 떠나보내면서 **"Y'all** come back."이라고 인사하는 대형 sign이 서있다. 사진: ⓒ 박우상

Exercise

다음 중에서 어법상 적절하지 않은 부가의문문은 어느 것인가요?

❶ Hi, John. Come on over to our St. Patrick's Day party, **will you?**

❷ Get back home from your trick-or-treating before it's too dark, **won't you?**

❸ The union workers chanted in the Labor Day parade, "Buy American, **why don't you?"**

❹ Aidan, there's a school bus with flashing lights right ahead of us. Slow down your speed, **do you?**

[정답과 해설]

해설 >>>

명령문의 부가의문문으로는 가장 자주 쓰이는 것으로는 ..., will you?가 있으며, 그 이외에도 말하는 이의 뜻하는 의도와 상황에 따라 won't you?, would you?, wouldn't you?, why don't you?, (all) right?, O.K.?, you know?, you see?, huh? 등 여러 가지가 쓰인다. ❹의 ..., do you?는 실제로 사용되지 않는 부자연스러운 표현이다.

번역 >>>

❶ Hi, John. 우리 St. Patrick's Day 파티에 오지 않을래?
   St. Patrick's Day (3월 17일): 아일랜드 (Ireland)의 문화 전통을 기리는 날. Ireland를 상징하는 녹색의 의복, 장식, 맥주, 음료, corned beef와 감자를 중심으로 한 Irish 음식들, bagpipe 음악이 사방에 넘친다.

❷ Trick-or-treating (10월 31일 저녁인 Halloween에 아이들이 이웃을 돌면서 candy류를 모으는 것)으로부터 너무 어둡기 전에 집에 돌아올 거지?

❸ 그 노조 근로자들은 Labor Day (노동절, 9월 첫째 월요일) 퍼레이드에서 외쳤다. "미제 물건들을 사지 않으시겠습니까?"

❹ Aidan. 우리 바로 앞에 불이 깜박이는 스쿨 버스가 있어. 속도를 줄이지 그래?

정답: ❹

union 몡 노동조합   chant 자동 노래하듯 외치다
ahead of ...: ... 앞에 (위치, 순서, 시간, 중요성에 있어서)

[사진] Answer Choice [선택지 (3)번 관련]:
미국의 GM 자동차 assembly plant (조립공장)이 있는 한 타운의 Labor Day (9월 첫째 월요일) 퍼레이드에서, 영화 Wizard of Oz (1939 film)의 등장인물들 복장을 한 labor union (노동조합) 멤버들과 지지자들이 사람들에게 값싼 수입품 구매를 중지하고, 미국 근로자들을 보호하는 미국 제품을 살 (Buy American.) 것을 촉구하는 sign들을 들고 행진하고 있다. 사진 © 박우상 (Dr. David)

92 It (= 가주어) ... that-절 (= 의미상의 주어)

It's inevitable <u>that we're gonna graduate and go our separate ways.</u>
우리가 졸업하고 서로 다른 길을 갈 것이라는 것은 불가피해

Cross-reference
비교: → it = to-부정사
(185); it
= what-관계 대명사절
(376)

여기서 주어인 대명사 it은 소위 형식상의 주어 (일명 가주어) (pseudo-subject)로서, 뒤따르는 접속사 that에 의해 이끌리는 절 (주어 + 술부)인 소위 진주어 (또는 의미상의 주어)를 가리킨다.

이러한 형식 주어 it + that-절의 구조는 특히 that-절이 길고 술부 (여기서는 is inevitable)가 짧은 경우에, 영어의 문장은 기본적으로 상대적으로 주어가 짧고 술부가 길어야 자연스러운 안정감을 갖는 요구와 경향을 만족시키기 위해 짧은 주어로 대명사 it을 문두에 위치시킨 후에, 그 it을 설명하는 술부 뒤에, 즉 문장 끝에 that-절을 덧붙이는 어법이다.

이 가주어 it은 문두에 위치해서 뒤에 진짜 (의미상의) 주어가 옴을 앞에서 알리는 역할을 한다.

example **It** is not acceptable **that** the wealthiest 1 percent of the population owns more wealth than the bottom 95 percent. That's not America.

It is not acceptable **that** the 13,000 wealthiest families in this country earn more income than the bottom twenty million families.

It is not acceptable **that** the greed of corporate America has resulted in the CEOs of large corporations earning over 500 times what their average worker makes. That's not America, and we're going to change that.

(미국) 인구의 가장 부유한 1퍼센트가 바닥의 95퍼센트보다 더 많은 부를 소유하고 있다는 것은 용납할 수 없다. 그것은 미국이 아니다. 이 나라에서 가장 부유한 13,000 가족이 바닥에 있는 2천만 가족보다 많은 수입을 번다는 것은 받아들일 수 없다. 미국 기업계의 탐욕이 대회사들의 최고 경영자들이 보통 근로자가 버는 것의 500배가 넘게 버는 결과를 초래한 것은 용납할 수 없다. 그것은 미국이 아니며, 우리는 그것을 (그런 잘못된 미국을) 변화시킬 것이다.

---

acceptable 형 받아들일 수 있는, 용인할 수 있는; tolerable   **greed** 명 탐욕   **corporate America** all American corporations (미국의 모든 회사들)을 총칭하는 집합명사
CEO Chief Executive Officer 대표이사

---

example **It** is important **that** parents talk to children about sex. **It** is particularly crucial **that** parents discuss the subject when children watch programs or movies that depict teenagers being intimate.

부모가 자식들에게 섹스에 관해 얘기하는 것은 중요하다. 자녀들이 십대들이 (성적으로) 친밀한 것을 묘사하는 프로그램이나 영화를 볼 때 부모들이 (십대의 자녀들과) 이 주제를 논의하는 것은 각별히 중요하다.

---

particularly 부 각별히, 특히; especially   **depict** 타동 묘사하다
intimate 형 친밀한. 여기서는 성적으로 친밀한

다음의 한국어 표현을 영작해 보세요 (가주어 It과 의미상의 주어 that-절을 사용하여).

우리가 자기만의 개인적인 인종적, 문화적, 경제적 배경, 그리고 국경을 넘어서 세상을 바라보는 것은 대단히 중요하다.

개인적인: **individual, personal**   인종적: **racial**   문화적: **cultural**
경제적: **economic**. 비교: **economical**: (비용을) 절약하는, 싼   이익: **interest**
국경: **(national) border**

[모범영작]

It is very important that we look at the world beyond our individual racial, cultural, and economic backgrounds, and national borders.
미국의 독립선언서는 모든 인간이 평등하게 창조되었다는 것은 자명하다고 주장했다.

독립선언서: **the Declaration of Independence** (1776)   자명한: **self-evident, obvious**
인간: **human (being), man**   창조되다: **be created**   주장하다: **argue, claim, hold, maintain, contend**

[모범영작]

The American Declaration of Independence maintained that it was/is self-evident that all men/humans were/are created equal.

93 be going to = 추측: 가능성/순리

We're gonna graduate and go our separate ways.
우리는 졸업해서 서로의 다른 길을 갈 것이다, 가게 되어 있다.

● ─ ● ─ ● ─ ● ─ ● ─ ● ─ ● ─ ● ─ ● ─ ●

Gonna는 going to를 비격식체적 구어체에서 빨리 발음한 것을 표기한 것이다. 여기서의 be going to-부정사는 한국의 영어 교육에서 가르치는 주어의 의도를 나타내는 용법으로 쓰인 것이 아니라, 미래에 주어가 논리적으로나 상황적으로나 (예정이 되어 있다든지 일이 돌아가는 모양을 보건대 그렇게 될 조짐이 뚜렷하다든지) 주어가 그렇게 될 것이 마땅하거나, 순리적이거나 자연스럽거나 분명하거나, 가능성이 대단히 높다고 보는 말하는 이의 추측이나 판단을 나타낸다.

즉, 이 문장은 '내년이 되면 우리는 (학부를) 졸업하고 나는 프랑스 파리에 장학금을 받아 대학원에 진학하고, 너는 법대로 진학해서 사회경제적 배경이 너무도 다른 우리는 서로 다른 길을 가게 될 것이다, 그렇게 되게끔 되어 있다, 그렇게 되는 것이 순리다'라는 뜻이다.
[➡ (40) (78) (306) (453) (518) (570)]

Cross-reference

비교: be going to = 말하는 이의 의지:

➡ 32

비교: be going to = 주어의 의지:

➡ 365
   494
   555

example

Ted: You move in with Mommy and live there from now on. And two times a month we spend the weekends together.

Billy: Where's my bed **gonna be**? Where **am** I **gonna sleep**?

Ted: Oh, Mommy's figured all that out. You have your own bedroom in her place.

Billy: Where **are** all my toys **gonna be**?

Ted: At Mommy's. We're **gonna take** all your toys over there.

Billy: Who's **gonna read** me my bedtime stories?

Ted: Mommy will.

Billy: You're **not gonna kiss** me good-night anymore, are you, Dad?

Ted: No, I won't be able to do that. But, you know, I'll get to visit. (Billy begins to sob.)

Billy: Dad?

Ted: Huh?

Billy: If you ever get lonesome, you can call me up, O.K.?

Ted (wearing a big smile): We're **gonna be** O.K. (Billy's sob is getting louder.) Come on, let's go get some ice cream.

[Kramer vs. Kramer (1979 film)]

Ted: 넌 이제부터 엄마랑 이사해서 거기 살 거야. 그리고 우린 한 달에 두 번씩 주말을 함께 보내고.

Billy: 내 방은 어디가 되지? 난 어디서 자게 될 거고?

Ted: 엄마 집에서지. 네 장난감도 모두 그리 가져가고.

Billy: 나 잠들 때 스토리는 누가 읽어 주고?

Ted: 엄마가 할 거야.

Billy: 아빤 이제 더 이상 나를 뽀뽀해서 재워 주지 않겠네, 그치, 아빠?

Ted: 응, 아빠가 그건 못해 줄 거야. 그렇지만 있잖아, 아빠가 방문하게 될 거야. (Billy가 흐느껴 울기 시작한다.)

Billy: 아빠?

Ted: 응?

Billy: 혹시라도 외로워지면 나한테 전화해도 돼, 오케이?

Ted: (활짝 미소를 지으면서) 우리 잘 해낼 거야.

(Billy의 울음 소리가 점점 커진다.) 자, 우리 가서 아이스크림 사 먹자.

초점 ▶ 여기서는 엄마와 아빠의 이혼에 의해 어린 아들 Billy에게 곧 일어나게끔 되어 있는 상황의 변화 (예정, 계획)를 be going to를 사용하여 표현하고 있다.

장면 ▶ 추운 1월, 뉴욕시의 한 동네 공원에서 이혼을 마무리 짓고 있는 아빠 Ted가 엄마와 함께 새로운 집으로 떠나는 어린 아들 Billy에게 앞으로 생활에 올 변화를 설명하면서 마음의 준비를 시킨다.

[사진] 여권 의식 (women's rights (consciousness))과 여성의 경제적 능력의 향상과 새로운 사회 현상으로 등장하는 이혼이라는 사회문화적 변화를 그린 1970년대의 중요한 영화 *Kramer vs. Kramer* (1979 film)의 포스터.
사진: © Columbia Pictures, Stanley Jeffe Production, et al.

94 전치사의 생략: 부사적 목적어

go <u>our separate ways</u>
우리 서로의 다른 길을 가다

여기서 명사구인 our separate ways는 go 동사 바로 뒤에 위치해서 마치 타동사의 목적어인 것처럼 보이지만, 실은 방식을 나타내는 전치사 in이 생략된 경우로 어떤 식으로 go하는 것인지를 수식하는 방식의 부사구이다.

이렇게 방식을 나타내는 전치사구를 이끄는 in이 현대 영어에서 (특히 일상체와 구어체에서) 생략되는 경향이 증가하고 있다.

이렇게 명사어구 앞에 오는 전치사가 생략되어 부사로서의 문법적 기능을 하면서도 형태상 (문장 구조 안에서의 위치상) 동사 바로 뒤에 위치함으로써, 그 동사가 자동사임에도 불구하고 마치 그 동사의 목적어처럼 보이는 명사어구를 부사적 목적어라고 부른다 (엄밀하게 말하자면 위치상 목적어적인 부사구이다). [➡ (171) (256)]

example The great American vacation is shrinking. Two weeks was once the norm. Now the average getaway lasts **three to four days**.

[... lasts (for) three to four days.]
그 대단했던 미국의 휴가가 줄어들고 있다. 2주가 한때는 표준이었다. 이제 평균 휴가는 사나흘만 계속된다.

shrink 자동 감소하다, 줄어들다; decrease; shorten; lessen   **norm** 명 기준, 표준, 규범; standard   **getaway** 명 휴가; 휴양지; vacation spot/resort

Topic 크게 짧아지고 있는 미국의 유급 휴가 (paid vacation).
미국은 선진국들 중에 가장 휴가가 짧고 근무 시간이 긴 사회이다.

example Many of the old restrictions on women's behavior have gone **the way of the horse and buggy**.

go (in) the way of the horse and buggy (자동차에 밀려서 마차가 사라지듯이) 사라지다, 폐지되다; disappear; go out of fashion/date

여성들의 행동에 대한 오래된 제약들의 다수가 마차의 길을 갔다. (새로운 시대의 물결에 밀려 사라졌다.)

example When you host a dinner party, decide ahead whether you want to serve the meal **buffet or family style**.

[... serve the meal (in a/the) buffet or family style.]

정찬 파티를 주최할 때는 식사를 뷔페식으로 할지 가족 식사 스타일로 할지 미리 정하십시오.

 It is illegal to ride more than two abreast. If the roads are narrow and traffic is heavy, ride **single file**.

[..., ride (in a) single file]

(자전거를) 두 사람 넘게 나란히 타는 것은 불법입니다. 길이 좁고 교통이 많으면 한 줄로 타고 가십시오

two abreast 둘이 나란히; side by side; beside each other in a line

95 What are you talking about?: 유사한 표현들

What are you talking about?
무슨 말을/소릴 하고 있는 거야?

이 표현은 문자 그대로 상대방이 지금 무엇에 관해 이야기하고 있는지를 물어 보는 것이 아니라, 앞에 온 상대방의 진술을 내가 보기에는 말이 되지 않는다, 받아들일 수 없다, 황당하다 등의 어감으로 일축하는 구어체의 표현이다.

이 표현과 유사한 표현들:

That's (total) nonsense/ humbug/ baloney/ bull(shit)/ hogwash/ bunk.
그것 말도 안되는 소리!

baloney와 **bull(shit)**은 속어 **(slang)**; bunk (비격식체)

That doesn't make any sense (at all)./ That makes no sense (at all).
그것 전혀 말이 되지 않는다, 아무 이치에 닿지 않는다

I don't buy (into) that. (또는 accept 또는 agree with that)
나는 그것을 받아들이거나 그것에 동의할 수 없다

buy는 비격식 구어체 표현

You must be/ You've gotta/ You gotta be kidding (me).
농담하고 또는 놀리고 계시네, 농담하고 있음이 분명하다

Get out of here!
('여기서 나가'라는 원래의 뜻으로부터 '말도 안되는 소리다, 수긍/동의할 수 없다'라는 뜻의 비격식체적 구어체의 표현. 공식적이거나 점잖은 자리에서는 흔히 사용을 피하는 것이 좋다.)

96 a social zero = a nobody

I am a social <u>zero</u>.

여기서 zero는 앞에 부정관사 a가 있기 때문에 수사가 아니라 보통명사이며, 앞에서 social에 의해 그 의미가 수식/제한되고 있어 '사회적으로 가진 것이나 내세울 것이 전혀 없는 사람' (a person who has nothing (to speak of or show off) socially; a nobody)을 의미한다.

example Just because you don't have a high-paying job or a lot of money in your bank account, you shouldn't feel like you are **a social zero/nobody**.

보수가 좋은 직업이 없다고 해서, 은행 계좌에 많은 돈이 없다고 해서 사회적으로 무가치한 사람이라고 느껴서는 안 됩니다.

97 have to; have got to; gotta = 의무, 당위, 요구, 주문, 주장

You'<u>ve gotta</u> go back.
당신은 돌아가야 한다.

've gotta는 have got to가 구어에서 빨리 발음된 것을 표기한 것이다. 여기서 have got + to-부정사는 have + to-부정사와 같이 말하는 이가 주어가 ...하는 것이 마땅하거나, 의무임을 나타내거나, ...할 것을 절대적으로 또는 대단히 강하게 요구, 명령, 주문, 또는 주장하는 표현이며 (have to보다 강한 의미이지만 조동사 must 역시 이런 의미를 나타낸다), 단지 많은 경우들에 있어서 have + to-부정사보다 구어체적이고 비격식체적인 표현이다.

Have/'ve got to/gotta 보다도 더욱 비격식체적이고 구어체적인 형태가 gotta이다.
[➡ (31) (510) (553)]

주목 have to (기본형: 격식체 문어체) – have got to (비격식 구어체) – 've got to (보다 구어체) – 've gotta (더욱 구어체) – gotta (가장 비격식 구어체)

example "Hey, hey, ho, ho, Western culture'<u>s got to go</u>," shouted radical students at Stanford in the 1960s.

1960년대에 Stanford 대학에서는 급진적인 학생들이 "Hey, hey, ho, ho, 서양 문화는 물러가야 한다"고 외쳤다.

"Hey, hey, ho, ho" 영어권 사회에서 시위나 행진을 하면서 외치는 상투적인 구호
radical 형 급진적인, 과격한. 명사로도 사용된다.

98 What about ...?

What about our marriage?
우리 결혼은 어떻게 해/되는 거지?; 그럼 우리 결혼은 뭐야?

What about + 목적어?의 구문으로 말하는 이가 언급하거나 제안한 것 (이것이 전치사 about의 목적어이다)에 관해 듣는 이의 의견, 감정, 또는 입장을 묻는 표현이다. 이 구문은 말하는 이가 앞에 오는 대화나 진술에서 고려되거나 인정되지 못한 것에 듣는 이의 주목을 끄는 표현으로, 기본적으로 비격식체의 구어체에서 쓰인다.

about의 목적어로는 전치사의 목적어가 될 수 있는 명사, 대명사, 또는 (동사의 경우) 동명사가 온다. 그리고 의문사 What 대신에 How가 쓰이는 경우들도 자주 있다.

example Eliminating the U.S. border with Mexico would be good for Mexicans and good for American employers who profit from cheap labor. But **what about** the rest of us? The economy does not produce livable wages, stable communities and good schools. We're getting a lot of traffic, pollution, drugs and poverty.

미국의 멕시코와의 국경을 없애는 것은 멕시코 사람들과 싼 노동력으로부터 이익을 보는 미국의 업주들에게는 좋을 것이다. 그러나 나머지 우리 (미국인들)는 무엇인가 (어떻게 되는가)? 경제는 살만한 임금과 안정된 커뮤니티들과 좋은 학교들을 창출하지 못한다. 우리는 교통 체증과 오염과 마약과 빈곤만 겪는 것이다.

eliminate 타동 없애다, 제거하다, 탈락시키다; to remove; get rid of **profit from ...:** ...로부터 혜택/이득을 보다 **livable wage** 생계 가능 임금 **traffic** 명 교통 **pollution** 명 오염

참고 Better English: 이 첫문장에서 가정법적으로 사용된 would가 이 글을 쓴 사람의 일관성 있는 시각이라면, 뒤따르는 문장들도 이 가정법 과거로 표현되는 것이 보다 신중하고 바람직하다.
➜ The economy would not produce ... We'd be getting ...

멕시코계 이민과 미국-멕시코의 자유무역을 반대하는 사람의 과장되게 부정적이며 오도된 의견 Topic

example This Monday the nation celebrates the life and legacy of Martin Luther King Jr. Sure, you could use your time off to rest, shop or catch up on soap operas, but **what about trying** some more peace-seeking, freedom-loving ways to honor the day? **What about joining** your neighbors in a loose discussion about the civil rights movement, checking out the Dr. Martin Luther King Jr. Birthday Parade, or mingling and dancing with people of all colors and creeds?

이번 월요일에 이 국가는 Martin Luther King 주니어 (Junior/Jr.)의 삶과 유산을 경축합니다. 물론 이 일하지 않는 시간을 쉬고 샤핑하고 밀린 연속극들을 보기 위해 쓸 수도 있겠지만, 이 날을 경축하기 위한 보다 평화를 추구하고 자유를 사랑하는 방법들을 시도해 보는 것을 어떨까요? 이웃들과 (1950년대-60년대의) 민권운동에 관한 느긋한 토론에도 끼어 보고, King 박사의 생일 퍼레이드도 가 보고, 또는 모든 인종과 믿음의 사람들과 섞여서 춤을 추어 보는 것은 어떨까요?

Topic
Martin Luther King Day (마틴 루터 킹 데이): 미국의 현대 민권운동 (the civil rights movement)의 기수였던 the Rev. Dr. Martin Luther King, Jr. (1929-1968, 암살)의 생일 (1월 15일)을 기리는 날

legacy 명 유산   **time off** 여기서는 day off, 휴일   **catch up on ...:** (오래 하지 못했던, 또는 밀려 있거나 뒤쳐져 있는 일을) 따라잡다   **soap opera** 명 (흔히 여성/가족 관계를 주제로 한) TV/라디오 드라마 시리즈   **loose discussion:** casual/informal discussion   **mingle** 자동 섞이다, 어울리다   **creed** 명 (특히 정치나 종교적인) 신조

[사진] Dr. Martin Luther King, Jr. Day에 미국 Wisconsin 주 Madison 시민들이 도시 내의 한 College에 모여 King 목사의 전기 다큐멘터리 (biographical documentary film)를 보고 있다. 사진 내 스크린 위의 사진은 1963년의 "I Have a Dream" speech 중의 Dr. King)
사진: 박우상 (Dr. David)

You wanna marry me?
자기 나랑 결혼하고 싶어?

Cross-reference
비교: 서술문 + ? = Yes-No
의문문: 중립적, 객관적:
➡ (300) (411) (457)
(485) (489)

이 문장은 구문 형태상으로만 주어 + 술부의 어순을 취하고 있는 서술문이지 의미, 의도, 기능, 효과 모든 면에서 의문문이다 (서술의문문이라고 한다). 서술의문문은 서술문의 형태를 취하여 기본적으로 두 가지 어법으로 사용된다.

어법-1 서술의문문은 객관적, 감정 중립적 태도로 사실을 묻는 경우가 있다.

어법-2 서술의문문은 또 상대방의 진술에 대해 놀라움, 믿기 어려움, 역겨움, 반감, 반대, 빈정거림, 비판 등 감정적 반응이나 주관적 판단을 표현하는 어법으로 사용되기도 한다.

두 유형 모두 기본적으로 일상적 구어 표현이나 비격식체의 스타일이며 Yes-No 의문문에서처럼 문미에서 어조가 위로 올라가며 글로 쓸 때는 의문부호로 끝을 맺는다.

이 문장은 [어법-2]의 문장으로서 '아니, 우리 지금까지 결혼 얘기는 한번도 한 적이 없었는데 너 지금 나랑 결혼하길 원해서 청혼하는 거야?' 라는 뜻밖의 일이다, 또는 믿기 어렵다는 놀라움을 나타낸다.

[➡ (37) (81) (178) (251) (304)]

example I recently saw an advertisement for a class to help people lose their regional accents. **There are** folks paying good money to learn to abandon a part of themselves**?** It made me sad to imagine that.

나는 근래에 사람들이 자기들의 지방 억양을 잃도록 도와 주는 클래스 광고를 보았다. 자기의 한 부분을 내버리는 것을 배우기 위해 상당한 돈을 내는 사람들이 다 있나? 그것을 상상하니 슬펐다.

---

advertisement 명 광고 **regional accents** 지역 억양들 **accent** 명 억양, 지역적 발음 특징 **folks** 명 여기서는 people; 일반 사람들 **abandon** 타동 give up; forsake; lose; 버리다, 포기하다

100　want + to-부정사; wanna

wanna marry me
나와 결혼하기를 원한다

Wanna는 want to를 일상적 구어체에서 빨리 발음한 것을 표기한 것이다 (대단히 흔히 wanna로 발음된다). Want + to-부정사의 구조에서 to-부정사는 타동사 want의 목적어로서 이는 '...하기를/하는 것을 원하다' 또는 '...하기를 바라다/하고 싶다'라는 뜻이다. [➡ (381) (405)]

주목 ▶ Wanna는 이따금씩 want + a를 의미할 수 있다 (wanna 뒤에 가산 명사가 따를 경우). 예: Wanna brewski? (맥주 하나 할래?)

example Most young Hindus in the United States **want to marry** someone of the same faith.

미국 내의 대부분의 젊은 힌두교인들은 같은 신앙을 가진 사람과 결혼하기를 원한다.

---

faith 명 믿음, 신앙

---

example

Debbie: I don't **wanna be** your roommate anymore.
Danny: What?
Debbie: I **wanna be** closer. I just **wanna know** you better.

[About Last Night ... (1986 film)]

Debbie: 난 더 이상 당신의 룸메이트이길 원하지 않아요.
Danny: 뭐라고요?
Debbie: 나 더 가까워지고 싶어요. 나 당신을 더 잘 알고 싶어요.

Jennifer	**101** Holy shit! Hey, no kidding, stop the car. Hey, I didn't think **102-a** it would be like this.
Oliver	**Like what?**
Jennifer	**I mean like 103 this rich. 102-b It's too much for me.**
Oliver	**Don't worry, Jenny. 102-c 104 It'll be 105 a breeze.**

[*Love Story* (1970 film)]

Words & Phrases

- **holy** 형 성스러운, 신성한
- **kid** 자동 농담하다, 놀리다
- **mean** 타동 뜻/의미하다, ...라는 말/뜻이다
- **rich** 형 부유한
- **worry** 자동 걱정하다
- **breeze** 명 산들바람; (비격식체) 아주 쉬운 일, 떡 먹기

장 면 ● ● ● ●

Boston의 큰 부잣집의 아들 Oliver는 가난한 빵 가게 주인의 딸인 애인 Jennifer를 부모님에게 소개하고 결혼 의사를 밝히기 위해, 자기의 고급 classic car에 태우고 집으로 데려간다. Oliver의 차가 고풍스런 대저택의 앞에 다다르자, Jennifer는 Oliver 집안의 상상을 초월하게 위풍당당한 대저택과 엄청나게 넓은 대지에 압도되면서 Oliver의 집안이 부자임은 알았지만 이렇게 큰 부자임은 몰랐다는 표현을 하며, Oliver와의 결혼의 가능성에 대해 더욱 큰 회의에 빠진다. Oliver는 자기의 부유한 정도에 놀라고 자기 부모님을 만나는 것을 두려워하는 Jennifer를 달래려고 한다.

Jennifer	야, 이럴 수가! 헤이, 농담이 아냐, 차 세워. 헤이, 이런 정도리라고는 생각 못했어.
Oliver	뭐 같다는 거야?
Jennifer	이 정도로 부자라는 뜻이야. 이건 나로선 감당하기 힘든 정도야.
Oliver	걱정 마, Jenny. (우리 부모님 만나는 것이) 식은 죽 먹기 같을 테니까.

영어의 이해 with Dr. David

101 Holy shit!: 의미 (1) (2): 유사한 표현들

Holy shit!

Cross-reference

비교: Oh (my) God과 유사
한 감탄사들:

➡ 554

의미-1 비격식체의 구어 표현인 shit 그리고 그보다 더 강조적인 holy shit은 흔히는 불쾌함, 역겨움, 좌절감, 실망감, 불만 등 부정적 감정을 나타내는 감탄사적 표현이다.

의미-2 (Holy) shit은 또한 반어법으로 기쁨, 스릴, 흥분, 놀라움, 경이로움 등의 긍정적 감정을 나타낸다. 여기서는 의미 (2) 중에도 특히 어리둥절할 정도의 놀라움을 나타내는 감탄사로 사용되어 있다. 그리고, 여기서는 직설적이고 적나라한 표현들을 주저없이 구사하는 Jennifer의 언어 습관의 단면을 보여 준다.

원어민들 중에는 혼자 있을 때나 친한 사이에서는 아주 자주 쓰이는 표현이지만, 여러 사람들이 모여 있는 곳이나 그리 친하지 않은 사이에서는 많은 사람들이 저속하고 수준이 낮은 표현으로 간주하기 때문에, 공식적이거나 점잖은 자리에서는 피해야 할 표현이다.

Shit 대신에 shit의 저속한 어감을 피하기 위한 일종의 미화법으로, shoot을 쓰기도 하며, Holy shit 대신에 Holy crap (역시 흔히 저속한 어감을 띈다), Holy cow/cats, Holy smoke(s), Holy mackerel, Holy Toledo, Holy moly, Holy Moses, Holy Fred McMurray 등이 쓰이기도 한다.

의미-1

Road service operator: It should be about a 45-minute wait.

Mack: Uh-huh, I understand, but, see, uh, if it takes that long, I might be, like, dead.

Operator: You might call the police.

Mack: The police ... (To himself) Oh, **shit**! (To the operator) No, uh, nothing's happened. Just get the truck here as fast as you can.

Operator: Will do, sir.

[Grand Canyon (1991 film)]

도로상 도움을 청하는 전화를 받는 사람: 45분 정도는 기다리셔야 합니다.

Mack: 어, 이런, 이해는 하지만 그러나, 보세요, 어, 그렇게 오래 걸리면 전, 어, 죽어 있을지도 몰라요.

전화 받는 사람: (상황이 그렇게 위험하면) 경찰을 불러 보시죠.

Mack: 경찰이라 ... (혼잣말로) 오, shit! (전화 받는 사람에게) 어, 아무, 아무 일도 아닙니다. 그냥 할 수 있는 대로 최대로 빨리 여기에 (견인) 트럭 (tow truck)을 보내 주세요.

전화 받는 사람: 그렇게 하도록 하겠습니다, 선생님.

> **장면** 백인인 Mack이 Los Angeles의 한 범죄가 들끓는 흑인 동네에서 한밤에 자동차가 문제를 일으키며 서자, 도로상 서비스 (roadside assistance)에 전화를 걸어 도움을 요청한다. 전화를 받는 사람이 견인차를 45분 가량 기다려야 한다고 하자, 속수무책인 좌절감을 느끼며 혼잣말로 "Shit!"이라고 내뱉는다.

example **Holy shit**! Our team got creamed again in this year's homecoming football game.

Holy shit! 우리 팀은 금년 homecoming 미식축구 경기에서 또 박살이 났다.

---

cream (속어/비격식체) [타동] defeat (decisively; with great ease); rout; crush; pulverize; overwhelm; vanquish; damage; lambaste; 대파하다; ...에게 대승을 거두다

의미-2

example

Charlie: Oh, by the way, I got you somethin'.
Bo: What?
Charlie: Season tickets to the Knicks.
Bo: Oh, **shit**!
Charlie: Well, they're not on the floor, though.
Bo: Don't worry about that. Man!

[It Could Happen to You (1994 film)]

Charlie: 오, 근데 자네한테 줄게 있어.
Bo: 뭔데?
Charlie: the Knicks 팀 시즌 티켓들이야.
Bo: 오, shit!
Charlie: 어, 그러나 플로어석은 아니야.
Bo: 그런 건 걱정마. 야!

shit: 반어법: 흔히 불쾌하거나 않좋은 일에 사용하는 표현인 shit이 여기서는 반어법으로 기쁘거나 좋은 일을 나타낸다. 유사한 반어법으로 crazy, insane, bad, mean (못된, 형편 없는)이 사용되기도 한다.

장면 ▶ 복권 (lottery ticket)이 당첨되자마자 경찰관인 Charlie는 자기와 함께 순찰 구역을 도는 파트너 경찰관인 Bo를 위해, New York시 프로 농구팀인 the Knicks 팀의 시즌 전체 티켓을 사서 준다. Bo는 기쁨에 들떠 Charlie를 크게 껴안는다.

example Holy shit, Albert Pujols hit four home runs in a game today! That's just magnificent!

Holy shit! Albert Pujols는 오늘 한 경기에서 홈런을 네 개나 쳤다. 그건 그야말로 대단하다.

102/102-a it = 상황의 it

It would be like this.
너의 집안이 부유한 정도가 이런 식/정도일 것이다, 이리라

여기서의 주어인 It은 앞에 언급된 어떤 구체적인 대상을 가리키는 용법이 아니라, 상황이나 문맥에 의해 그 의미가 드러나고 이해되는 소위 '상황의 it (situation it)'이다.

이 문장에서의 it은 '너의 가족의 부유한 정도' (the extent of your family wealth/riches)를 뜻하며, 문장 전체는 '너의 가족의 부유함이 이와 같으리라고는 (이렇게 대단한 정도라고는) 생각하지 못했다'라는 뜻이 된다.

(102-b) It's too much for me. 여기서의 주어인 It 또한 상황의 it으로 앞에서의 경우와 같이 너의 가족의 부유한 정도를 뜻하며, 문장 전체로는 '너희 집안이 이렇게 어마어마하게 부자인 것은 내게 너무도 부담이 된다, 내가 어울리거나 감당하기 힘든다'라는 뜻이 된다.

(102-c) It'll be a breeze. 이 주어 It 역시 상황의 it으로 '네가 나의 부모님을 만나는 것'을 뜻하며, 문장 전체로는 '그것이 산들바람처럼 (식은 죽 먹기처럼) 아주 쉬울 것이다.'라는 뜻이 된다.

[➡ (13) (150) (249) (305) (394) (415)]

example The days of booze and brawling are over. Now parties tend to be work parties; a glass or two of white wine, a little networking, and then it's home to the kids.

[여기서 대명사 it은 문맥상 직장에서의 파티와 약간의 백포도주 모임, 약간의 사교적 만남을 하고 난 후의 일정을 뜻한다.]

술 마시고 시끌벅적 싸우던 시절은 지났다. 이제 파티들은 직장 파티들(만)인 추세이고 백포도주는 한두 잔, 그리고 약간의 어울림, 그리고 나서는 아이들한테 가정으로 돌아가는 것이다.

booze 명 술; liquor; alcoholic beverage; (흔히 상당한/ 지나친) 음주　**brawl** 자동 시끌벅적 말다툼하거나 싸우다; wrangle; argue or fight noisily　**a little networking:** 사람들과 조금은 어울리는 것. 여기서 networking = socializing

---

103 this + 형용사/부사: this = 정도의 지시부사

this rich
이렇게/이 정도로 부자인

여기서의 this는 대부분의 경우에서의 this의 용법인 '이것, 이 사람/일'을 뜻하는 지시대명사나 또는 명사 앞에 쓰여서 '이 ...'라는 가까운 것을 가리키는 지시 형용사로 쓰인 것이 아니라, 정도나 수량을 나타내는 형용사나 부사 앞에 쓰여 '이런 정도로/까지, 이렇게'라는 가까운 앞에 언급되거나, 지금 언급하거나 문맥상 가까이 드러나는 정도나 수량을 가리키는 정도의 지시부사이다. That 또한 이렇게 정도나 수량을 가리키는 용법이 있는데, this는 that보다 시간적으로나 공간적으로나 더욱 가깝고 직접적인 경우에 사용한다.

Cross-reference

비교: **that** = 정도의 지시/강조 부사:
➡ (427)

---

example The United States is receiving a million immigrants a year. Allowing **this** many immigrants into our country, the United States is already the most ethnically diverse country in the world. We don't need more diversity.

미국은 한 해에 백만 명의 이민자들을 받아들이고 있다. 이렇게도 많은 이민자들을 우리 나라에 들어오도록 허용하고 있으니 미국은 이미 세계에서 가장 민족적으로 다양한 나라이다. 우리는 더 이상의 다양함을 필요로 하지 않는다.

---

ethnically 형 ethnic; 명 ethnicity: 생물학적으로 인류를 구분하는 인종 (race)과 달리, 민족 집단의 역사적이며 문화적인 정체성이나 독자성을 기반으로 한 개념
여기서의 **this many** (이렇게 많은)는 바로 앞에 언급된 일 년에 백만 명이나 되는 정도로 많은
diverse 형 다양한　**diversity** 명 다양성

Topic 이민자들과 외래 문화에 강한 편견과 반감을 가진 미국인의 견해

Robert (wiping sweat off his face): Always **this** hot around here?
Francesca: Oh, yes. This time of year, yeah.

[*The Bridges of Madison County* (1995 film)]

[**(Are temperatures/ Is the weather/ Is it)** always this hot around here?]

Robert (얼굴로부터 땀을 닦으면서): 이 일대는 언제나 이렇게 더운가요?
Francesca: 오, 그럼요. 해마다 이맘때면 그래요.

> **설명** 여기서의 this hot은 상황상 조금만 움직여도 얼굴에 땀이 날 정도로 더운 바로 이 더위를 말한다. 이렇게 한여름의 미국 중서부 (the Midwest)는 뜨거워진 대륙 가운데의 열기가 높아진 습도와 정체된 공기와 더해져 무덥다.

104 will = 추측 (현재 또는 미래)

It'll be a breeze.
그건 아주 쉬운 일일 거야.

'll은 조동사 will의 축약형이다. 여기서의 will은 말하는 이가 주어의 미래의 (주목: 때로는 현재의) 사건, 행위, 또는 상황에 관해 상당한 가능성이나 확률을 가지고 (아마도 그러리라고) 추측하거나 예견하는 것으로, will의 주어의 의지나 소망 또는 고집 등을 나타내는 어법과 함께 will의 가장 대표적인 2대 어법의 하나이다. [➡ (104) (128) (316) (323) (372) (472)]

Cross-reference
비교: will = 주어의 의지:
➡ (117) (121) (142) (174) (234) (320) (527) (580)

비교: Will you?:
➡ (320) (406)

비교: will = 말하는 이의 의지:
➡ (138)

We women control our careers and our reproduction, men increasingly accept us as coworkers and bosses, premarital sex **will** not ruin our reputations.

우리 여자들은 우리의 직업과 아이를 갖는 일을 우리가 결정하고 (옛날처럼 남자에게 의존하지 않는다는 뜻), 남자들은 점점 더 우리를 함께 일하는 동료들 그리고 (자기들의) 상사들로서 받아들이며, 결혼 전의 섹스도 (옛날과 달리) 우리의 명예를 손상시키지 않을 것이다.

reproduction 명 재생산, 여기서는 아이의 출산   **premarital** 형 결혼 전의
ruin 타동 망치다, 파괴하다   **reputation** 명 명성, 평판

한 여성의 확신에 찬 여권주의 (feminism)적 견해   Topic

example Sunday is Groundhog Day. And as the legend goes, if a groundhog sees his shadow, we'**ll** have six more weeks of winter.

일요일은 Groundhog Day (2월 2일)이다. 그리고 전설에 따르면 groundhog이 자기의 그림자를 보면 우리는 6주가 더 긴 겨울을 맞게 될 것이다 (겨울이 6주 더 길어질 것이다). [Groundhog Day: the second of February]

[사진] 겨울 잠을 자는 타운의 groundhog을 밖으로 데리고 나와 봄이 왔는지, 아니면 겨울이 6주 더 계속될 것인지를 예측하게 하고 긴 겨울의 지친 몸과 마음을 달래고 생기를 불어넣는 축제인 **Groundhog Day** (2월 2일) 행사와 축제로 전 미국에서 가장 유명한 동부 Appalachian Mountains (애팔래치언 산맥) 언저리인 Pennsylvania 주의 작은 타운 Punxsutawney에서 행사 관리가 타운의 마스코트 groundhog인 **Phil**을 데리고 나와 계절 변화를 예견하는 발표를 하고 있다. 사진 제공: Pennsylvania Groundhog Day, 사진 credit: Anthony Quintano

example I tell my children that if they can count their true friends on one hand, they **will** be lucky.

저는 자식들에게 너희들이 참된 친구들을 한 손으로 셀 수 있다면 (참된 친구가 다섯만 있다면) 너희는 운이 좋은 것일 거라고 말합니다.

105 a breeze: 유사한 표현들

a breeze
아주 쉬운 일

여기서의 breeze는 산들바람이라는 뜻이 아니라, 아주 쉬운 일을 뜻하는 비격식체의 말이다. 비슷한 비격식체의 표현들: a cakewalk, cinch, duck soup, piece of cake, snap, sure bet/thing/shot, turkey shoot, walkway, walkover, waltz.

이들 중에 duck soup 앞에는 a를 쓰지 않으며, **no sweat** (전혀 땀 흘릴 일 없는 쉬운 일이라는 뜻)이라고도 한다.

example We can find fried dough in many forms and almost exclusively at beaches, fairs and carnivals, places where people seek out simple, nostalgic pleasures. Making it is such a **breeze** – easy, fast, and cheap.

튀김반죽은 여러 형태로 그리고 거의 전적으로 해변, 축제, 카니발, 사람들이 소박하고 향수적인 즐거움을 찾는 곳들에서 발견할 수 있다. 만들기는 쉽고 빠르고 값이 싼 아주 쉬운 일이다.

---

exclusively 부 배타적으로, 독점적으로, 전적으로　**carnival** 명 대개 일시적으로 세워진 놀이공원 (amusement park). 여러가지의 rides (탈 것들), 게임 가게들, 그리고 흔히 sideshows, 음식, 밴드 등 entertainment도 있다.　**seek out**: ...를 찾다, 찾아 나서다　**nostalgic** 형 향수의, 과거의 회상/향수에 젖게 하는. < **nostalgia** 명 향수

[사진] 다양한 종류의 **fried dough**들 중에 미국 남부 Louisiana 주의 명물 **beignet** (발음 주의: [ben·ˈyey] 벤예이, 뒷쪽 음절에 강세). 밀가루를 기름에 튀겨 분말 설탕에 무친 전통적이고 대중적인 음식으로 기름기를 씻어 내리기 위해 흔히 강한 커피 (café au lait)를 함께 마신다.

사진제공: © St. Tammany Parish Tourist & Convention Commission

Oliver   I, Oliver Barrett, **106** take you, Jennifer Cavilleri, to be my wedded wife from this day forward **107** to love and to cherish **108** till deaths do us part.

Jennifer   I, Jennifer Cavilleri, take you, Oliver Barrett, as my wedded husband from this day forward to love and to cherish till deaths do us part.

[*Love Story* (1970 film)]

Words & Phrases

- **take** 타동 받아들이다, 인정하다, ...라고 여기다; accept; regard
- **wed** 타동 결혼시키다
- **forward** 부 (공간 또는 시간적으로) 앞으로
- **cherish** 타동 소중히 여기다
- **till** 접속 ...할 때까지
- **death** 명 죽음
- **part** 타동 떨어지게 하다, 떼어놓다
- **husband** 명 남편

장면 · · · ·

Oliver와 Jennifer가 Oliver 부모의 반대에도 불구하고, 몇몇 친구들과 Jennifer의 아버지만이 참석한 조촐한 결혼식에서 캠퍼스의 대학 목회자 (college chaplain) 앞에 서서 결혼 서약 (conjugal vows) 을 주고 받고 있다.

주목 ▶ 이 conjugal vows (혼인 서약)은 대단히 표준적인 (standard) 표현이기 때문에 여러 번 소리 내어 읽어서 숙달할 필요가 있다.

번 역 • • • •

Oliver   나 Oliver Barrett은 당신 Jennifer Cavilleri를 오늘부터 계속 죽음이 우리를 갈라놓을 때까지 사랑하고 소중히 할 나의 혼인한 아내로 받아들입니다.

Jennifer   나 Jennifer Cavilleri는 당신 Oliver Barrett을 오늘부터 계속 죽음이 우리를 갈라놓을 때까지 사랑하고 소중히 할 나의 혼인한 남편으로 받아들입니다.

영어의 이해 with Dr. David

106   take + 목적어 + to be/as + 목적 보어

I take you to be my wedded wife.
나는 당신을 나의 혼인한 아내로 받아들입니다.

여기서 to be my wedded wife는 목적어인 you를 설명하는 소위 목적보어이다. 그러나 I consider you (to be) my wedded wife. (나는 당신을 나의 혼인한 아내로 생각합니다/여깁니다)에서처럼 consider와는 달리 take의 경우에는 (hold의 경우와 같이) to be가 생략될 수 없다.

(X) I take/hold you my wedded wife. (O) I take/hold you to be my wedded wife. take의 경우 목적격보어 앞에 to be를 사용하지 않으려면, I take you as/for my wedded wife.라고 정체성이나 신분을 나타내는 전치사 as 또는 for를 목적격보어 앞에 사용해야 한다.

107   명사 + to-부정사 (타동사): 명사 = 타동사의 목적어

my wedded wife to love and to cherish
사랑하고 소중히 아낄 나의 혼인한 아내

여기서 to-부정사 (동사 원형)인 to love and to cherish는 앞에 오는 명사인 my wedded wife를 수식하는 (의미를 보충 설명하는) 형용사적인 역할을 하며, my wedded wife는 의미상 to love and to cherish의 목적어가 되고, 이 to-부정사의 행위를 하는 주어는 문장의 주어인 나 (I)이다. 즉 이 어구의 의미상의 기원은 I love and cherish my wedded wife. (나는 나의 혼인한 아내를 사랑하고 소중히 아낀다.)이다. 이렇게 명사 + to-부정사의 구조에서 to-부정사가 앞에 오는 명사를 형용사처럼 수식하고, 그 명사가 의미상 뒤따르는 to-부정사의 목적어인 경우들이 흔히 있다.

[➡ (26) (41)]

conjugal vows (혼인의 맹세)

Bridegroom (신랑): I, _____, take you, _____, to be **my wedded wife to love** and cherish.

Bride (신부): I, _____, take you, _____, as **my wedded husband to love** and cherish.

---

wedded 형 혼인한   **cherish** 타동 소중히 하다

For minority people racism is still **a cross to bear**.

= Racism is still a cross. + Minority people still has to **bear the cross**.

[여기서 to bear는 a/the cross의 의미를 제한하는 형용사구이며 동시에 a/the cross는 의미상 to bear의 목적어이다.]

소수 인종 사람들에게는 인종차별주의는 아직도 지고 가야 할 십자가이다.

---

minority 명 (인종적) 소수 그룹

a cross to bear: a burden or ordeal to endure 참고 견뎌야 할 짐이나 시련

December offers two of life's greatest joys: eating and visiting with friends and family. Invitations often include the phrase "Bring **a treat to share**."

[Bring a treat to share. = Bring a treat. + We will/are going to share the treat.]

12월은 인생의 가장 큰 기쁨들 중의 두 가지를 줍니다. 친구들과 가족을 방문하고 함께 식사하는 것이죠. (12월 연말의) 초대장들은 흔히 "함께 나눌 음식을 가져 오세요"라는 문구를 포함합니다.

---

invitation 명 초대(장)   **include** 타동 포함하다   **phrase** 명 어구, 표현

---

108 **do = 강조의 조동사**

till deaths do us part
죽음이 우리를 갈라놓을 때까지

여기서의 **do**는 조동사로서 동사 앞에 놓여서 그 동사 (또는 그 동사에 의해 이끌리는 술부)를 강조하는 어법으로 쓰인 것이다.

이 **do**는 그 강조의 뉘앙스가 문맥상 이해되는 경우에 번역하지 않아도 좋은 경우들이 많으며, 굳이 번역을 하자면 흔히 '정말로, 진짜로, 분명히 (말하는데)' 등으로 표현할 수 있다.

이 표현의 일상체 현대 영어는 **till deaths part us**인데, 여기에 본동사 **part**를 강조하는 조동사 **do**를 **part** 앞에 위치시키고 (**till deaths do part us**) 타동사 + 목적어의 정상 어순의 평범함을 깨고 오래된 문장체 또는 문예적 스타일에서의 목적어 + 타동사의 도치어순을 취하여, 우리는 오로지 죽음에 의해서가 아니면 절대 헤어질 수 없다는 강조의 어감을 부각시키는 표현이다. 이 표현은 영어를 모국어로 하는 사람이면 누구나 알고 자연스럽게 사용하는 정형화된 표현임으로 잘 이해하고 숙달할 필요가 있다. [➡ (543)]

---

example Almost everyone is down in the mouth these days with the extended spell of rainy, stormy, and cloudy days. **Do** be patient and cheer up.

요즘은 비가 오고 폭풍이 치고 흐린 날들이 계속 길어지면서 거의 모든 사람이 침울해 있습니다. (꼭/반드시) 인내심을 갖고 기분을 펴도록 하세요.

---

down in the mouth/dumps (비격식체) 침울한, 풀이 죽은; depressed, discouraged, sad
extended 형 연장된; prolonged   **spell** 명 (일이나 활동이 계속되는) 기간

---

example Usually it never rains in California. When it **does** rain, the waterfall generally approaches that of Noah's flood.

대개 California 주에는 비가 절대 오지 않아요. (혹시라도) 비가 올 때는 그 쏟아지는 비가 보통 노아의 홍수 수준에 근접하죠. [유머의 표현]

Jennifer	(sobbing and shivering from cold): I forgot my key.
Oliver	Jenny, I, I'm sorry.
Jennifer	**109** Don't. Love **110** means **111** **112** never having to say you're sorry.

[*Love Story* (1970 film)]

- **sob** 자동 울먹거리다, 훌쩍이며 울다
- **shiver** 자동 떨다. shiver + from + 이유 (흔히 cold (추위), fear (공포), excitement (흥분))
- **forgot** 발음에 주의: (fər·ˈgot): forget (fər·ˈget) (타동. 잊다, 까먹다)의 과거형
- **sorry** 형 미안해하는

장면 ᐧ ᐧ ᐧ ᐧ

Jennifer가 Oliver에게 곧 다가오는 Oliver 아버지의 60세 생일에 아버지와 화해하라고 권하자, Oliver가 화를 내며 폭발하고 Jennifer는 집을 나가 버린다. Oliver는 온종일 그리고 온 저녁 Jennifer를 찾아 헤매다 어두워져서야 헛수고를 하고 홀로 집에 돌아오다가, 집 앞의 현관 계단에 쭈그리고 앉아서 흐느껴 울면서 춥고 지쳐서 떨고 있는 Jennifer를 발견하고 다가간다.

번역 ᐧ ᐧ ᐧ ᐧ

Jennifer	(흐느껴 울고 추위에 떨면서): 열쇠를 잊었어.
Oliver	Jenny, 미안해.
Jennifer	아니야. 사랑은 미안하다고 말할 필요가 없다는 거야.

109 생략: 표현의 경제를 위한 생략 / 명령문: Don't be + 형용사

> <u>Don't.</u>

이 표현은 문맥상 표현의 경제를 위해 반복되는 표현을 생략한 경우로서, 완전한 문장으로 표현하자면 Don't be sorry. (미안해하지 마)이다. 형용사를 명령문으로 표현하면 Be + 형용사가 되니, 이 경우에는 Be sorry. (미안해 해.)가 된다. 이 명령문의 부정은 Don't be sorry.

또는 부정을 강조하려면 Never be sorry. 또는 Don't ever be sorry. 또는 부정을 강조하여 Don't be sorry, ever.가 되며, 특히 '너를 두고 하는 말이다.'라는 어감으로 you를 강조하자면 Don't you (ever) be sorry.가 된다.

[➡ (90)]

example <u>**Don't be lawless** or **ill-mannered**</u> on the road simply because you're riding a bicycle, not a motor vehicle.

단지 자동차가 아니라 자전거를 타고 있다는 이유만으로 도로에서 법규를 무시하거나 매너가 나쁜 사람 되지 마십시오.

---

lawless 형 무법의, 법을 지키지 않는   **ill-mannered** 형 매너가 나쁜, 예의가 없는
motor vehicle 명 차량

---

110 mean + -ing (동명사) vs. mean + to-부정사: 비교

> <u>means hav**ing**</u> to say ...
> ...라고 말해야만 함을 뜻한다

mean + -ing (동명사)의 구조로 '...하는 것/임을 뜻하다, 의미하다'라는 뜻이다. 즉 이 동명사는 mean의 목적어이다.

주의: 비교 ▶ mean + -ing는 mean + to-부정사와는 의미가 전혀 다르다. mean + to-부정사는 '...할 의도, 작정, 셈이다' (= intend + to-부정사)라는 의미의 목적이나 의도를 나타낸다. 이 형태와 의미의 차이는 한국의 많은 영어 선생님들과 학습서 저자들조차 잘못 가르치는 것으로 각별히 유의해야 한다.

[mean + -ing: ...를 뜻/의미하다]

example We are quickly becoming a society of grab-and-go eaters. That could **mean** stopp**ing** for a bagel and coffee in the morning, order**ing** a salad to eat at your desk, or grabb**ing** a protein bar in the afternoon.

우리는 빠른 속도로 음식을 들고 가면서 먹는 사람들의 사회가 되어가고 있다. 그것은 아침에 (델리나 커피샵 등에) 들러서 베이글과 커피를 사는 것, 책상에서 먹기 위해서 샐러드를 주문하는 것, 또는 오후에 단백질 바를 사드는 것을 뜻할 수 있다.

현대의 바쁜 생활 일정 때문에 아무데서나 아무렇게나 이것저것 조금씩 주전부리하듯 식사하는 것을 가축이 들판에서 풀을 뜯어 먹는 것에 비유하여 grazing이라고 한다. 제대로 식사를 하지 못하고 책상에서 작업하면서 대충 먹는 것을 묘사하는 desktop dining, 또는 급히 간단한 음식을 사가지고 걸어가면서 먹는 grab-and-go eating식의 표현들도 사용된다. **Topic**

[mean + to-부정사: ...할 작정/셈/의도이다; intend + to-부정사]

example If immigrants do not **mean to speak** English in America, why don't they move back where they came from?

[... move back **where** (= **to the place that**) they came from?]

이민자들은 미국에서 영어를 하지 않을 작정이면 왜 자기네들이 온 곳으로 (모국으로) 돌아가지 않는가?

문화배경 이민자들과 외래 문화를 싫어하는 사람들이 주로 하는 편견적이고 (biased, prejudiced), 차별적이며 (discriminatory), 배타적인 (exclusive) 주장들의 한 대표적인 예이다.

111 -ing (동명사)의 부정 = not/never + -ing

never hav**ing** ...:

-ing (동명사)의 부정형은 부정의 부사를 -ing 앞에 위치시키는 not/never + -ing의 형태를 취한다.

example In a majority of the states police officers can stop drivers solely for **not** hav**ing** a seat belt on.

과반수가 넘는 수의 주들에서 경찰관은 안전 벨트를 착용하지 않은 이유만으로 운전자를 세울 수 있다.

on 형 착용된 (worn, fastened, buckled up), 사용 중인
for not having ... 에서의 **for**: 이유를 나타내는 전치사

example Today people are thinking more seriously about **never** hav**ing** pesticides or preservatives in their food.

오늘날 사람들은 자기들 음식에 살충제나 방부제가 결코 들어 있지 않도록 하는 것에 관해서 (옛날)보다 심각하게 생각을 한다.

pesticide 명 살충제   **preservative** 명 방부제

112 have to 의 부정: do not have to = do not need to, need not

never hav**ing** to say ...

...라고 말해야만 하는 것은 결코 아님; ...라고 꼭 말하지 않아도 됨

주어 + have to-부정사는 주어가 '...해야만 한다'는 의무나 마땅함, 상황적인 필요성, 또는 도덕적 당위성 등을 나타낸다. [주목: have to는 또 다른 중요한 어법으로 단언적인 추측이나 논리적 확실성을 나타내기도 한다.] 즉 have to는 조동사 should와 대단히 유사한 의미를 갖는다.

그러나 부정형인 do not have + to-부정사는 should not (...해서는 안 된다)과 같이 금지를 나타내는 것이 아니라, need not (또는 do not need + to-부정사)의 의미가 되어 '...해야만 하는 것은 아니다, ...해야만 할 필요는 없다, ...(꼭) 하지 않아도 된다', 즉 절대적인 필요성을 부정하는 표현이 된다.

여기서는 have to가 동명사형으로 부정이 되어 있음으로 '(반드시) ...라고 말해야만 하는 것은 결코 아님, ...라고 (꼭) 말하지 않아도 됨'이라는 뜻이다.
[➡ (45) (168)]

Cross-reference

비교: have to: 기본:
➡ (510) (553)

비교: have to: 추측: 확실성, 필연성:
➡ (120)

example You **don't have to say** you love me. Just be close at hand.
You **don't have to stay** forever. I will understand.

[Elvis Presley, Dusty Springfield, et al., *You Don't Have to Say You Love Me* (pop song)]

사랑한다고 말해 줄 필요 없어요 (말해 주지 않아도 돼요). 그냥 가까이 있어만 줘요.
영원히 있어 주지 않아도 돼요. 이해할게요.

Scene

Oliver	Two **113** twenty-four-year-olds **114** can't seem to make a baby. **115** Obviously, one of us is malfunctioning. Who?
Doctor	Jenny.
Oliver	All right. **116** Then **117** we'll adopt kids.
Doctor	Oliver, **118-a** the problem is more serious than that. Jenny is very sick.
Oliver	Define very sick.
Doctor	She's dying.
Oliver	**119** That's impossible. It's a mistake. It **120** has to be.
Doctor	We repeated **118-b** the blood test three times. There's no question about **118-c** the diagnosis.

[Love Story (1970 film)]

Words & Phrases

- **obviously** 부 분명히, 명백히, 뚜렷하게

- **malfunction** 자동 제대로 작동하지 못하다. Mal-은 '나쁜, 잘못된' (bad, ill, wrongful)이라는
  뜻의 접두어 (prefix). malnutrition: 영양실조; malcontent: 만족되지 않은; malice: 악의;

- **malign** (mə•ˈlain): 비방하다

- **adopt** 타동 입양하다

- **kid** 명 어린이 또는 나이 어린 사람 (a child or a young person)의 비격식체적 낱말

- **problem** 명 문제

- **serious** 형 심각한, 진지한

- **sick** 형 아픈

- **define** 타동 정의하다

- **impossible** 형 불가능한

- **mistake** 형 실수

- **repeat** 타동 반복하다

- **blood** 명 피

- **diagnosis** 명 진단. 동 diagnose: 진단하다

장 면 ● ● ● ●

Oliver 집안의 반대를 무릅쓰고 결혼한 Oliver와 Jennifer는 결혼 초기의 시련을 극복하여, 이제는 Oliver가 권위 있는 법률회사의 변호사로 그리고 Jennifer는 학교에서 음악 교사로 안정을 찾으면서 두 사람의 사랑의 결실로 아기를 갖기 위한 노력을 하던 중에, Jennifer의 담당 의사 office에 잠시 들린 Oliver는 의사로부터 Jennifer가 아기를 가질 수 없을 뿐만 아니라, 백혈병 (leukemia)으로 죽음을 목전에 두고 있다는 통고를 받고 경악한다.

Oliver	두 스물 네 살의 사람들이 애기를 만들 수 없는 듯하네요. 분명 우리 둘 중의 하나가 몸이 제대로 작동하지 않고 있어요. 그게 누군가요?
의사	Jenny예요. Oliver: 괜찮아요. 그럼 저흰 애들을 입양할 거예요.
의사	Oliver, 문제는 그것보다 더 심각해요. Jenny가 아주 아파요.
Oliver	아주 아프다는 것을 정의 내려 주세요.
의사	그녀가 죽어가고 있어요.
Oliver	그건 불가능해요. 그건 실수예요. 실수임이 분명해요.
의사	우리 피 검사를 세 번이나 반복했습니다. 그 진단에 의심이 있을 수는 없어요.

영어의 이해 with Dr. David

113 복수 수사-단수 명사 + 명사

twenty-four-year-olds
스물 네살 된 사람들

여기서의 old는 형용사가 아니라 특정한 나이인 사람을 뜻하는 명사로서, 여기서는 그런 나이의 사람들인 복수형인 olds로 되어 있다. 그리고 24년/스물 네 해라고 하면 twenty-four가 복수 수사이니, 복수 수사의 수식을 받는 명사인 years가 복수형이 되는 것이 마땅하다. 그러나, 여기서는 twenty-four-year라고 복수 수사 뒤에 명사 year가 단수형으로 되어 있다.

이렇게 복수 수사 + 명사가 하나의 전체 (형용사)가 되어 그 뒤에 오는 명사를 수식할 경우, 그 복수 수사 뒤의 명사는 단수형으로 표현된다. [➡ (156)]

예시 an eighteen-year-old young man (18세의 청년); a three-day, 3,000-mile drive across the United States (3일, 3천 마일의 미국 횡단 운전); the 2,175-mile Appalachian Trail (미국 동북부 Maine 주로부터 동남부 Georgia 주까지 뻗은 Appalachian 산맥의 hiking trail).

example Elvis Presley was born in a **two-room** shack in Tupelo, Miss., in 1935.
Elvis Presley는 1935년에 Mississippi 주의 Tupelo에서 방이 두 개인 오막집에서 태어났다.

Elvis Aron Prelsey (1935-1977) rock-'n'-roll 가수; the "King of rock-'n'-roll" (또는 단순히 "the King")

example Orville and Wilbur Wright lifted the world up on its first airplane ride near Kitty Hawk, North Carolina, in 1903. From that shaky, **120-foot**, **12-second** flight one December morning, modern aviation took off.

Orville과 Wilbur Wright 형제는 1903년에 North Carolina 주의 Kitty Hawk 근처에서 세계 최초의 비행으로 세계를 들어 올렸다. 한 12월의 아침에 있었던, 바로 그 흔들거리던 120피트 12초의 비행으로부터 현대 항공 기술이 이륙하였다.

---

lift 타동 들어 올리다　**shaky** 형 흔들리는　**flight** 명 비행, 도주　**aviation** 명 항공(술)
take off 이륙하다, 도약하다

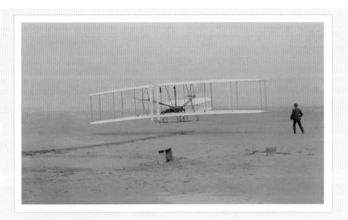

[사진] Orville Wright이 조종하는 Wright 형제의 비행기가 1903년 12월 17일의 역사적인 비행을 위해 막 이륙에 성공한 장면 (12초 동안 120피트를 비행하였다).
사진 제공: U.S. Library of Congress

114 cannot seem + to-부정사

can't seem to make a baby
애기를 만들 수 없는 듯하다/없는 것 같다

한국의 영어 교육에서 가르치지 않는 표현이지만 현대 영어에서 확립된 표현이다. cannot/can't (...할 수 없다)와 seem + to-부정사 (...하는/인 듯하다, ...하는/인 것 같다, ...하는/인 듯한 느낌/감이 든다)가 결합된 구조로서, 단적으로 '...할/일 수 없다'는 의미와 '...하는/인 듯하다'라는 의미가 논리적으로 서로 모순이라는 관점에서 이 표현에 눈살을 찌푸리는 순수파 영어 학자들이 상당수 있으나, 일반인들은 자연스럽게 '...할/일 수 없는 듯하다/것 같다'는 의미로 받아들이며, 일상적 구어체와 비격식체에서 흔히 사용되는 표현이다.

이 표현은 농담을 하거나 의도적으로 파격적인 표현을 하는 예외적인 경우 이외에는, 이렇게 거의 대부분 부정형으로 사용된다.

example Oliver (to his family doctor): Two twenty-four-year-olds **can't seem to make** a baby. [*Love Story* (1970 film)]

[= <u>It seems</u> <u>that</u> two twenty-four-year-olds <u>can't</u> make a baby.]

두 스물 네 살의 사람들이 애기를 만들 수 없는 듯하네요.

example

Mother: What went wrong?
Luke: I tried, I mean, to live always free and aboveboard, but I just **can't seem to find** no elbow room. [*Cool Hand Luke* (1967 film)]

[I just <u>can't</u> <u>seem</u> <u>to</u> <u>find</u> ... = <u>It seems</u> <u>that</u> I just <u>can't</u> find ...]

어머니: 무슨 일이 잘못됐니?
Luke: 저, 있잖아요, 언제나 자유롭고 정정당당하게 살려고 했는데 (이 사회에서) 그럴 여지 (자유로이 움직일 수 있는 공간이나 기회)를 찾을 수 없을 것 같아요.

[여기서 can't seem to find no elbow room은 소위, 이중부정 (double negation)을 사용한 Non-standard/Uneducated English 표현이다. 이 표현의 Standard/Educated English: can't seem to find any elbow room]

---

aboveboard 형/부 드러내 놓고; 숨기거나 위장하거나 속이지 않고; in open sight; without concealment, disguise, or tricks　**elbow room** 명 몸을 자유롭게 움직일 수 있는 공간; 여유, 자유, 독립성; space/room in which to move freely; freedom; independence; leeway

---

장면 사회에 적응하지 못하고 어느 날, 술기운에 미국 남부의 한 작은 타운에서 길가의 주차 미터기 (parking meter)를 훼손하고는, 공공 재산 파괴 죄로 2년의 노상 감옥과 노동형에 처한 Luke가 면회를 온 연로한 어머니에게 자신의 사회적 좌절감을 표현한다.

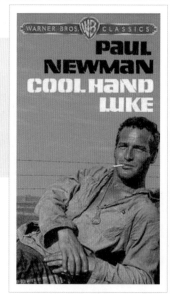

[사진] 항상 사회의 억압으로부터의 자유를 추구하지만 계속 사회 체제에 의해 구속당하는 Luke (Paul Newman 주연). 주로 도로 주변의 road prison에서 노동을 하는 죄수 (a "hand" in the road gang)인 Luke이 잠시 휴식 중에 담배를 물고 여유를 보이고 있는 포스터
사진/포스터 ©: Jalem Productions-Warner Bros

example Southerners consider most Northerners arrogant and rude. Northerners tend to believe most Southerners are lazy and stupid. We **can't seem to get** them to stop stereotyping each other.

[= It seems that we can't get ...]

(미국의) 남부 사람들은 북부 사람들이 거만하고 무례하다고 생각한다. 북부 사람들은 남부 사람들이 게으르고 멍청하다고 믿는 경향이 있다. 그들이 서로를 (근거 없이 부정적으로) 정형화 하는 것을 멈추게 할 수 없을 듯하다.

Southerner 명 (미국의) 남부 사람   **Northerner** 명 (미국의) 북부사람   **arrogant** 형 거만한
rude 형 무례한   **lazy** 형 게으른   **stupid** 형 멍청한   **stereotype** 타동 고정관념화 하다

---

115 문장 부사: 기본 유형들

Obviously, one of us is malfunctioning.
명백히 우리 중의 한 사람이 기능을 제대로 못하고 있죠.

여기서의 obviously는 문장부사 (sentential adverb)이다. 문장 부사는 흔히 문두에 위치하여 (글로 쓸 때는 바로 뒤에 쉼표 (,)를 찍는 것이 정어법이며, 문장 중에 위치하는 경우들도 있다) 뒤에 오는 문장 전체를 수식하는데, 주 기능은 말하는 또는 글 쓰는 이가 뒤따르는 문장 전체에 대한 자신의 견해, 해석, 논평 따위를 가하는 것이다.

문장 부사가 쓰인 문장은 대부분의 경우 <u>문장 부사</u>, + 문장. = <u>It is</u> + <u>형용사</u> + <u>(that)</u> + 문장 (절)이라고 이해할 수 있다 (여기서의 that은 비격식체와 일상적 구어체와 교육 수준이 낮은 사람들의 영어에서 생략되는 경우들이 있는데, 말을 하든 글을 쓰든 어느 정도의 공식적 성격이 있는 경우에는 생략하는 것이 바람직하지 않다). [▶ (246)]

example **Obviously**, one of us is malfunctioning.
= **It is obvious that** one of us is malfunctioning.

우리 중의 한 사람이 기능을 제대로 하지 못하고 있다는 것이 분명하다.

문장 부사로 자주 쓰이는 부사들의 대표적 예들:

apparently (분명히, 보다시피 (분명한 듯이 보인다 (appear)는 어감)); **certainly** (확실히); **clearly** (뚜렷히); **evidently** (명백히 (증거 (evidence)가 있다는 어감); **fortunately** (운 좋게, 다행히); **importantly** (중요하게); **interestingly** (흥미롭게도); **ironically** (아이러니칼하게, 반어적으로); **naturally** (자연스럽게도); **obviously** (명백하게); **oddly** (이상하게도); **paradoxically** (역설적으로); **predictably** (예상할 수 있는 바대로); **presumably** (추정하건대); **sadly** (슬프게도); **significantly** (의미 깊게); **strangely** (이상하게도); **surprisingly** (놀

립게도); **tellingly** (암시/시사적으로 (알려지지 않은 것을 알려/드러내 준다는 어감); 강력하게 (주장이나 증거 등이 강력하다는 어감); **undoubtedly** (의심의 여지 없이); **unfortunately** (불행히); **unquestionably** (의심할 수 없게).

example People just toss litter on the ground. **Apparently**, they don't realize that this stuff is going to lie there until someone picks it up, or it blows elsewhere.

[Apparently, they don't ... = It is apparent that they don't ...]

사람들은 쓰레기를 땅에다 그냥 던져 버린다. 분명 그들은 이것이 누군가 줍거나 다른 곳으로 날려갈 때까지 거기 그대로 버려져 있을 것이라는 것을 깨닫지 못한다.

litter 명 주변을 너저분하게 하는 작은 쓰레기들. 예: 소다 깡통이나 물병, 종이 샌드위치 백, 휴지, 과자 봉지, 껌 포장 종이 등등. 타동사로도 자주 사용된다.   **blow** 여기서는 자동사로 불리다, 불려가다

example **Surprisingly**, Asian, not Latin American students, make up the largest foreign contingent in the Lone Star State's colleges and universities.

[Surprisingly, Asian, ... = It is surprising that Asian, ...]

놀랍게도 라틴 아메리카가 아니라 아시아계 학생들이 Texas 주의 대학들에서 가장 큰 외국인 그룹을 구성하고 있다.

참고 ▶ 왜 놀라운가?: Texas 주는 Mexico와 국경을 접하고 있으니, 대개의 사람들은 Mexico를 포함한 중남미계의 학생들이 외국계 학생들의 최대 그룹을 형성할 것으로 기대하기 때문이다.

make up ...: ...를 구성하다   **the Lone Star State**: Texas 주의 별명. 주기 (state flag)의 왼편 가운데 하나의 흰 별이 있다. 또한 Texas가 1845년에 미합중국 (the United States of America)의 28번째 주로 합병되기 전의 독립 국가로서의 국명이 the Republic of Texas였는데, 그 별명이 the Lone Star Republic이었다.   **contingent** 명 여기서는 (전체의 한 부분인) 부속 그룹. 흔히 '(...에) 달려 있는/종속적인'이라는 의미의 형용사

[사진] Texas가 1836년에 Mexico로부터 독립한 후, 1839년에 채택되어 당시의 Texas의 공식 국가명이었던 the Lone Star Republic을 상징하던 the Lone Star Flag. 1845년에 미합중국에 하나의 state (주)로 편입된 이후 지금까지 the State of Taxas의 공식 flag이다.

example American Populists thought that the power of the corporate world would erode American democracy. **Logically**, therefore, they sought to redesign certain central aspects of American capitalism.

[<u>Logically</u>, they sought to ... = <u>It</u> <u>was</u> <u>logical</u> <u>that</u> they sought to ...]

미국의 민중주의자들은 기업들의 파워가 미국의 민주주의를 침식하리라고 생각했다. 그래서 논리적인 것으로 그들은 미국 자본주의의 어떤 중요한 국면들을 수정하려고 (다시 디자인하려고) 했다.

---

corporate 형 회사/기업의 **erode** 타동 침식하다 **logically** 부 논리적으로
sought seek (찾다, 구하다)의 과거형 **certain** 형 어떤 **aspect** 명 모습, 양상, 면
capitalism 명 자본주의 **Populists/populists:** 서민들, 농민들, 산업 근로자들을 정치적
기반으로 하여 미국의 정치 경제에 있어서 대폭적인 민주적 개혁을 시도한 민중/대중주의적 정치
인들과 지지자들 (특히 1890년대의 개혁의 바람을 주도하고 지지한 사람들)

---

example **Clearly**, poetry slamming is a mainstream activity already. And it's growing.

[<u>Clearly</u>, poetry slamming is ... = <u>It</u> <u>is</u> <u>clear</u> <u>that</u> poetry slamming is ...]

분명히 poetry slamming은 이미 주류가 (많은 사람들이) 참가하고 즐기는 일이 되어 있다. 그리고 커지고 있다.

---

poetry slam/slamming 자기가 지은 시를 책방, 카페, 술집 등에서 낭송하는 경쟁적인 게임으로 (시 낭송을 농구의 slam dunk처럼 경쟁한다는 뜻에서 유래), 흔히 judge들이 채점을 하여 고득점자들에게 상을 준다. **mainstream** 형 주류인 **activity** 명 활동, 일

[사진] 한 **poetry slam**의 풍경: (사진: 좌) Wisconsin 주의 주도인 Madison에 있는 한 소극장에서 열린 poetry slam에서 한 시인이 George W. Bush 대통령의 국내외 정책에 대한 분노를 표현하는 자기의 시를 제스처를 해가며 낭송하고 있다. (사진: 우) 시 낭송 직후에 심판관들이 그 시인의 performance에 매긴 점수를 종이에 크게 써서 발표하고 있다. 사진 ⓒ 박우상 (Dr. David)

다음의 두 문장이 같은 뜻이 되도록 밑줄 친 문장을 완성하시오.

①-a Fortunately, all our family can get together for this Thanksgiving.
= **①-b** ＿＿ ＿＿ ＿＿＿＿＿ that all our family can get together for this Thanksgiving.

②-a It is obvious that Thanksgiving is the most American of all holidays.
= **②-b** ＿＿＿＿＿, Thanksgiving is the most American of all holidays.

[정답과 해설]

①-b It is fortunate that all our family can get together for this Thanksgiving.
②-a Obviously, Thanksgiving is the most American (holiday) of all holidays.

번역 >>>
①-a 다행히도 우리 모든 식구가 이번 Thanksgiving (추수감사절, 11월 넷째 목요일)에 모일 수 있다.
①-b 우리 모든 식구가 Thanksgiving (추수감사절, 11월 넷째 목요일)에 모일 수 있다는 것은 다행이다.
②-a 명백하게도 Thanksgiving은 모든 휴일들 중에 가장 미국적인 휴일이다.
②-b Thanksgiving이 모든 휴일들 중에 가장 미국적인 휴일이라는 것은 명백하다.

116 then = 결론/결과

Then

그러면, 그렇다면

여기서의 then은 바로 어떤 특정한 시간을 가리키거나 일련의 사건들의 연속선상에서 시간적으로나 순서상으로 뒤따르는 사건에 관한 진술을 이끄는 것이 아니라, 앞에서 언급된 조건, 가정, 또는 진술에 따르는 **결론, 영향, 또는 결과**를 이끄는 부사이다.

흔히 '그러(다)면, 따라서, 결론 또는 결과적으로(는)' (if so, as a consequence, therefore, as a conclusion or result) 등으로 번역될 수 있다. 이 어법의 부사 then은 **if** + A절, **then** + B절.의 구문에서 자주 쓰인다. [➡(368) (416) (440) (536)]

Cross-reference
비교: then = 순서:
➡ (1) (366) (466)
비교: then = 시간 (과거/미래):
➡ (530)

example <u>**If**</u> Mr. is enough to indicate "male," <u>**then**</u> Ms. should be enough to indicate "female."

Mr. 칭호가 남성을 가리키기에 충분하다면 그러면 Ms. 또한 여성을 가리키기에 (마땅히) 충분합니다/충분해야 합니다.

> **Topic** 1970년대 초에 여권 운동에 앞장선 여성들이 여성의 결혼 여부 (marital status)를 드러내는 Miss (미혼 여성)와 Mrs. (기혼 여성)의 칭호 대신, 결혼 여부에 무관한 칭호인 Ms. (miz)의 사용의 당위성을 주장한 표현

example

Ted: All the cabins and campsites at Yosemite National Park are booked up, Dad.
David: <u>**Then**</u> we'll have to find a motel or a private campsite in the vicinity.

Ted: 아빠, Yosemite 국립공원에 모든 오막집 숙소들과 캠프사이트가 예약이 다 찼대요.
David: 그럼 인근에 있는 모텔이나 사설 캠프사이트를 찾아야 하겠구나.

---

cabin 명 오막집   **campsite** 캠핑 장에서 각자의 캠프 사이트 **be booked up** 완전히 예약 되어 있다   **vicinity** 명 인근, 이웃

[사진] 미국 Yosemite National Park에 있는 the Half Dome 반대편에서 본 멋진 경치 지점 (scenic outlook).   사진: ⓒ 박우상 (Dr. David)

117 will = 주어의 의지

We'll adopt kids.
애들을 입양하겠어요.

여기서의 조동사 will ('ll: will의 축약형)은 will의 기본적인 어법의 하나로 (다른 기본적인 어법인 말하는 또는 글 쓰는 이가 주어의 미래의 사건, 행위, 또는 상태에 관해 추측이나 예견을 하는 것이 아니라), 현재나 미래의 사건이나 행위에 관한 주어의 (주어가 I 또는 We인 경우에는 동시에 말하는 또는 글 쓰는 이의) 의지, 소망, 계획, 고집 등을 (부정문 (will not; won't)의 경우에는 거부나 거절) 나타낸다.
[➡ (121) (142) (174) (234) (320) (527) (580)]

Cross-reference

비교: will = 추측:
➡ (104) (128) (316) (323) (372) (472)

비교: Will you?:
➡ (320) (406)

비교: will = 말하는 이의 의지:
➡ (138)

example We hear a lot about boys pressuring girls to have sex. But these days girls are very open about it, and they **will** do anything to get it.
우리는 남자애들이 섹스를 하기 위해 여자애들에게 압력을 가하는 얘기를 많이 듣습니다. 그러나 요즈음은 여자애들이 섹스에 관해 아주 개방적이어서 섹스를 하기 위해 무엇이든 하려고 해요.

스토리 데이트를 하던 세 명의 여자애들로부터 성의 유혹을 물리치고 꿋꿋이 순수함 (virginity)을 지킨 열아홉 살의 아들이 자랑스럽다는 한 엄마의 글

example He **will** go to jail, suffer any humiliation, but he **will** not back down. He **will** take the insults and abuses stoically so that his children will not have to take them in the future.
그는 감방에 가고 (가는 것을 개의치 않는다) 어떤 수모도 감당하려고 하지만 그러나 포기하지 않으려 한다. 그는 자기 아이들이 미래에 감내할 필요가 없도록 모욕과 학대를 극기하듯이 견디고자 한다.

---

humiliation 명 치욕, 모욕　　**back down** 항복하다, 굴하다, 물러서다　　**insult** 명 모욕
abuse 명 학대　　**stoically** 부 인내하며, 참고 견디며

He: 미국의 현대 민권운동 (the civil rights movement)의 기수였던 the Rev. Dr. Martin Luther King, Jr. (1929-1968)　　**Topic**

example "I don't want to steal," a Pennsylvania man wrote his governor, "but I **won't** let my wife and boy cry for something to eat."

"저는 도둑질하길 원치 않습니다"라고 한 펜실베니아 주의 남자가 자기 주지사에게 (편지에서) 썼다. "그러나 저는 저의 아내와 어린 아들이 먹을 것을 원해 (먹을 것이 없어서) 울도록 놔두지는 않겠습니다."

배경: 사회문화 ▶ 미국인들이 배고프고 절망에 빠져 있던 1930년대의 대공황 (the Great Depression) 시대의 이야기이다.

[사진] 1930년대의 상당 기간 동안 아이들을 포함한 수백만의 미국인들이 배가 고팠다. 1935년 경의 이 사진에서는 Iowa 주의 한 농가에서 가난한 농부 아버지가 야채를 다듬으며 아이들에게 변변치 못한 크리스마스 저녁 식사를 먹이고 있다.
사진 제공: the Franklin D. Roosevelt Presidential Library

example There are things some moms **won't** do on Mother's Day. They **won't** get out of bed before 10 a.m. They **won't** get dressed until noon. They **won't** cook. And they definitely **won't** do laundry.

어머니의 날 (5월 두째 일요일)에 어떤 엄마들은 하지 않으려는 것들이 있다. 그 엄마들은 아침 10시 이전에는 침대에서 일어나지 않으려고 한다. 정오까지는 옷을 입지 않으려고 한다. 음식을 하지 않으려고 한다. 그리고 절대로 빨래를 하지 않으려고 한다.

---

definitely 부 명확히, 분명히, 확실히, 절대로   **laundry** 명 빨래(감)

> **118-a** <u>the</u> problem;
> **118-b** <u>the</u> blood test;
> **118-c** <u>the</u> diagnosis:

여기서 사용된 정관사 the는 앞에 이 낱말들이 이미 사용되어서 그것을 뒤에서 다시 가리키기 위해 사용된 것이 아니라, 이 정관사가 수식하는 낱말들의 정체가 문맥상 또는 상황상 뚜렷이 드러나 있기 때문에 사용된 것이다. 즉, 말하는 이와 듣는 이가 그 낱말의 정체를 문맥상 또는 상황에 비추어 암묵적으로 이해하기 때문에 사용된 것이다.

The problem은 'Oliver 당신 부부 중에 한 사람이 건강상의 문제로 아이를 가질 수 없는데 그러면 입양을 하면 해결된다'고 보는 바로 그 문제 (the problem)를 지적하는 것이고, **the blood test**와 **the diagnosis** 또한 '(Oliver 당신이 우리 의사들이 완전히 실수했다고 보는) 우리가 Jennifer에게 한 바로 이 피검사와 진단'을 가리킨다. 즉, 어떤 또는 하나의 막연한 problem, blood test, diagnosis가 아니라 (그런 의미라면 이 낱말들 앞에 the가 아니라 부정관사 a가 쓰여야 한다), 구체적으로 어떤 problem, blood test, diagnosis를 가리키는지가 문맥상 뚜렷하기 때문에 수식되는 명사의 정체가 유일하거나 구체적이거나 뚜렷함을 나타내는 정관사 **the**가 사용된 것이다.
[➡ (10) (137) (270) (289) (308) (501) (529)]

example Nearly a third of Latinos marry outside <u>the</u> culture.
Latino (중남미계의 사람) 계의 거의 3분의 1이 그들 문화권 밖에서 (다른 인종/민족 사람과) 결혼한다.

설명 여기서의 the culture는 일반적이고 추상적인 개념으로서의 문화 (culture)가 아니라 Latino (Hispanic, Chicano)들이 크고 자라온 그들의 문화를 나타낸다.

119 that + it: that → it

> **That**'s impossible. **It**'s a mistake.
> 그건 불가능해요. 그건 실수예요.

여기서 대명사 that은 'Jennifer가 죽어가고 있다.' (She's dying.)는 앞에 오는 진술을 가리키며, 뒤따르는 문장의 주어인 It은 앞에 온 that을 가리킨다. 이렇게 앞에 오는 내용을 지시 대명사 that으로 받는 경우 같이 지시 내용을 뒤에서 대명사로 받을 때, 여기서처럼 흔히 대명사 it을 사용하는 경향이 현저하다. 언급의 대상물이 보다 현재적이거나 직접적이고 가까운 경우에는, 지시 대명사 this를 사용하여 먼저 가리키고 나서 그 다음부터 it으로 받는 경향도 있다. 복수형인 경우 일단 these 또는 those로 받은 뒤에 그 이후부터는 they로 받는 경향이 있다.
[these/those + they: ➡ (451)]

example

Doctor: Oliver, Jenny is very sick.
Oliver: Define very sick.
Doctor: She's dying.
Oliver: **That**'s impossible. **It**'s a mistake. It has to be.
Doctor: We repeated the blood test three times. There's no question about the diagnosis.

[*Love Story* (1970 film)]

의사: Oliver, Jenny가 아주 아파.
Oliver: 아주 아프다는 것을 정의 내려 주세요.
의사: Jenny가 죽어가고 있어.
Oliver: 그건 불가능해요. 그건 실수예요. 실수임이 분명해요.
의사: 우리 피 검사를 세 번이나 반복했네. 그 진단에 의심이 있을 수는 없어.

---

define 타동 정의하다　　**repeat** 타동 반복하다　　**blood** 명 피　　**diagnosis** 명 진단
diagnose 동 진단하다

---

example American culture is primarily the idea of self-reliance. **That**'s how this country was built: people of every background fend for themselves and for their families. And **it**'s something we are losing.

미국 문화는 우선적으로 스스로에게 의지한다는 생각 (자립정신)이다. 그것이 이 나라가 어떻게 세워졌는가 하는 것이다 (이 나라가 세워진 방식이다). 온갖 배경의 사람들이 스스로 자기 가족을 돌본다. 그리고 그것은 우리가 잃어가고 있는 어떤 것이다.

---

self-reliance 명 자기의존, 독립성
fend 타동/자동 막다, 피하다. **fend for oneself** 스스로 앞가림을 하다, 독립적으로 해내다

---

example I've been called a spic. **That** really gets to me sometimes, but I just don't let **it** get to me.

나는 spic이라고 불린 적이 있다. 때로는 그게 정말 기분 나쁘지만, 그러나 (대부분의 경우) 난 그게 날 기분 나쁘게 하도록 나두지 않는다.

---

spic(k) (극히 모욕적이고 야만적인 속어) 중남미계 사람
get to someone ...의 기분을 상하게 하다; offend; irritate; annoy

배경설명 한 15세의 중남미계 소년이 미국인들이 중남미계 (Hispanic) 사람들에 대해 하는 인종 모욕적 표현 (racial slur)을 경험한 바를 상기하면서 자기의 느낌을 털어놓는다.

120 have to = 추측: 확실성, 필연성

It <u>has to be</u> (a mistake).
그건 실수임이 분명해요

주어 + have + to-부정사는 대부분의 경우 주어가 ...해야만 한다는 의무나 마땅함, 상황적인 필요성, 또는 도덕적 당위성 등을 나타내는데, 여기서는 그러한 어법과는 달리 말하는 또는 글 쓰는 이가 주어에 관해서 단언적인 추측을 하거나 판단을 내리거나 논리적으로나 상황적으로 확실함을 주장하는 어법이다. 여기서는 Jenny가 죽어가고 있다는 의사의 말에 대해 그 진단은 실수임이 분명하다, 실수일 수밖에 없다는 뜻이다.

Have + to-부정사와 같은 의미이지만 보다 비격식체적이고 구어체적인 것으로 have got + to-부정사가 자주 쓰이며, 이보다 더욱 비격식체적이고 구어체적인 것으로 have가 생략된 형태인 got + to-부정사 (이것이 구어 표현에서 빨리 발음될 때 흔히 gotta로 표기한다)가 쓰이기도 한다.

Cross-reference
비교: have to: 기본: 의무, 당위:
➡ (510) (553)
비교: not + have to:
➡ (45) (112) (168)

주목 have to (기본형: 격식체 문어체) – have got to (비격식 구어체) – 've got to (보다 구어체) – 've gotta (더욱 구어체) – gotta (가장 비격식 구어체)

example The shaping event for people in their 60s and 70s **<u>had to be</u>** World War II.
60대-70대의 사람들의 삶을 결정지은 사건은 (다른 어떤 사건보다도) 제2차 세계대전임에 틀림없었다. (그럴 수 밖에 없었다. 그렇게 된 것이 당연하고 명백한 것이었다.)

example The true measure of success, many people think, is more using your head than physical. Like, if you've got a job with a desk, a computer and an expense account, that sort of things, you **gotta be** a successful man.
많은 사람들은 성공의 참된 측정 기준은 육체적인 것보다 머리를 쓰는 것이라고 생각한다. 책상에서 하는 일, 컴퓨터, (회사용) 지출 계정, 그런 식의 것들을 갖고 있으면 성공한 사람임에 틀림없다. (그렇다고 생각하는 것이 많은 사람들의 성공관이다.)

measure 명 측정(의 기준, 도구); 정도   **physical** 형 물리적인, 신체의
expense account 비용/지출 (정산/환급) 계정

example Portland may not be the biggest or most dazzling metropolis on Earth, but it'**s got to be** one of the most appealing.
(미국 서북부의 Oregon 주의) Portland는 지구에서 가장 크거나 가장 휘황찬란한 대도시는 아니어도 가장 매력 있는 대도시들 중의 하나임이 분명하다.

dazzling 형 휘황찬란한, 현란한   **metropolis** 명 광역도시권
appealing 형 매력적인; charming; attractive

Portland, Oregon: 미국 북서부의 Oregon 주의 대도시 (인구 약 60만 명)인 장미꽃들의 도시 (the City of Roses)라는 별명을 가진 Portland 시의 the Rose Garden과 Portland 시의 한 길거리 축제 (street fair)에 등장한 street musicians. 사진 제공: © Ella Avirlila (왼쪽); © Jessica Erik (오른쪽)

Oliver	**121** **I'll take you out to dinner.**
Jennifer	**Why?**
Oliver	**122** **What do you mean why? Can't I take my goddamn wife to dinner** **123** **if I want** **124** **to?**
Jennifer	**O.K. Who is she? What's her name?**
Oliver	**What?**
Jennifer	**If you have to take your wife out to dinner in the middle of the week, you** **125** **126** **must be screwing somebody.**

[*Love Story* (1970 film)]

Words & Phrases

- **take (someone) out** (누구를) 데리고 나가다
- **dinner** 명 [주의] 한국인들은 dinner라면 저녁식사로 알고 있는데, 이것은 국내의 영어교육에서 잘못 배운 국민적 오류이다. Dinner의 정확한 의미는 'the main meal of the day,' 즉, 하루의 가장 중요한 식사이다. 물론 대부분의 경우 식구들이 저녁에 먹게 되는 식사이지만, 경우에 따라서는 (예를 들어 공식적인 정찬이라든지 축하연이라든지 대가족의 일요일 오후의 정찬이라든지) 낮에 먹을 수도 있다.
- **mean** 타동 뜻하다, 의미하다
- **goddamn** 감탄 명 강한 욕설이나 불만으로부터 불쾌함이나 짜증 등을 나타내는데, 흔히 대단히 무례하고 점잖지 못한 표현으로 받아들여진다.
- **screw** 타동 (저속어) ...와 성행위를 갖다

장 면 • • • •

어제 Jennifer의 의사에게 들러 그녀가 죽음을 앞두고 있다는 진단을 통보받은 Oliver는, 아직 이 사실을 모르고 있는 Jennifer가 오늘 아침 식사를 준비하고 식탁에 가져오는 동안 슬픈 마음으로 식탁에 앉아 있다가, 지금까지의 어느 때 보다도 Jennifer에게 잘 대해 주고 싶은 마음에 오늘밤 함께 외식을 나가자고 제안한다.

그러자 Jennifer는 근래에 들어 부쩍 법률회사 일로 바빠하던 Oliver가 느닷없이 자기에게 자상한 것이 (그것도 주중에) 아마도 결혼에 불충실한 사람이 죄의식 때문에 배우자에게 예전과 달리 각별한 배려를 한다는 세상 사람들의 말을 상기하고는, 도대체 어떤 여자와 바람을 피우고 다니냐고 묻는다. Oliver는 처음에는 순간적으로 거친 말을 사용하며 벌컥 하다가, 곧 자기의 속마음도 모르고 쏘아붙인 Jennifer의 말을 기막힌 심정으로 너그럽게 받아들이며 슬픔을 감춘다.

번 역	• • • •
Oliver	당신을 저녁 식사에 데리고 나갈게.
Jennifer	왜?
Oliver	왜라니 무슨 뜻이야? 난 내가 원해도 젠장 와이프를 저녁 식사에 데리고 나갈 수 없단 말이야?
Jennifer	그래. 그 여자 누구야? 그 여자 이름이 뭐야?
Oliver	뭐라고?
Jennifer	주 중에 와이프를 저녁 식사에 데리고 나가야 한다면 분명 누군가랑 바람피고 있는 거야.

영어의 이해 with Dr. David

121 will = 주어의 의지

I'll take you out to dinner.
당신을 외식 데리고 갈께.

여기서의 조동사 will ('ll: will의 축약형)은 will의 기본적인 어법의 하나로 (다른 기본적인 어법인 말하는 또는 글 쓰는 이가 주어의 미래의 (때로는 현재의) 행위나 상태에 관해 추측이나 예견을 하는 것이 아니라), 현재나 미래의 사건이나 행위에 관한 '주어의' (주어가 I 또는 We인 경우에는 동시에 말하는 또는 글 쓰는 이의) 의지, 소망, 계획, 고집 등을 (부정문 (will not; won't)의 경우에는 거부나 거절을) 나타낸다.
[➡ (117) (142) (174) (234) (320) (527) (580)]

Cross-reference

비교: Will you?:
➡ (320) (406)]

비교: will = 추측:
➡ (104) (128) (316) (323)
　　(372) (472)

비교: will = 말하는 이의 의지):
➡ (138)

example

Ada: Somebody said you were enlisting. Are you?

Inman: If there is a war, we'll all fight. 　　　　　[*Cold Mountain* (2003 film)]

Ada: 누가 그러던데요. 자원했다고요. 그래요?

Inman: 전쟁이 나면 우리 모두 싸울 거예요.

enlist 자동 군대 입대를 (특히 자발적으로) 지원하다 　　여기서의 **we** 남자 주인공 Inman 주위의 남자들

장면 ▶ 미국 North Carolina 시골의 평화주의적인 목사의 딸 Ada와 Inman이 서로 사랑의 감정이 싹 트고 있을 때, 북부 미합중국 (the North; the United States of America)와 North Carolina를 포함한 남부연합국 (the South; the Confederate States of America) 간에 남북전쟁 (the Civil War, 1861-65)의 기운이 돈다. Inman을 포함한 이 지역의 많은 젊은이들이 자원입대를 신청해 놓고 있다.

122   What do you mean(,) ...?

What do you mean why?
왜라니 무슨 뜻이야/말이야?

What do you mean + ...?의 구조로 '...라니 무슨 뜻/말/소리입니까'라는 뜻이다. 이 표현은 원래 **What do you mean by ...?** (...로 무엇을 뜻하는 것입니까?) 또는 What do you mean when you say ...? (...라고 말하실 때 무엇을 뜻하는 것입니까?)라는 문장이 전치사 by가 생략되어 What do you mean + ...?의 구조로 단순화된 결과이다.
일상적 구어체에서 대단히 자주 사용되는 표현이다. [➡ (389)]

Father (to Michael, his son): You, me, and Ben should go and have a boys' night out.
Michael: Can't.
Father: **What do you mean you can't**?   [*Click* (2006 film)]

아버지 (아들 Michael에게): 너랑 나랑 Ben이랑 남자들만이 나가서 노는 밤을 즐겨보자꾸나.
Michale: 할 수 없어요.
아버지: 할 수 없다니 무슨 말이니?

장면   모처럼만에 아버지가 건축 설계사인 아들 Michael에게 자기와 Michael과 손자 Ben 삼대가 저녁에 나가 남자들만의 즐거운 시간을 갖자고 제안하는데, 출세욕과 일 중독에 사로잡힌 아들 Michael은 갈 수 없다고 일축한다.

boys' night out   남자들끼리만 나가서 우정을 돈독히 하면서 노는 저녁/밤 > 반대 **girls' night out**

Rose: Stay back. Don't come any closer.
Jack: Come on. Just give me your hand. I'll pull you back over.
Rose: No, stay where you are. I mean it. I'll let go.
Jack: No, you won't.
Rose: **What do you mean**, **no, I won't**? Don't tell me what I will and will not do.
Go away.   [*Titanic* (1997 film)]

Rose: 물러서요. 조금도 더 가까이 오지 마요.
Jack: 무슨 소릴. 자. 나한테 손을 줘요. 이 뒤로 끌어 올려 줄 테니까.
Rose: 아뇨, 거기 그대로 있어요. 진심이에요. (손을) 놓아버릴 거예요.
Jack: 아니죠, 그러지 않을걸요.
Rose: 아니라, 내가 그러지 않을 거라니 무슨 뜻이죠? 내가 뭘 할거다 하지 않을 거다 말하지 마요. 물러 가세요.

Titanic 호 갑판에서 대서양으로 뛰어들어 자살을 기도하는 Rose가 갑판의 난간을 잡고 있는 손을 놓기 직전에 Jack이 발견하고 말로 구슬린 뒤에 Rose를 갑판 위로 끌어 올린다.

123 if-절 = 양보/인정

if I want to
내가 원하는데도

여기서의 접속사 if는 '...하/이면'이라는 조건이나 가정을 나타내는 것이 아니라, '... 하는/인데도, ...함/임에도 불구하고, ...할/일지라도'라는 양보나 인정을 나타낸다 (if = even if; (even) though; although).

If의 이 어법은 if의 가장 대표적인 어법은 아니지만 (물론 가장 대표적인 어법은 조건/가정을 나타내는 어법이다), 제법 자주 쓰이며 상대적으로 문어체보다 구어체에서 보다 자주 쓰인다.

example Silently bowing your head is not a declaration of belief; **if** a Christian dances at a Jewish wedding, no one assumes he's converted.

조용히 머리를 숙이는 것이 (상대방의 종교에 대한) 믿음을 선언하는 것은 아니다. 기독교인이 유대인의 결혼식에서 춤을 춘다고 해서 어느 누구도 그가 개종되었다고 가정하지 않는다.

bow 타동 (고개를) 숙이다, 인사하다   **declaration** 명 선언 < **declare** 타동 선언하다
Jewish 형 유대인 (Jew)의, 유대교의. 유대교: Judaism   **assume** 타동 가정/전제하다
convert 타동 개종시키다

[자기의 종교와 다른 종교의 행사에서 상대방에 대한 기본적인 존중의 표현으로 기본 예절을 갖출 것을 충고하는 표현이다.]

example **If** teens age 16 and older can go shopping on their own, younger teens should be accompanied by an adult on the premises of the mall.

16세와 그 이상의 틴에이저들은 독립적으로/혼자서 샤핑을 갈 수 있지만 그 이하의 틴에이저들 (13세-15세)은 샤핑몰 내에서는 어른과 동행해야만 한다.

on one's own 독립적으로, 남의 도움을 받지 않고   **accompany** 타동 사용에 주의
A accompanies B: A가 B와 동행하다, B가 A를 동반/수반하다. Storms and rain usually accompany tornadoes. (폭풍과 비가 주로 토네이도에 동반된다.) Tornadoes are usually accompanied by storms and rain. (토네이도는 주로 폭풍과 비를 동반한다.)

참고 ▶ 실제로는 그렇지 않은 경우들이 대단히 많다. 특히 미국 북부의 주들과 대도시들 주위에서는 더욱 그렇지 않다.

example **If** the fires of civil liberties burn low in other lands, they must be made brighter in our own. If in other lands the press and books and literature of all kinds are censored, we must redouble our efforts here to keep them free.

[Franklin D. Roosevelt 대통령, 6-30-1938]

시민적 자유의 불길이 다른 나라들에서는 미약하게 타오른다 하더라도, 우리 나라에서는 더욱 밝게 되어야만 합니다. 다른 나라들에서는 언론과 책과 모든 종류의 문학이 검열된다 해도, 우리는 그것들을 자유롭게 유지하려는 노력을 이곳에서 배가해야만 합니다.

---

civil liberties 시민적 자유들   **land** 명 여기서는 땅이라는 물질 (불가산) 명사가 아니라 국가, 나라를 뜻하는 보통명사의 복수형인 lands   **press** 명 언론, (신문, 잡지, 출판을 포함한) 미디어   **censor** 타동 검열하다   **redouble** 두 배로 확대하다   **effort** 노력

Exercise

다음의 표현들에 사용된 if 중에 even though로 대체될 수 있는 것은 어느 것입니까?

❶ If it is located mostly at high altitudes, Colorado isn't very cold in winter.

❷ In America, you can vote and even die for your country as a soldier if you're over 18, but you can't buy a can of beer until you're 21.

❸ If you keep driving without stopping except for eating, sleeping, and fueling, you can cross the North American continent in three days.

❹ If you grew up in New England, you're more likely to be a liberal than a conservative.

❺ In the movie About Schmidt (2002), Mr. Schmidt askes himself if he has ever made anybody's life any better.

[정답과 해설]

해설 >>>

❷ ❸ ❹에서의 if는 if의 기본 어법으로 조건의 접속사이다. 반면에 ❶에서는 Colorado 주가 높은 고도에 위치해 있다면, 그 조건 때문에 겨울에 아주 춥지는 않다는 조건과 결론의 논리가 맞지 않는다. 여기서의 If A, B.의 구조는 A일지라도, A임에도 불구하고 B라는 구문으로 if가 양보/인정

의 절을 이끈다. 즉 이 if는 even though, although, though로 대체될 수 있다. ❺에서의 if는 소위 간접의문문을 이끄는 접속사로 whether로 바꿔 쓸 수 있으며, 이 문장은 Mr. Schmidt asked himself _____. + Had he ever made ... whoever that was? 두 문장이 결합된 것이다.

---

locate 타동 (...를) 위치시키다/놓다. 주어가 ...에 위치/소재해 있다는 표현은 '주어 + be located + 전치사 (흔히 in) + 장소/소재지'의 수동태 구문을 사용한다.　**altitude** 명 고도　**keep + -ing** (현재분사): 계속해서 ...하다　**fuel** 명/동 연료(를 공급하다/채우다)　**continent** 명 대륙　**liberal** 명/형 진보적인 (사람)　**conservative** 명/형 보수적인 (사람)

번역 >>>

❶ 대부분 높은 고도에 위치해 있지만, Colorado는 겨울에 아주 춥지는 않다.

❷ 미국에서는 18세 이상이면 투표를 할 수 있고 병사로서 조국을 위해 죽을 수도 있지만, 21세가 될 때까지는 맥주 한 캔도 살 수 없다.

❸ 먹고 자고 연료를 채우는 것을 제외하고 서지 않고 계속 운전하면, 북미 대륙을 사흘 만에 횡단할 수 있다.

❹ 당신이 (미국 동북부의) New England에서 자랐다면, 당신은 보수적인 사람보다 진보적인 사람일 가능성이 더 높다.

❺ 영화 About Schmidt (2002)에서, Mr. Schmidt은 자기가 어느 누구의 삶이든 조금이라도 낫게 만든 적이 있는지 스스로에게 묻는다. [참고: *About Schmidt* (2002 film)]

정답: ❶

[사진] 은퇴 후 진정한 삶의 의미와 행복을 찾아 나선 Mr. Schmidt. 여행과 사색 속에 스스로에게 *"Have I ever made anyone's life any better?"* (나는 언제든 어느 누군가의 삶이든 조금도 낫게 만든 적이 있었나?) 묻는 Mr. Schmidt의 최종적인 발견은?
사진: *About Schmidt* (2002 film)의 포스터. 사진/포스터: © New Line Cinema, Avery Pix

124 짤린 (clipped) to-부정사

if I want <u>to</u> (take her out to dinner)
내가 내 아내를 저녁 식사에 데리고 나가기를 원해도

여기서 to는 앞에서 표현된 take my wife (out) to dinner를 표현의 경제를 위해 (반복을 c으로써) 생략한 경우로, to-부정사의 부정사 (동사원형) 부분이 생략되고 to만 남은 소위 '짤린 (clipped) to-부정사라고 불리는 어법이다. [➡ (237) (535)]

example American women work because they have <u>to</u>.

[... because they have <u>to</u> (<u>work</u>).]

미국 여성들은 일한다. 왜냐하면 해야만 하기 때문에.

example Women long have said they can do anything men can do. The question today is: Do they really want <u>to</u>?

[Do they really want <u>to</u> (<u>do anything</u> (that) men can do)?]

여자들은 오랫동안 남자들이 할 수 있는 어떤 것도 할 수 있다고 말해 왔다. (그런데) 오늘날 문제는 여자들이 정말로 그러기를 원하는가 하는 것이다.

example

Son: Mommy, is he gonna get better?
Lois (Mom): I don't know. I want him <u>to</u>. I like him.
Son: Me, too.   [*Superman Returns* (2006 film)]

[I want him <u>to</u> (<u>get better</u>).]

아들: 엄마, 그 아저씨 회복할까?
Lois (엄마): 몰라. 회복하시길 바래. 엄만 그 분이 좋아.
아들: 나도 좋아.

장면 Lex Luthor의 사악한 음모를 무산시킨 뒤, 부상으로 병원에 입원해 있는 Superman을 방문하러 Superman 담당 보도 기자이자 한때 그를 사랑했던 Lois와 꼬마 아들이 병실에 들어선다.

125 must = 추측: 확실성, 필요성, 논리성

You <u>must</u> be screwing somebody.
당신은 분명 누군가랑 바람을 피고 있다
= It is <u>(absolutely) certain that</u> you are screwing somebody.

여기서의 **must**는 말하는 이가 주어에 대해 반드시 ...해야만 한다고 강하게 주장, 요구, 또는 명령을 하거나 의무를 지워 주거나 주어가 반드시 ...하고자 한다는 고집을 나타내는 것이 아니라, 상황적으로 또는 논리적으로 보아 반드시 ...함/임에 틀림없다는 확실성, 필요성, 또는 불가피성을 나타내는 추측, 단정, 결론 등을 표현하는 조동사이다. [➡ (188) (290)]

---

example
Guest 1: Look, there's the wedding planner.
Guest 2: She <u>**must**</u> lead such a romantic life.　　　[*The Wedding Planner* (2001 film)]
손님 1: 저기 봐, 결혼 기획자가 있어.
손님 2: 저 여잔 아주 로맨틱한 인생을 살고 있는 게 틀림 없어.

example
Angelina: Why don't you go back? You <u>**must**</u> have a sweetheart out there.
Bud: I did.　　　[*Splendor in the Grass* (1961 film)]
Angelina: (고향으로) 돌아가시죠. 거기에 틀림 없이 사랑하는 사람이 있으실텐데.
Bud: (전에) 그랬죠.

> **장면** ▶ 미국 동북부의 Connecticut 주에 있는 Yale 대학교 캠퍼스 주위의 피자 가게의 딸 Angelina 가 학생인 Bud에게 그의 고향인 Kansas 주에서의 삶에 관해 물어보면서 Bud에 대한 관심을 보인다. (Bud의 고향에는 그의 high school sweetheart였던 Deanie가 정신질환으로부터 회복 중에 있다.) 둘은 머지않아 결혼한다.

example
Sam: You're a very rude young woman.
Cashier: I don't think I was treating her badly.
Sam: Then you <u>**must**</u> be from New York.　　　[*Terms of Endearment* (1983 film)]
Sam: 당신은 아주 무례한 아가씨군요.
Cashier (돈 받는 사람): 제가 그 여자를 나쁘게 대우했다고 생각하지 않아요.
Sam: 그렇다면 당신은 뉴욕 출신임이 틀림없군요.

미국 Iowa 주의 주도 Des Moines에 있는 한 수퍼마켓에서 중년 남자인 Sam이 어린 두 아들을 데리고 장을 보다가, 돈이 부족한 여자 손님에게 무례했던 돈 받는 점원에게 따끔하게 그녀의 무례함을 지적하며 그 손님의 부족한 액수를 대신 내준다.

126 조동사 + 진행형 = 조동사 + be + -ing

You <u>must</u> <u>be</u> screw<u>ing</u> somebody.:

이 문장은 You are screwi somebody. (당신은 누군가랑 바람을 피우고 있다.)라는 문장에 확실한 추측을 나타내는 조동사 must가 술부 (여기서는 are screwing somebody)를 이끌기 위해 부가된 경우이다.

이렇게 조동사와 진행 시제가 결합할 때는 '조동사 + be + -ing' (현재분사)의 형태를 취한다.

example

Mom: Are you gonna see Jane after the game? I think she's a lovely girl.

Dad: Dorothy, don't talk to the boy about girls. He **<u>should</u>**n't **be** think**ing** about girls. This is the biggest game of his life.　　　　[*Stand by Me* (1986 film)]

엄마 (고등학교 미식축구 선수인 아들에게): 너 경기 후에 Jane 만날 거니? 그 애 참 괜찮은 앤 것 같던데.

아빠 (아내 Dorothy에게): Dorothy, 애한테 여자애들 얘기 하지 마. 애가 (지금) 여자애들 생각이나 하고 있어선 안 돼. 이 경기가 애 인생 최대의 경기야.

example Tough, he never revealed his feelings. Although he **<u>might</u> be** burn**ing** up inside, he never showed it.

그는 강인해서 자기 감정을 결코 드러내는 법이 없었다. 그는 속으로는 타오르고 (화가 나서 부글거리고) 있을지언정 결코 그것을 내보이지 않았다.

Topic John Wayne (1907-1979)

미국 서부 영화 (western)의 대부 격인 배우. 별명: the Duke. 대표작: *Stagecoach* (1939), *Red River* (1948), *She Wore a Yellow Ribbon* (1949), *The Searchers* (1956), *True Grit* (1969)

Scene

Oliver	**127** Guess what. (Taking two airline tickes to Paris out of his suit pocket) Paris, France. **128** We'll be there **129** Christmas Day.
Jennifer	No, Ollie. I don't want Paris. I don't need Paris. I **130** just want you.
Oliver	Well, **131** that you **132** 've got, baby.
Jennife	And I want time, **133** which you can't give me.

[Love Story (1970 film)]

Words & Phrases

• **guess** 타동 추측/짐작하다
• **suit** 명 양복/상하 정장
• **baby** 명 honey, sweetheart, sweetie, darling, babe, dear, sugar처럼 사랑하는 사람을 부르는 애칭

장면 ․ ․ ․ ․

Jennifer가 죽음을 앞두고 있음을 알게 된 Oliver는 그 어느 때보다도 Jennifer에게 잘 해 주려고 노력한다. 오늘은 길을 걷다가 한 여행사의 창문을 통해 본 파리 여행 광고를 보고, 자기와 결혼하기 위해 파리 유학을 포기한 Jennifer에게 너무도 미안한 생각에 크리스마스에 여행하기 위해, 파리 행 비행기 표두 장을 사가지고 신이 나서 집으로 돌아온다. 그러나 시한부 인생을 앞두고 Jennifer가 법률회사 일로 항상 바쁜 Oliver로부터 진정으로 바라는 것은 그런 특별한 날의 파리 여행이 아니라 그냥 그와 함께 오붓한 시간을 보내는 것이다.

번역 ․ ․ ․ ․

Oliver	뭔가 알아맞춰 봐. (양복 주머니에서 비행기표 두 장을 꺼내면서) 프랑스 파리야. 우리 크리스마스 날 거기 가 있을 거야.
Jennifer	아니야, Ollie. 나 파리를 원치 않아. 나 파리 필요 없어. 난 자기만 원할 뿐이야.
Oliver	응 그래, 난 자기가 갖고 있잖아, 자기.
Jennifer	그리고 난 시간을 원하는데 그건 자기가 나한테 줄 수 없잖아.

127 Guess what.: 의사소통의 윤활유 (Communication Lubricant)

<u>Guess</u> <u>what</u>.

뭔지 알아맞춰 봐/있잖아

무엇인지 알아맞혀 보라는 뜻의 비격식 구어체의 표현이다. 보통 스타일의 표현으로는 **Take a guess.** (추측해 보세요, 알아맞혀 보세요) (또는 Would/Can you take a guess?)라고 하는데, **Guess what.** 은 꼭 무엇인지를 알아맞혀 보라는 뜻이라기보다, 일종의 의사소통을 위한 윤활유 (communication lubricant)처럼 마치 한국어의 "(저) 있잖아요." 또는 "이런 거 아세요?" 정도의 의미로 새로운 화제나 항목들을 도입하면서, 상대방의 주목을 끌기 위해 거의 상투적으로 쓰이는 경우들도 많다.

이따금씩 의문부호 (?)로 끝맺기도 하지만, 대부분의 경우 마침표를 찍어 끝맺으며 (명령문의 형태를 취한다) 문장 가운데 들어가는 삽입절로도 자주 쓰인다. 유사한 구어체 표현: **(I'll/Let me) tell you what/something.**

example St. Louisans claim they invented the hot dog and the ice cream cone. But, **guess** **what**, two lesser-known treats that originated here are perhaps even more popular: gooey butter cake and toasted ravioli.

(미국 Missouri 주의 대도시인) St. Louis 사람들은 자기들이 핫도그와 아이스크림 콘을 발명했다고 주장하죠. 그러나 있잖아요 (이런 사실 아셨어요?) 이곳에서 유래한 덜 알려진 두 가지 음식이 어쩌면 더욱더 인기가 있을 거예요: 끈적한 버터 케이크와 토스트 한 라비올리 파스타(가 바로 그것들이에요).

claim 타동 주장하다 **invent** 타동 발명하다
lesser-known (비중/중요성이) 덜 알려진
originate 자동 시작되다, 기원하다
ravioli 명 작은 사각형의 이탈리아 파스타로, 안에 흔히 고기 (meat)나 치즈가 들어 있으며 토마토 소스를 얹어 먹는다.

[사진] 1930년대의 미국의 대공황 (the Great Depression)의 가난했던 시대에 밀가루 (flour), 버터, 분말 설탕 (powdered sugar) 등 쉽게 구할 수 있는 재료로 만들어 저렴한 가격에 판매되면서 유행하게 된 gooey butter cake. Missouri 주의 St. Louis 시에서 시작되어 대유행을 하게 되었다. 둥글 넙적하고 달콤하며 약간 끈끈한 Danish roll과 유사한 면이 있다. 사진: ⓒ 박우상 (Dr. David)

example   Bowling center owners added lasers, dance music and glow-in-the-dark shoes and balls, and hold a party every Friday and Saturday night. **Guess what**? People are coming back. In droves.

볼링장 주인들은 레이저 광선과 댄스 음악과 어두운 곳에서 빛을 발하는 신발들과 공들을 추가했으며, 금요일과 토요일 밤마다 파티를 엽니다. 그랬더니 있잖아요. 사람들이 돌아오는 거예요. 떼거지로 몰려서요.

---

in droves 무리를 지어, 떼거지로; in large groups/crowds

배경설명 한동안 대단히 침체하던 볼링장들이 1990년대 중후반 이후로 새로운 시설, 프로그램들, 경영전략, 마케팅으로 활기를 띄기 시작했다.

128 will = 추측 (현재 또는 미래)

We'll be there.
우리 거기 있을 거야.

'll은 조동사 will의 축약형이다. 여기서의 will은 말하는 이가 주어의 미래의 (주목: 때로는 현재의) 사건, 행위, 또는 상황에 관해 **상당한 가능성이나 확률**을 가지고 (아마도 그러리라고) **추측**하거나 예견하는 것으로, will의 주어의 의지나 소망 또는 고집 등을 나타내는 어법과 함께 will의 가장 대표적인 2대 어법의 하나이다.

[➡ (104) (316) (323) (372) (472)]

Cross-reference
비교: will = 주어의 의지:
➡ (117) (121) (142) (174)
(234) (320) (527)
(580)

비교: **Will you?**:
➡ (320) (406)

비교: will = 말하는 이의 의지:
➡ (138)

example

Landon (in a monologue): Jamie saved my life. She taught me everything, about life, hope, and the long journey ahead. I'**ll** always miss her.

[*A Walk to Remember* (2002 film)]

Landon (독백으로): Jamie는 제 삶을 구해 주었습니다. 저에게 삶과 희망과 앞으로의 긴 여정에 관해 모든 것을 가르쳐 주었죠. 저는 그녀를 항상 그리워할 겁니다.

장면 이제는 대학을 마치고 의대에 진학한 Landon이 고교 졸업반에서 만나 한 여름 진실로 사랑을 나눈, 그러나 leukemia (백혈병)으로 곧 세상을 떠나야 했던 Jamie를 회상한다.

(on) Christmas Day
크리스마스 날에

여기서 Christmas Day는 부사구로서 <u>on</u> + 날/요일/날짜의 구조인 on Christmas Day에서 전치사 on이 생략된 경우이다. 이렇게 on + 날(짜)/경우에서 전치사 on이 생략되는 수가 있으며, 그 경향은 상대적으로 구어체에서 더욱 현저한데 문어체에서도 제법 자주 일어난다.

example He was 39 years old when he was assassinated April 4, 1968, in Memphis.

[... (<u>on</u>) April 4, 1968, ...]

그는 (미국 Tennessee 주의) Memphis 시에서 1968년 4월 4일에 암살당했을 때 39세였다.

Topic 미국의 현대 민권운동 (the civil rights movement)의 기수였던
the Rev. Dr. Martin Luther King, Jr. (1929-1968, 암살)

[사진] Dr. Martin Luther King, Jr.가 한창 미국의 민권운동 (the civil rights movement)를 이끌고 있던 1968년 4월 4일 저녁 6:01에 **Tennessee** 주 **Memphis** 시의 한 허름한 모텔 2층 발코니에 잠시 휴식을 취하러 나왔다가, 건너편에서 쏜 한 백인 암살자의 총탄에 쓰러져 암살을 당한 비극적 역사의 현장인 the Lorraine Motel. 지금은 미국 민권 박물관 (the National Civil Rights Museum)의 한 부분이다.
사진: ⓒ 박우상 (Dr. David)

example The day after the Liston fight, Cassius Clay became Muhammad Ali.
[(**On**) the day after ..., ...]
Liston과의 권투시합 다음 날 Cassius Clay는 Uhammad Ali가 되었다.

▶ 배경설명 ▷ 1964년 2월 25일로 예정되어 있던 world heavyweight champion인 Sonny Liston과 도전자 Cassius Clay의 title match가 Clay가 회교도라는 소문이 돌면서 프로모터에 의해 취소될 위협을 받자, Clay는 타협안으로 경기 다음날 (예상을 뒤엎고 승리한 후) 자신의 회교 개종 (Muslim conversion)과 회교 이름 Muhammad Ali를 발표하였다.

130 just = 강조 = only / * just의 위치 = just + 본동사

I just want you.
난 널 원해; 내가 원하는 건 바로/단지 너야; 너뿐이야.

여기서 just는 '바로 ..., 오직 ..., ... 뿐/만 (only; nothing/no one other than ...)을 뜻하는 강조의 부사이다. 이 어법의 just는 수식하고자 하는 말의 바로 앞에 위치시키는 것이 논리적이지만, 현대 영어에서는 수식하고자 하는 말의 위치에 상관없이 본동사의 바로 앞에 (또는 조동사나 be 동사 뒤에) 위치하는 현저한 경향이 있다. 공식체적이거나 상당히 문어체적인 표현에서 그리고 특별히 강조하고자 하는 말이 '바로 ...이다.'라고 뚜렷한 의식을 가지고 just를 수식하고자 하는 말 바로 앞에 놓는 경우들이 있지만, 구어체의 표현에서는 본동사 바로 앞에 위치시키는 경향이 현저하며, 일상적인 글에서도 그러한 경향이 상당하다. [➡ (159) (204) (398) (560) (584)]

Cross-reference
비교: only + 본동사:
➡ (335) (581)

[just: 수식 어구 바로 앞]

example We are very vain. Look at the proliferation of plastic surgery. We're **just** into being young and looking young. Everybody is mountain biking and hiking. We are **just** really active.

[여기서 **just**는 바로 뒤에 따르는 into being young and looking young과 really active를 수식한다.]
우리는 아주 허영심이 많다. 급증하는 성형 수술을 보라. 우리는 젊고 젊어 보이는 것에 정말 열심히 빠져 있다. 모든 이가 산에서 자전거를 타고 하이킹을 한다. 우리는 아주 정말 활동적이다.

---

vain 형 허영심이 많은, 부질없는   **proliferation** 명 번성, 무성   **plastic surgery** 성형 수술   **into** 전치 ...: ...에 몰두해 있는, ...에 뽕 간   **mountain biking** 산악 자전거 타기

[just: 본동사 바로 앞 (수식하는 어구 바로 앞이 아니라)]

Jack: You could **just** call me a tumbleweed blowing in the wind.

[*Titanic* (1997 film)]

[여기서 just는 a tumbleweed blowing in the wind를 수식하지만, 본동사 call 바로 앞에 위치해 있다.]

Jack: 저를 바로 저 바람에 불려 다니는 잡풀이라고 부를 수 있겠죠 (불러 주세요).

장면▶ 15세에 부모를 잃고 여기저기 홀로 떠돌아 다니며 살아온 Jack이 Rose에게 자기의 어려 웠지만 자유로운 인생을 얘기하면서, 자신을 윗줄기가 뿌리로부터 떨어져 바람에 날려 다니는 tumbleweed에 비유한다.

example▶ Because a car lease **just** buys the use of the car for the duration of the contract, the monthly cost is much less than with traditional financing.

[여기서 just는 the use of the car for the duration of the contract를 수식하는데, 그 바로 앞이 아니라 본동사인 buys의 바로 앞에 위치하고 있다.]

자동차 리스는 계약 기간 동안의 차의 사용만을 사는 것이기 때문에 매달 내는 비용은 전통적인 (차를 사는 경우의) 융자보다 훨씬 적다.

---

lease 명 임대　　**duration** 명 계속/진행되는 동안　　**contract** 명 계약
traditional 형 전통적인, 관례적인; conventional　　**financing** 명 융자

[just: be 동사 바로 뒤]

Pamela: So, um, is Jacey **just** home for a visit or is he here for the summer?
Doug: Home for the summer. It's cheaper if he comes home for the summer.

[*Inventing the Abbotts* (1997 film)]

[이 의문문을 서술문의 정상 어순으로 하면 Jacey is **just** home for a visit.으로 여기서 just는 for a visit (일시 들리기 위해)를 수식하는 것인데 be 동사 바로 뒤에 위치하고 있다.]

Pamela: 그래, 음, Jacey는 집에 (잠시) 들리러 온 거야 아니면 여기서 여름을 지낼 거야?
Doug: 여름을 보내러 집에 와 있어. 여름을 보내려 집에 오면 돈이 덜 들거든.

장면▶ 고등학생들인 Pamela와 Doug이 Pamela의 생일 축하 파티에서 함께 춤을 추고 있다. 동 부의 명문 Pennsylvania 대학교에서 수학하고 있는 Doug의 형인 Jacey를 몰래 좋아하고 있는 Pamela가 여름 방학을 지내러 집에 와 있는 Jacey에 관해서 Doug에게 슬쩍 물어본다.

Cross-reference
참고
➡ 402

<u>**That**</u> **you've got.**
그것을/그것은 넌 갖고 있어.

여기서 That은 문장의 맨 앞에 위치해 일견 주어처럼 보이지만 실은 've got의 목적어이다. 여기서 타동사의 목적어 that이 문두에 위치한 것은, 첫 번째로 바로 앞에서 상대방이 하던 **이야기의 초점인 당신 (즉 나)**에 관한 이야기를 이제 말하는 이가 계속 이어지게 받는, 즉 이야기의 흐름을 자연스럽게 릴레이 하듯 받는 효과를 가지며, 둘째로 주어 + 타동사 + 목적어의 정상 어순의 단조로움이나 일상성을 깨고 목적어 + 주어 + 타동사의 파격적 어순을 취함으로써, 그 계속되는 화제인 목적어에 관해 말하는 이가 이제 말하고자 하는 바에 듣는 이의 관심을 주목시키는 효과를 가지는 강조적 표현 기법이다.

example We now have fewer dinner parties, less card-playing, less participation in religious activities, even fewer picnics. <u>**More of what we do**</u>, we **do** alone. We bowl alone. We play video games alone. We watch television alone.

[We now have fewer ..., even fewer picnics (than (ever) before).]
[More of what we do = More of the things that/which we do]
[여기서 More of what we do는 do의 목적어이다.]

우리는 이제 디너 파티도, 카드 놀이도, 종교적 활동에 참가하는 것도, 심지어는 소풍도 (옛날보다) 적게 한다. 우리가 하는 것들의 더 많은 것들을 (이제) 우리는 홀로 한다. 우리는 볼링을 홀로 친다. 우리는 비디오 게임을 혼자서 한다. 우리는 텔레비전을 혼자 본다.

participation 명 참가   **religious activities** 종교적 활동들   **alone** 부 홀로, 혼자서
bowl 자동 볼링을 하다

example He was a builder by nature. He had a passion for architecture and landscape design, and Mount Vernon was his creation. <u>**How extremely important all this was to him and the pleasure he drew from it**</u>, few people ever <u>**understood**</u>.

[How ... understood.의 정상 어순: Few people ever <u>understood</u> <u>how extremely important ... from it.</u>]

그는 천성적으로 건축가였다. 그는 건축과 조경 디자인에 열정을 가졌으며, (Virginia 주의 그의 대농장 장원인) Mount Vernon은 그의 작품이었다. 이 모든 것이 그에게 얼마나 지극히 중요한 것이었는지 그리고 그가 이로부터 찾은 즐거움을 이해한 사람들은 거의 없었다.

builder 명 건축가, 집 짓는 사람   **by nature** 부 천성적으로   **passion** 명 열정. Have a passion for ...: ...에 열정이 있다   **architecture** 명 건축술, 건축학, 건축물   **landscape** 명 경치, 조경   **creation** 명 창조(물)   **extremely** 부 극히, 아주   **pleasure** 명 즐거움, 기쁨

[사진] 미국의 동부 Virginia 주의 동북부에서 Chesapeake Bay (체사피크만: 대서양에 접한 만이다)로 흘러 들어가는 the Potomac River 강을 내려다 보는 언덕에 위치한, Washington의 농장이자 저택지였던 Mount Vernon에 있는Washington이 살던 저택 (mansion)의 오늘날 모습.

사진 ⓒ 박우상 (Dr. David)

132 have got; 've got; got = have (소유)

> **'ve got**

Have got의 축약형 (contraction)이다. Have got은 갖고/소유하고 있음을 뜻하는 **have**의 비격식체적 구어체적 표현이다. have got의 have를 생략하고 got만을 사용할 수도 있는데, 그런 경우 have got보다도 더욱 비격식체적이고 구어체적 표현이 된다. Got의 사용은 공식적인 환경이나 점잖은 자리에서 이야기할 때, 또는 어느 정도나마 진지하거나 정중한 성격을 가진 글에서는 피하는 것이 좋다.

[➡ (64) (327)]

주목 ▶ **격식체/문어체: have** → 비격식체/구어체: have got → 've got → got (가장 비격식 구어체)

The leader of the thugs: No gun, no respect. That's why I always **got** the gun.

[*Grand Canyon* (1991 film)]

깡패 우두머리: 총이 없으면 존경 받지 못해. 그게 왜 내가 항상 총을 갖고 있는지 하는 이유야.

133 관계사 which: 계속적, 설명적, 서술적 용법

I want time, <u>which</u> you can't give me.
나는 시간을 원하는데 자긴 나한테 시간을 줄 수가 없어.

여기서 which는 앞에 오는 명사 (소위 선행사)를 받는 관계대명사이며, 이 문장은 I want time. (나는 시간을 원해) + You can't give me the time (= which). ((그러나) 자기는 나한테 그 시간을 줄 수가 없어) 두 문장이 이 두 문장에서 공통의 명사어구인 (the) time를 받는 관계대명사 which에 의해 결합된 결과이다. 그런데 여기서 which에 의해 이끌리는 관계사절 (which ... me)은 앞에 오는 선행사인 time의 의미를 제한/수식하는 것이 아니다. 즉 자기가 나에게 줄 수 없는 그런 시간을 내가 원한다는 뜻이 아니다. 이 관계사절은 선행사인 time의 의미를 보충하여 추가 설명한다. 즉 나는 시간을 원한다, 내가 원하는 것은 시간이라는 기본 의미에 그런데 내가 원하는 그런 시간을 자기는 나에게 줄 수가 없다는 보충적 설명을 더하는 것이다.

주목 관계사가 이렇게 보충적인 (설명적/계속적인) 어법으로 쓰일 때,

❶ 글로 쓸 때는 그 관계사 앞에 (선행사 바로 뒤에) 쉼표 (,) (comma)를 찍으며, 말로 할 때는 그 관계사 앞에 약간의 휴지 (pause)가 온다.

❷ 또 관계사의 이러한 소위 계속적 (또는 서술적/설명적) 어법으로 which, who, whom, whose, where, when은 사용될 수 있지만, that은 사용될 수 없음에 유의해야 한다.

❸ 또 이 어법은 앞에 온 선행사에 대한 보충 정보를 추가하기 때문에, 선행사가 대부분의 경우 고유명사이거나 정체가 유일하거나 특정한 사람, 사물, 현상, 장소, 시간 등이 된다. [고유명사나 정체가 유일하거나 특정한 것은 의미의 제한/수식/한정을 받을 수가 없으며 오직 보충적인 의미나 정보를 허용할 뿐이기 때문이다.]

❹ 그리고 이 어법의 which/ who/ whom은 관계사절 안에서 목적어로 사용되었다 하더라도 생략이 불가능하다.

example In Maine, **which** has more than one canoe for every four residents, canoes are like an extra family vehicle.

(미국 동북부의) Maine 주에서는 (Maine 주는 주민 4인당 한 대의 커누를 가지고 있는데) 커누는 여분의 가족 차량과 같다. (마치 식구들의 차가 한 대 더 있는 것과 같다.)

| for every four residents (매) 주민 4명당 | resident 명 주민, 거주자 | vehicle 명 차량, 탈것 |

example Authentic Mexican food centers on the tortilla, **which** contains very little fat.
정통 멕시컨 음식은 tortilla를 중심으로 하는데 tortilla는 지방이 거의 없다.

authentic 형 정통의, 진품인, 원조인   **center on/around** …: …를 중심으로 하다/움직이다
tortilla (tôr·´tē·ə) 발음에 유의: 스페인어로 I이 발음이 되지 않는다. 흔히 옥수수가루로 (이따금 밀가루로) 만드는 둥글고 아주 얇은 음식으로 멕시컨 음식들 중에는 tortilla에 싸서 먹는 것들이 많다.   **contain** 타동 포함하다   **fat** 명 지방

[사진] 옥수수 tortilla에 beef (소고기)에 cheddar cheese와 sour cream을 얹은 대표적인 Mexico 음식들 중의 하나인 beef taco. 사진 제공: © Jeffreyw

Exercise

다음에서 밑줄 친 관계사의 사용이 잘못된 것은 어느 것입니까?

❶ FDR, <u>who</u> had a physical disability himself, felt deeply for the working poor and underprivileged.

❷ The Big Apple, <u>which</u> is known as the epitome of capitalism, is both culturally and intellectually dynamic.

❸ Montana is by far the best place for fly fishing, <u>that</u> uses artificial 'flies' of all sorts.

❹ The Mississippi Delta, <u>where</u> slavery had long been entrenched, has produced lots of jazz and blues greats.

해설 >>>

❶ ❷ ❸ ❹ 모두에서 관계사절은 선행사 (FDR, the Big Apple, fly fishing, the Mississippi Delta)에 관해 그 의미를 제한/수식하는 것이 아니라, 보충 설명하는 소위 계속적인 용법으로 쓰인 경우이다. ❸에서 관계사 that은 국내의 영어교육에서의 설명과 달리 이렇게 계속적 용법으로 사용될 수 있으나 (앞에 삽입 어구나 복잡한 구문이 없는 대부분의 경우에는), 앞에 comma가 사용되지 않는다.

번역 >>>

❶ FDR은 자기 자신이 신체적 장애가 있어 가난한 근로자들과 약자들을 깊이 동정했다.

❷ New York City는 자본주의의 핵심/상징으로 알려져 있으나, 문화적으로나 지적으로 역동적이다.

❸ Montana 주는 온갖 종류의 인조 '파리'들을 사용하는 fly fishing의 단연 최적지이다. (fly fishing 은 온갖 종류의 인조 '파리'들을 사용한다고 보충 설명한다.)

❹ Mississippi 델타 지역은 노예제가 오랜 동안 깊이 자리잡고 있던 곳으로서, 많은 재즈와 블루스 음악의 대가들을 배출해 왔다.   정답: ❸

FDR: Franklin Delano Roosevelt (1882-1945; 미국 32대 대통령 (1933-45))   **physical disability** 신체 장애   **feel for** ...: ...를 딱하게 여기다/동정하다   **the working poor** 가난한 근로자들   **the underprivileged** 사회경제적으로 열악한 환경에 있는 사람들   **the Big Apple**: New York City의 별명   **epitome** 명 전형, 핵심/상징적으로 대표하는 사물/사람   **capitalism** 명 자본주의   **by far** 뒤따르는 최상급을 강조하는 부사구. 가장/으뜸으로 ... **artificial** 형 인공적인, 인조의   **the Mississippi Delta** Mississippi 강이 멕시코 만 (the Gulf of Mexico)을 만나기 전의 하류 지역   **entrench** 타동 깊이/확고히 자리잡게 하다   **great** 명 여기서는 명사로서 어떤 분야에서 훌륭한/뛰어난 사람]

[사진] 미국의 옛 노예제 (slavery)가 깊이 뿌리내리고 cotton plantation 이 번창했던 the Old South의 미시시피 델타 (the Mississippi Delta) 토양에서 태어나고 어려운 환경 속에 Delta Blues에 흠뻑 젖어 성장한 블루즈 singer-songwriter & guitarist B.B. King (1925-2015). 그후 남부 Tennessee 주의 Memphis에서 블루즈 음악을 리드하면서 Chicago, New York City 등을 포함한 계속된 미국 순회 공연들, 더 나아가서는 세계 순회 공연들을 통해 블루즈 음악을 미국에 정착시키고 세계에까지 전파시킨 'the King of the Blues.' 사진은 81세인 2006년에 뉴욕시에서 공연 중인 B.B. King. 사진 제공: © Levy Nagy

Scene

Jennifer	I'm counting on you to be strong, you ⑬④ goddamn hockey jock.
Oliver	I will, baby. I will.
Jennifer	You, ⑬⑤ after all, ⑬⑥ you are gonna be⑬⑦ the merry widower.
Oliver	I won't be merry.
Jennifer	Yes, you will be. I want you to be merry. ⑬⑧ You'll be merry, ⑬⑨O.K.?
Oliver	(sorrowfully): O.K.
Jennifer	O.K.

[*Love Story* (1970 film)]

Words & Phrases

- **count** 여기서는 의존하다 (depend, rely)라는 의미로 count on/upon + 목적어 + to-부정사의 구조로 쓰여 '목적어가 ...할 것을 기대하다, 믿다, 의존하다'를 뜻한다.
- **strong** 형 강한, 튼튼한
- **hockey** 영어 원어민들은 앞에 ice를 쓰지 않아도 hockey라고만 하면 ice hockey를 뜻하는 것으로 이해한다. Field hockey는 (field hockey에 관한 이야기가 진행 중이거나, field hockey에 관한 언급임이 문맥상 확실히 드러나 있는 경우가 아니면) 앞에 field를 반드시 써야 이해한다.
- **jock** 명 중고등-대학교에서 흔히 쓰이는 속어로 운동 선수. Oliver는 Harvard 대학의 hockey 선수였다. 또 운동 선수가 아니라도 스포츠를 즐겨 하고 남성다움을 과시하고 다니는 남자를 뜻하는 경우도 있다.
- **merry** 형 즐거운, 명랑한, 행복한
- **widower** 명 홀아비 (아내가 죽고 재혼하지 않은 남자). 과부는 widow (wid´•ō)
- **sorrowfully** 부 슬프게

240   뉴 로맨틱 잉글리쉬 BOOK - 1

의사들로부터 자신이 백혈병으로 시한부 인생을 살고 있음을 알게 된 Jennifer가 Oliver에게 자기의 죽음 이후로도 강하고 행복하게 살아가라고 부탁하는 슬픈 장면이다.

번 역 • • • •

Jennifer	하키 선수, 자기가 강하기를 기대해.
Oliver	그럴게, 자기. 그럴게.
Jennifer	자기, 무슨 일이 있어도, 자기는 즐거운 홀아비가 돼야 해.
Oliver	나 즐겁지 않을 거야.
Jennifer	아니야, 즐거울 거야. 자기가 즐겁기를 원해. 자기 즐거워야 해, 알았지?
Oliver	(슬프게) 알았어.
Jennifer	좋아.

영어의 이해 with Dr. David

134 goddamn

goddamn

대부분의 경우 강한 욕설이나 불만으로부터 불쾌함이나 짜증 등을 나타내며 흔히 대단히 무례하고 점잖지 못한 표현으로 받아들여지는 낱말인데, 같은 낱말이나 표현이라도 이야기가 이루어지는 언어적 또는 사회 문화적 상황이나 말하는 이와 듣는 이의 관계 등에 따라 전혀 다른 의미나 어감을 띨 수 있는 것이 언어이다.

여기서는 Jennifer가 불만, 불쾌함, 또는 짜증의 감정이나 무례하거나 상스러운 태도를 나타내는 것이 아니라, 원래 입담이 재치와 유머가 있기도 하지만 솔직하고 날카롭기도 한 Jennifer가 Harvard 대학 시절에 아이스 하키 선수 (hockey jock)였던 Oliver를 귀엽고 사랑스럽게 부르는 그녀 나름의 표현 스타일이다 (Jennifer가 Oliver를 사립 기숙학교 출신인 preppie로 부를 때도 이런 식으로 부른다).
[➡ (149)]

135 after all: 의미 (1) (2) (3)

after all
문맥에 따라 세 가지의 의미를 가질 수 있는 관용구이다.

의미-1 아무튼, 사정/상황이 어떻든, 무슨 일이 있건, 그럼에도 불구하고 (in spite of everything/all the circumstances; no matter what; notwithstanding; anyway).

의미-2 결국에는, 끝내는, 궁극적으로는 (in the end; ultimately).

의미-3 이점을 잘 기억/주목해야 합니다 (It must be remembered/noted that-절.), 또는 바로 이 이유 때문입니다 (The reason is that-절.)라는 의미로, 앞에 온 진술에 주목할 점이나 이유를 더하는 강조적인 의미로 쓰이는 경우들이 있다.

그리고 이 기본적인 의미들이 중복되어 쓰이는 경우들도 흔히 있다. 여기서의 after all은 두 번째의 의미를 기본으로 하며 첫 번째 의미도 약간 섞여 있다고 볼 수 있다.

의미-1

example Lower-wage-earning Americans are always working to take our order, ring up our groceries and deliver our newspapers. Most likely, **after all**, they'll be laboring this Labor Day weekend.

저임금을 버는 미국인들은 우리의 주문을 받고 우리의 식료품들 가격을 (금전등록기에) 찍고 우리의 신문을 배달하러 항상 일을 합니다. 상황이 어떻든 (항상 일을 함에도 불구하고 이번 노동절에도 쉬지 않고) 그분들은 이번 노동절 날에도 아마도 일을 하고 있을 것입니다.

Labor Day 노동절, 9월 첫번째 월요일　　**lower-wage-earning** (다른 미국인들보다) 낮은 임금을 버는　　**ring up our groceries** 우리가 사는 식료품 항목들을 금전등록기 (cash register)에 찍다, 항목들의 가격을 합산하다　　**labor** 자동 일하다, 노동/근무하다

[사진] 미국 Wisconsin 주 Janesville 에서 General Motors (GM) 자동차 노조 근로자들이 Labor Day를 축하하며 진흙탕 속에서 배구 (mud volleyball) 을 즐기고 있다.
사진 ⓒ 박우상 (Dr. David)

example As a kid, I used to laugh at the rednecks with their "America, love it or leave it" bumper stickers. However, maybe they had a point **after all**.

내가 어렸을 때는 "미국, 미국을 사랑하거나 아니면 떠나라"라는 자동차 범퍼 스티커를 붙이고 다니는 무식쟁이들을 비웃곤 했다. 그러나 (배운 사람들이 비웃고 할지는 몰라도) 그럼에도 불구하고 그들의 말이 결국엔 어쩌면 일리가 있었다.

표현의 배경 ▶ 나이가 들면서 미국과 세계의 다인종 다문화적 변화에 대한 편견을 심화시키고 있는 한 보수적인 미국인의 표현

---

laugh at ...: ...를 비웃다　**redneck** 1. 미국의 (특히 남부나 시골 지역의) 교육 수준이 낮은 막노동자 또는 농장 노동자 2. 교육/문화 수준이 낮은 시골 지역의 (소수 인종이나 다른 문화에 대한) 편견이 강한 사람, 두 의미가 모두 뙤약볕 아래 일을 해서 목 뒤가 벌겋게 그슬린 모습을 묘사한다.
bumper sticker 〔명〕 (자기의 주장이나 표현을 담은) 자동차 뒷 범퍼 (bumper)에 붙인 스티커
have a point (나름대로) 일리가 있다

의미-2

example My husband regularly goes out to "hit a bucket of balls for an hour" on Saturdays. Then he comes home late that afternoon, saying that he somehow ended up playing 18 holes **after all**.

제 남편은 토요일이면 상례적으로 "골프 공 한 통을 한 시간 때리러"라며 나가요. 그리고서는 어떻게 해서 결국엔 18홀을 치게 되었다고 말하면서 그날 오후 늦게나 집에 오는 거예요.

---

regularly 〔부〕 규칙적으로, 정기적으로, 관례적으로　**somehow** 〔부〕 어쩐일인지, 어떻게 해선가
end/wind up + -ing: 끝내/결국 ...하고 있게 된다

의미-3

example Kitchen mishaps happen, especially at large feasts. Whether the bird takes a dive, the gravy clumps, or the pies blacken, keep a cool head and a sense of humor. **After all**, fellowship, not perfection, is the focus of the day.

부엌에서의 사고/실수는 일어나게 마련입니다, 특히 큰 잔치들에서는. 칠면조가 떨어지건 그레이비 (gravy: 칠면조나 육류 또는 으깬 감자 (mashed potatoes) 위에 부어 먹는 육즙 소스)가 뭉쳐지거나 파이가 검게 되더라도, 침착함과 유머 센스를 유지하십시오. (무엇보다) 완벽이 아니라 친교를 나누는 것이 이 날의 초점임을 기억하십시오 (초점이기 때문입니다).

---

mishap 〔명〕 작은 사고; an unfortunate accident; misadventure; mischance
feast 〔명〕 잔치, 음식을 함께 나누는 큰 식사, 파티, 연회　**take a dive** 떨어지다; fall
clump 〔자동〕 뭉치다, 덩어리가 되다　**keep a cool head:** calm down; keep/stay cool: 침착하다　**fellowship** 〔명〕 친교, 우애　**perfection** 〔명〕 완벽

Topic　Thanksgiving Day (11월 네째 목요일)의 turkey (칠면조) 굽기와 요리 등으로 바쁘고 정신 없는 부엌의 모습

You are gonna be the merry widower.
자기는 그 즐거운 홀아비가 될 거야, 되어야 해.

여기서의 be going + to-부정사는 말하는 이가 주어에 관해 상황적으로 자연스럽거나 확률이 높은 추측을 하는 (자기는 그 즐거운 홀아비가 될 거야) 한편, 이 장면 앞에서 Jennifer가 Oliver에게 강할 것을 부탁한 것이나 뒤에서 즐겁기를 부탁하는 것에 비추어 보아, 말하는 이 (나: I)가 주어에 대해 술부의 내용을 행할 것을 명령, 주문, 또는 부탁하는 (자기는 그 즐거운 홀아비가 되어야 해) 어감을 함께 전달한다.

[➡ (40) (78) (93) (306) (453) (518) (570)]

Cross-reference

비교: be going to = 말하는 이의 의지:
➡ (32)

비교: be going to = 주어의 의지:
➡ (365) (494) (555)

example

Pino: Mookie **is** not **going to be** trusted.
Vito: I trust him, Pino.
Pino: No, no Moulan Yan can be trusted.

[*Do the Right Thing* (1989 film)]

Pino: Mookie는 신뢰되어서는 안돼.
Vito: Pino, 난 그 앨 믿어.
Pino: 아냐, 깜둥이는 하나도 믿어서는 안 돼.

Moulan Yan 명 극히 저속하고 모욕적 속어로서 흑인을 뜻하며, 흔히 흑인에 대해 멸시적인 이탈리안계 미국인들이 사용한다. M/moulinyan, M/moulie, M/moolie 라고도 한다.

장면 이탈리아계의 아버지가 뉴욕의 흑인 동네에서 운영하는 피자 가게에서 형 Pino와 동생 Vito가 배달과 잔심부름을 하는 흑인 젊은이인 Mookie를 데리고 함께 일한다. 흑인들을 멸시하고 증오하는 Pino가 흑인들에 비교적 공정히 하려고 하는 Vito에게 Mookie와 흑인들을 절대로 믿어서는 안 된다고 훈계한다.

example All Americans must have the right to vote. All Americans must have the privileges of citizenship. And they **are going to** have those privileges regardless of race. [Lyndon B. Johnson, 3-15-1965]
모든 미국인은 투표할 권리를 가져야 한다. 모든 미국인은 시민권의 특권들을 가져야 한다. 그리고 그들은 그 권리들을 인종에 관계없이 갖게 될 것이다.

| the right to vote 투표할 권리 | privilege 명 특권 | citizenship 명 시민권 |
| regardless of ...: irrespective of ...: ...과 무관하게, 상관없이 | race 명 인종 |

언어설명 이 말을 하는 사람인 나 Johnson 대통령이 모든 미국인들이 인종에 관계없이, 시민의 기본권들을 누릴 수 있게 하는 그런 법을 추진하고 의회를 통과시키겠다는 의지나 약속을 나타낸다.

배경 이 결과 1965년에 투표권 행사에 있어서 인종차별을 금지하는 the Civil Rights Act of 1965 (일명 the Voting Rights Act)가 통과 시행되었다.

137 the: 문맥상 또는 암묵적으로 이해되는 the

the merry widower
그 즐거운/행복한 홀아비

여기서 정관사 the가 쓰인 것은 어떤/한 즐거운 홀아비가 앞에서 언급되어서 그 구체적이고 특정한 홀아비를 다시 가리키거나, 적어도 문맥상 뚜렷이 드러나는 특정한 홀아비를 가리키는 정관사 the의 대표적인 어법이 아니라, 말하는 이와 듣는 이가 상호간에 문맥상 또는 사회문화적으로 암묵적으로 그 이해를 공유함을 나타낸다.

이 경우에 Jennifer가 얘기하는 바는 '아내가 죽으면 즐거워하는 남편이 있다는 것을 자기도 어려서부터 스토리북 등에서 들어서 알고 있겠지, 나는 자기가 바로 그런 즐거운 홀아비가 되길 바래'라는 어감이다.

주목 이것은 영어의 학습과 이해가 영어가 사용되는 사회문화와 영어를 사용하는 사람들에 대한 이해를 증진시키는 것과 동시에, 영어가 사용되는 사회문화와 영어를 사용하는 사람들에 대한 이해가 영어의 학습과 이해에 중요한 기여를 한다는 것을 뜻한다. 즉 언어와 사회문화는 서로 2-way street으로 상호 작용을 하는 것이다.
[➡ (10) (118) (270) (289) (308) (501) (529)]

138 will = 말하는 이의 의지

You'll be merry, O.K.?
자기 즐거워야 해, 알았지?

'll은 조동사 will의 축약형이다. 여기서의 will은 will의 2대 어법인 말하는 이가 주어에 관한 미래의 사건, 행위, 또는 상황에 관해 상당한 가능성이나 확률을 가지고 (아마도 그러리라고) 추측하거나 예견하는 것도 주어의 의지나 소망 또는 고집 등을 나타내는 것도 아니다.

이 will은 말하는 사람이 구어체적인 부탁, 다짐, 고집, 주문 또는 명령을 하면서, 그러나 형태상으로는 말하는 자신의 강한 의사나 권위 또는 고자세를 표면에 드러내지 않고, 마치 주어에게 술부의 일이 일어날 것이라고 추측하는 형태를 빌려서 부드럽게 표현하는 일종의 완곡 어법이다 (그럼에도 불구하고 듣는 이는 말하는 이의 주장, 고집, 권위 또는 고자세의 어감을 느낄 수 있다).

Cross-reference

[비교: will = 추측:
➡ (104) (128) (316) (323) (372) (472)

비교: will = 주어의 의지:
➡ (117) (121) (142) (174) (234) (320) (527) (580)

비교: Will you?:
➡ (320) (406)

example

Father: You **will** go to church today and pray for forgiveness.

[*A River Runs through It* (1992 film)]

아버지: 너희는 오늘 교회에 가서 용서를 빌 것이다. (= 빌어야 한다.)

---

pray 자동 기도하다 **forgiveness** 명 용서 < forgive: 동 (타동/자동): 발음에 유의 (fər·ˈgiv): (1) 첫음절이 /퍼//fɔr/가 아니라 /퍼//fər/에 가깝고, (2) 강세 (stress)는 두번째 음절에 있으며, (3) 한국어로는 /퍼기브/ 3음절처럼 인식되지만 영어로는 /fɔr/ + /ˈgiv/, 즉 2음절이다.

장면 Norman과 Paul 아들 형제가 급류 아래로 위험한 뱃놀이를 하고 돌아오자, 엄격한 목사인 아버지가 엄명을 내리는 표현이다.

[사진] 제1차 세계대전, 산업화와 도시화, 음주시대 (Prohibition), 신여성 (New Women), 원주민들 (Native Americans)과의 접촉 등 격변하는 1910-20년대의 사회문화를 배경으로, 부모의 엄격한 기독교 문화와 새로운 넓은 가치관을 가진 두 아들의 젊은 세대로의 변천을 그린 시대 문화의 영화 *A River Runs through It* (1992 film)의 포스터. 미국 Rocky 산맥 북쪽의 Montana 주의 평화로운 시골 마을을 영원 속에 흘러가는 작은 강과 세대에서 세대로 이어지는 fly fishing이, 이 문화적 모자이크 (mosaic)와 그 변천을 하나로 관통하면서 통합하는 아름다운 연결선으로 그리고 있다.
사진 (포스터): © Allied Filmmakers, Wildwood Enterprises, Columbia Pictures, et al.

example

Mrs. Warren (to Betty, her daughter): There **will** be no divorce. There's always a period of adjustment.　　　　　*[Mona Lisa Smile* (2003 film)]

Mrs. Warren (딸 Betty에게): 이혼은 없을 거야 (= 이혼은 있을 수 없다, 너 이혼해선 안 된다). 언제나 적응 기간이라는 것이 있어.

---

divorce 명 이혼. 동사 (자동/타동)로도 자주 사용된다.　　**adjustment** 명 조정/조절 < adjust: 동

장면 ▶ 여자 사립 명문대학에 다니는 딸 Betty가 결혼을 한 후 얼마 안 되어 남편이 외도를 하고 결혼 생활을 불행하게 여기면서 이혼을 하려고 하자, 남성 중심의 전통적인 가치관을 가진 어머니가 여자는 적응하고 인내하고 살아야 하며 이혼은 수치라고 훈계하면서 이혼에 반대한다.

example I have no problem with a quiet moment for school prayer, but I'm against any structure that says, "You **will** pray."

나는 학교에서의 기도로 잠시 침묵의 시간을 갖는 것에는 아무 문제가 없다. 그러나 "기도하리라 (= 기도하라)"라고 말하는 어떤 구조 (제도나 정책 따위)에도 반대한다.

---

for ...: 전치 ...에 찬성하는, ...를 지지하는　　**prayer (prɛər)** 명 기도. 발음에 주의 (한국어로는 /프레어/ 3음절, 그러나 영어로는 1음절). prayer (기도하는 사람)의 발음은 (ˊprei·ər, 한국어로는 프레이어 4음절, 그러나 영어로는 2음절)　　**against** ...: opposed to ...: ...에 반대하는
structure 명 문맥상 제도, 정책, 규정

---

139 부가의문문: (all) right?, O.K.?, (you) see?, you know?, huh?

..., <u>O.K.?</u>

알았지, 좋지요, 괜찮죠?

Cross-reference
부가의문문의 기본:
➡ (67) (75) (91) (478)

서술문, + 부가의문문?의 구조에서 부가의문문이 (조)동사 + 주어로 도치 어순을 취할 뿐, 언제나 서술문과 같은 주어와 (조)동사의 형태를 취하는 것은 아니다. 여기서는 서술문, + O.K.?의 구조에서 O.K.?는 부가의문문의 기능을 하여 말하는 이가 듣는 이에게 서술문의 내용을 확인, 재다짐, 또는 촉구하거나 동의를 구하는 표현을 더한다.

이러한 특수한 형태의 부가의문문으로 자주 쓰이는 표현들로는 ..., (all) right?, O.K.?, (you) see?, you know?, huh? 등이 있으며, 구어체에서 대단히 자주 사용된다. [➡ (173) (224) (291) (309) (455)]

example

Sally: Harry, we're just going to be friends, <u>O.K.?</u>

[*When Harry Met Sally ...* (1989 film)]

Sally: Harry, 우리는 (계속) 그냥 친구인거야, 괜찮지?

example The Republicans are a party for average, hardworking people, <u>huh?</u>

공화당 사람들이 보통의 열심히 일하는 사람들을 위한 정당이란 말이라구요? (허, 웃긴다, 황당하다는 어감)

party 명 파티, 측/쪽, 정당   **average** 형 평균적인, 보통의

example

Sam: Tell me, do you prefer Texas to Iowa?

Emma: There seems to be an absence of wildness, <u>you know?</u> Even in the people.

[*Terms of Endearment* (1983 film)]

Sam: 말해 보세요, Iowa보다 Texas가 더 좋으세요?

Emma: (Iowa에는) 야성미가 없는 것 같잖아요? 사람들조차

prefer A to B B보다 A를 선호하다   **absence** 명 부재, 결여 (lack)
wildness 명 (길들여지거나 개발되지 않은) 야성미, 야생다움

장면 ▶ Texas 주로부터 Iowa 주로 이사 온 Emma가 두 주 (states)를 비교한다.

Scene

Oliver	**140**	**Can we get a cup of hot chocolate?**
Jennifer	**141**	**Sure.** **142** **I'll** **143** **even pay.**
Oliver	**144**	**Very gracious** **145** **of you.**

[Love Story (1970 film)]

장 면 ˙ ˙ ˙ ˙

 Jennifer가 스케이트장 옆의 작은 층층이 관중석 (bleachers)에 혼자 앉아, Oliver가 사람들 속에 섞여 아이스하키 선수처럼 여러 가지 기술을 보이며 스케이팅 하는 것을 본다. Oliver가 다가와 뜨거운 코코아를 마시러 가자고 제안한다. Love Story 특유의 사랑을 표현하는 기법으로, 거창한 사랑의 얘기는 극도로 절제하고 유머스럽고 솔직하고 때로는 날카롭게 쏘는 대화와 작은 사실적인 상황들과 에피소드들 속에서, 두 사람이 짧으면서도 길고 잊지 못할 사랑의 이야기를 엮어간다.

번 역 ˙ ˙ ˙ ˙

Oliver	뜨끈한 코코아 한 잔 할까?
Jennifer	좋지. 돈도 내가 낼게.
Oliver	정말 자애로우시네.

영어의 이해 with Dr. David

140 can = 제안, 부탁, 권고

<u>Can</u> we get a cup of hot chocolate?
뜨끈한 코코아 한잔 할까?

여기서의 조동사 can은 주어가 ...할 능력 (ability)이 있거나 허락 (permission)을 받았음을 나타내는 용법이 아니라, 말하는 이가 주어가 ...할 것을 제안, 요청, 권고, 조언, 부탁, 주문, 또는 부드러운 톤으로 요구 또는 명령하는 용법으로 쓰인 것이다. 여기서는 제안을 나타낸다.
[➡ (158) (215) (218) (313)]

example

Interviewer: Why do you wanna be a doctor?
Joe: That's easy. I wanna help people.
Interviewer: You **can** be honest with me.
Joe: Well, uh, I wanna make lots of money.

[*Gross Anatomy* (1989 film)]

면접관: 왜 의사가 되길 원하시죠?
Joe: 쉬운 문제네요. 사람들을 돕고 싶습니다.
면접관: 저한테 솔직하실 수 있을 텐데. (솔직해 달라는 부탁))
Joe: 실은, 어, 돈을 많이 벌고 싶네요.

장면 ▶ Joe가 의대 진학을 위한 면접을 보고 있다.

example If all that Americans want is security, they **can** go to prison.

미국인들이 원하는 모든 것이 안전 (보안)뿐이라면 감옥에 가면 된다.

example

Lisa (to Lewis): **Can** you turn the car around? Why don't we spend Christmas at home? We **can** watch *It's a Wonderful Life* for the millionth time, and snuggle up by the fireplace, and make love all night long, please.

[*Bed of Roses* (1996 film)]

Lisa (Lewis에게): 차를 돌릴 수 있어 (돌려 줘). 크리스마스 집에서 보내자. 영화 *It's a Wonderful Life*를 백만 번째로 보고 화롯가에서 꼭 껴안고 밤새도록 사랑을 나누기로 해.

장면 ▶ 외롭고 슬픈 과거를 가진 Lisa는 크리스마스에 동거하는 남자 친구 Lewis의 대가족 모임에 가는 것을 부담스럽게 느끼며, 차를 돌려 돌아가서 둘만이 오붓한 시간을 갖자고 한다.

---

snuggle 자동 (친밀하게) 껴안다, 밀착하다; cuddle; nestle **fireplacee** 명 벽난로, 화로; hearth ***It's a Wonderful Life* (1946 film):** Frank Capra 감독의 명작, 주연 James Stewart (George Bailey 역). 해마다 크리스마스 철이면 가장 많이 보는 영화

> <u>Sure</u>.
>
> 그럼, 물론

여기서의 sure은 형태상으로는 '확실한, 확실해 하는'이라는 형용사형이지만, 기능상으로는 '물론, 확실히, 분명히'라는 부사인 surely와 같은 부사인데, 구어체와 비격식체에서는 sure가 부사로 빈번히 사용된다.

같은 의미로 부사인 certainly, definitely, absolutely, positively를 쓸 수 있는데 (Of course. 또는 You bet. 또는 And how! 라고도 할 수 있다), 주의할 점은 이 부사들은 이 의미로 부사형 어미 -ly가 없는 형용사형으로는 사용할 수 없다. [➡ (486)]

example

Francesca: Would you like some iced tea?
Robert: Yeah.
Francesca: You like lemon?
Robert: <u>Sure</u>.
Francesca: Maybe a little bit of sugar?
Robert: You bet. Thanks.

[*The Bridges of Madison County* (1995 film)]

Francesca: iced tea 좀 드실래요?
Robert: 예.
Francesca: 레몬 좋아하세요?
Robert: 물론이죠.
Francesca: 어쩜 설탕도 조금?
Robert: 그럼요. 고마워요.

example I explored the Green Mountain State's countryside by bike, with a little help from the train. Am I glad I did it? <u>Certainly</u>. Would I do it again? <u>Absolutely</u>.

[여기서 부사형 Certainly와 Absolutely 대신에 Sure 또는 Surely가 사용될 수 있지만 Certain과 Absolute은 사용될 수 없다.]

저는 기차의 도움을 약간 받아서 자전거로 Green Mountain State (미국 동북부 Vermont주)의 시골을 돌아다녔는데요. 그렇게 해서 기쁜가요? 분명하죠. 다시 할 건가요? 절대적으로요.

[사진] 미국 동북부 Vermont 주 (별명: Green Mountain State)의 시골을 한 여름날에 자전거로 즐기며 여행을 하고 있는 친구들

사진 제공: © Scott Ableman

---

explore 타동 탐험하다. 여기서는 여기 저기 다니다 **countryside** 명 시골 (지역)

---

142 will = 주어의 의지

I'll even pay.
돈도 내가 낼게.

여기서의 조동사 will ('ll: will의 축약형)은 will의 기본적인 어법의 하나로 (다른 기본적인 어법인 말하는 또는 글 쓰는 이가 주어의 미래의 (때로는 현재의) 행위나 상태에 관해 추측이나 예견을 하는 것이 아니라), 현재나 미래의 사건이나 행위에 관한 '주어의' (주어가 I 또는 We인 경우에는 동시에 말하는 또는 글 쓰는 이의) 의지, 소망, 계획, 고집 등을 (부정문 (will not; won't)의 경우에는 거부나 거절을) 나타낸다.
[➡ (117) (121) (174) (234) (320) (527) (580)]

Cross-reference

비교: **Will you?:**
➡ (320) (406)

비교: **will = 추측:**
➡ (104) (128) (316) (323) (372) (472)

비교; **will = 말하는 이의 의지:**
➡ (138)

example During a trip to a slum in Brooklyn, a black man told Bobby Kennedy contemptuously, "You're just like all other politicians. We'll never see you again." Kennedy replied, "I'll be back in one year."

Brooklyn에 있는 한 빈민가를 방문하던 중에 한 흑인 남자가 Bobby Kennedy에게 모욕적으로 말했다. "당신은 모든 다른 정치인들과 똑같아요. 우린 당신을 다시는 결코 보지 못할 겁니다." Kennedy가 대답했다. "저는 1년 후에 (당신들에게/여기에) 다시 올 것입니다."

contemptuously 부 모욕적으로 < contemptuous 형 모욕적인 < contempt 명 모욕, 모독   **Brooklyn** New York City의 한 borough (행정구역). Long Island의 서쪽에 위치. 네덜란드 식민자들에 의해 1630-40년대에 정착됨. 오늘날에는 대단히 multiethnic (다민족적) 그리고 multicultural (다문화적인) 지역

Robert Kennedy greets an enthusiastic crowd in Indianapolis in May 1968 during his presidential campaign
Photo: Paul J. Shane/Associated Press

[사진] 1968년 미국 민주당 (the Democratic Party)의 대통령 후보 지명 (presidential nomination)을 위한 캠페인 중에 Indiana 주 Indianapolis에서 열광적인 군중과 대화를 나누고 있는 **Robert F. Kennedy** 연방 상원의원 (U.S. Senator) (1925-68). 흑인 인권운동의 리더 Martin Luther King, Jr. 목사 (1929-68), 노동 운동의 리더 Cesar Chavez (1927-93), 그리고 youth power의 아이콘 Bob Bylan (1941-) 등과 함께 1960년대 미국 진보주의의 기수였다. 사진: Paul J. Shane/Associated Press

143 even: 강조의 부사 / even의 위치

<u>even</u> pay
돈을 내기까지 하다

여기서의 even은 '...까지, ...조차, ...도'의 의미로 상식, 예상, 또는 기대 밖의 것을 가리키는 강조의 부사이다. 이 어법의 even은 명사, 대명사, 형용사, 부사, 동사, 구, 절 등의 광범위한 대상을 수식할 수 있으며, 대부분의 경우 수식하는 말의 바로 앞에 위치한다. 그러나 아주 이따금씩 일단 어떤 낱말, 구, 또는 절을 발언한 직후에 떠오른 생각 (afterthought)을 추가할 경우 뒤에 위치하는 때도 있다. 그리고 때로는 (특히 구어체에서) 수식하고자 하는 말의 위치에 상관없이 본동사 바로 앞에 위치하는 경우도 있다.
[➡ (288)]

example **Even** a worm will turn.

지렁이도 밟으면 꿈틀한다. (속담)

example Two out of five Super Bowl watchers are not **even** football fans. **Even** people who will never watch another game all year will tune in to this one national event.

다섯 명의 수퍼 보울 관전자들 중에 두 명은 football 팬조차도 아니다. 일년 내내 다른 (football) 경기는 하나도 더 보지 않을 사람들조차 이 하나의 국가적 행사에 (TV나 라디오 등의) 채널/주파수를 맞추어 틀 것이다.

---

the Super Bowl: 미국 프로 풋볼 리그인 the National Football League (NFL)의 최강팀을 가리는 연례 (annual) championship game. 흔히 1월 중순-2월 초의 한 일요일 (Super Sunday라고 불린다)에 열리는 이 경기를 전 미국인들의 40% 정도가 실시간 TV로 관전한다.

tune in to ...: ...에 방송 채널을 맞추다, ... 채널을 틀다

[사진] 흔히 1월 중순-2월 초 중의 한 일요일에 벌어지는 Super Sunday는 미국의 전국적인 파티 날이라고 해도 과언이 아니다. 이 사진에서는 대학교 친구들이 모여 **Super Bowl** 게임을 TV로 지켜보면서 beer, buffalo wings (hot wings), nacho chips 등을 먹으며 즐거운 시간을 나누고 있다.
사진: © 박우상 (Dr. David)

example The rocking chair became a standard feature of American living rooms in the Gilded Age: American people move **even** while sitting still.

흔들의자는 19세기 후기에 미국의 거실의 표준적인 모습이 되었다. 미국인들은 조용히 앉아 있는 동안에조차 움직인다.

배경: 사회•문화•경제

The Gilded Age: 미국의 1870년대-1890년대: 산업화와 상업화가 급속도로 추진되고 휘황찬란하고 겉이 번지르르한, 그래서 금으로 씌워졌다는 의미로 gilded라고 표현한다. 미국 역사가들에 의해 부 (wealth)의 집중과 금력과 탐욕이 사회의 주요 기둥이자 흐름이었던 시대로 특징지워진다.

example Mexicans are the largest Hispanic group, at 63 percent of the total Hispanic population, yet **even** they vary by region and experience.

멕시코계 사람들은 중남미계 인구 전체의 63퍼센트로 중남미계 최대의 그룹이지만, 그러나 그들조차도 지역과 경

험을 기준으로 보면 (여러 부류로) 다르다.

Hispanic 형 중남미계의. 종종 Chicano 또는 Latino라고도 한다. 모두 명사로도 사용된다.
population 명 인구   region 명 지역   experience 명 경험

[사진] Mexico계 사람들이 모여서 상금 상품들을 놓고, 현대의 테크놀로지가 있기 전 Mexico의 산골과 시골에서 사람을 부를 때 사용하던 우렁찬 육성을 재현하면서, 누가 힘차고 효과적으로 외치며 부르는지를 겨루는 "el grito" (영어로는 '소리 높여 외치다/부르다'라는 뜻의 the yelling 또는 the holler) 시합을 하고 있다.
사진: ⓒ 박우상 (Dr. David)

[even: 수식하는 어구 뒤에 위치 (afterthought)]

example

Jack: Rose, you're no picnic. All right, you're a spoiled little brat, <u>even</u>. But you're the most amazingly wonderful girl, woman, that I've ever known.

[*Titanic* (1997 film)]

Jack: Rose, 당신은 그냥 쉬운 (그냥 재미만 있는) 그런 사람은 결코 아니죠. 좋아요, 당신은 작은 망나니이기까지 해요. 그러나 당신은 내가 안 가장 놀라우리만치 멋진 소녀, 여자예요.

picnic 명 (속어) 아주 쉽거나 즐거운 일, 사람, 또는 경험   spoiled 형 망가진, 못된, 망나니인
brat 명 말 안 듣고 못된 아이

설명 여기서 even은 a little spoiled little brat을 수식하는데, 실제로 말로 표현할 때 처음에는 even을 생각하지 않았다가 brat까지 말을 한 뒤에 그렇기까지 하다는 의미를 추가하는 것이 좋겠다는 생각이 들어, 마지막 순간에 나중 생각 (afterthought)으로 even을 뒤에 추가한 경우이다. 제때에 생각한 정상적인 경우라면 All right, you're even a spoiled little brat.

144 생략: 주어 + 술부 동사의 생략

It's very gracious of you (to grant my wish and even (to) offer to pay).
(내 소원을 들어 주고 돈까지 내 주시겠다니) 정말 친절하시군

이 표현은 주어와 술부 동사인 It과 is가 문맥상 뚜렷하기 때문에 표현의 경제 (the economy of expression)를 위해서 생략된 경우이다. 주어 또는 주어 + 술부 동사는 문어체에서는 거의 생략되는 경우가 없으나, 이렇게 일상적인 또는 비격식체적 구어체나 읽는 이에게 말하는 듯한 문체로 쓰는 글에서는, 문맥상 뚜렷하거나 말하는 이와 듣는 이 사이에 암묵적 이해가 있거나 가능할 때에 이렇게 생략되는 경우들이 있다. [➡ (227) (297) (326) (344)]

여기서 생략된 주어인 it은 문맥상 '당신이 뜨끈한 코코아를 마시러 가자는 나의 제안/소망을 받아 주고 게다가 돈까지 내어 주겠다는 것'을 뜻한다. 이것이 영어로는 문맥상 to grant my wish and even (to) offer to pay.이며, 이 to-부정사 구 (phrase)가 이 문장의 생략된 의미상의 주어이다. 그리고 이 표현 전체로는 그것이 정말 친절하다는 뜻이다.

example Guys who conquer the most chores around the house are extremely sexually attractive to their women and have the best relationships with their children. No kidding!

[(This is/ That's/ It's) no kidding!]

집에서 가장 많은 잡일을 해내는 남자들이 파트너들에게는 극히 성적으로 매력이 있고 아이들과도 가장 좋은 관계를 유지하죠. 농담이 아니예요!

conquer 타동 정복하다. 여기서는 '기꺼이/가뿐히 해낸다' 정도의 의미
chore 명 잡일, 허드렛일   extremely 부 극히, 극도로, 대단히

example
Robert (sniffing the air): Wonderful smell to Iowa. Kind of particular in this part of the country. Know what I mean?
Francesca: No.
Robert: Well, it's kind of hard to explain. It's, huh, rich, earthy, alive. Anyway, you don't smell it?
Francesca: Maybe it's because I live here.
Robert: Yeah, I guess so.

[*The Bridges of Madison County* (1995 film)]

[(There's this) wonderful smell to Iowa. (It's) kind of particular in this part of the country. (You/ Do you) know what I mean?]

Robert (공기를 맡으며): Iowa 주엔 멋진 냄새가 있어요. 이 나라의 이 지역에 좀 특유한. 내 말뜻 아시죠?

Francesca: 아뇨.

Robert: 그럼, 설명하기 좀 힘든데. 그건, 어, 풍부하고 땅 같고 살아 있는. 아무튼 그런 냄새 못 맡으세요?

Francesca: 어쩌면 제가 여기 살기 때문이겠죠.

Robert: 예, 그런 것 같네요

---

kind of 부 (비격식체) 어느 정도, 좀, 약간; somewhat; to some extent; sort of

particular 형 특유한   **earthy** 형 흙 (earth/soil)으로 된, 흙 같은; 세련되지 않은; 현실적인, 실용적인; consisting of or of the nature of earth/soil; coarse; unrefined; realistic; practical

---

145 It is + 성격/인격 형용사 + of + 목적어 (+ to-부정사)

very gracious of you.
아주 자애로우시구나

Cross-reference
비교: to-부정사의 주어 = for + 목적어:
➡ (517)

주어 (It/that/this) + be 동사 + 성질 형용사 + of + 목적어 (흔히 사람).의 구조로, [주목] 여기서 for가 아니라 of가 사용되는 점에 각별히 주의해야 하며, 여기서의 of는 '...에 관해 말하자면, ...는' (as for ...; to speak of ...) 이라는 의미의 전치사이다. 즉 이 구문은 '주어는 (그것은) 그 사람 목적어 로/에 관해 말하자면 그 성질 형용사이다/하다'라는 뜻을 나타낸다. 그리고 이 구문에서는 of + 목적어 (흔히 사람) 뒤에 그 목적어의 행위가 to-부정 사로 표현되는 경향이 높으며, 그런 경우에 to-부정사는 '그 사람이라는 목 적어가 그 성질 형용사이다/하다'라고 판단하는 근거를 나타낸다. 그리고 이 경우에서처럼 그 to-부정사구는 의미가 문맥상 뚜렷하게 드러나면 생략 될 수도 있다. [➡ (187) (524)]

이 어법에 자주 쓰이는 성질 형용사의 예들:

bold (대담한, 용감한), **brave** (용감한), **careful** (조심스러운), **careless** (조심성 없는, 부주의한), **childish** (유치한); **cool** (멋진), **considerate** ((다른 사람의 입장, 기분, 상황 등을) 배려하는), **courageous** (용기있는), **dear** (사랑스런), **fair** (공정한), **foolish** (바보같은), **generous** (너그러운), **good** (선한, 착한), **gracious** (자애로운), **greedy** (욕심많은), **hypocritical** (위선적인), **impudent** (뻔뻔한), **kind** (친절한, 너그러운), **nice** (훌륭한, 친절한), **polite** (예의바른), **presumptuous** (주제넘은), **prudent** (신중한), **reasonable** (합당

한, 합리적인, 수긍이 가는), **reckless** (무모한), **rude** (무례한), **selfish** (이기적인), **smart** (영특한, 잘 생각한, 재치있는), **stupid** (멍청한, 우둔한), **thoughtful** (사려깊은), **typical** (전형적인), **unfair** (공정치 못한), **unreasonable** (불합리한), **wise** (현명한).

Question: I'm a 63-year-old widow. My husband, whom I was devoted to, passed on four years ago. Recently I've met a man in his mid-70s, and we're both attracted to each other in many, many ways. I feel guilty about being attracted and considering marriage to another man. My son, who's in his late 30s, is making me feel even guiltier. I'm confused and don't know what to do.

Advice: It's **selfish** **of** **your** **son** **not** **to** **welcome** an opportunity for your happiness at this stage in your life. It's **childish** **of** **him** **to** **view** this as a betrayal of his father. He should respect your choices and your right to live your own life.

질문 : 저는 63세의 미망인입니다. 저의 남편은 제가 헌신했던 사람인데 4년 전에 죽었습니다. 근래에 저는 70대 중반의 한 남자분을 만났는데 우리는 서로에게 아주 많은 면에서 끌리고 있습니다. 저는 다른 남자에게 끌리고 결혼을 고려하고 있는 것에 대해 죄스럽게 느낍니다. 30대 후반인 제 아들은 저를 더욱 죄책감이 들게 하고 있습니다. 저는 혼란스러워 어떻게 해야 할지 모르겠습니다.

충고 : 부인의 아들이 (그에 관해 말하자면) 당신 인생의 이 단계에 당신의 행복을 위한 기회를 환영하지 않다니 이기적입니다. 그 아들이 (그 아들에 관해 말하자면) 이 일을 자기 아버지를 배신하는 것으로 보다니 유치합니다. 부인의 아들은 당신이 당신 자신의 삶을 살아갈 선택과 권리를 존중해야 마땅합니다.

---

widow 명 미망인　　**pass on** 자동 죽다; die; pass away　　**guilty** 형 죄가 있는

guilty 형 유죄인, 죄책감이 드는　　**confused** 형 혼동된, 정신이 혼란스러운

childish 형 유치한　**betrayal** 명 배반, 배신 < **betray** 타동/자동 배반/배신하다

Phil: You weren't in broadcasting and journalism?
Rita: Uh-uh. Believe it or not, I studied nineteenth-century French poetry.
Phil: So **bold** **of** **you**. You must be a very, very strong person.

[*Groundhog Day* (1993 film)]

[**(It was) so bold of you to study** nineteenth-century French poetry.
19세기 프랑스 시를 공부하시다니 아주 대담하셨네요]

Phil: 방송과 저널리즘 분야에 있지 (여기서는 문맥상 전공하지) 않았어요?
Rita: 어-어. 믿든 아니든 전 19세기 프랑스 시를 공부했어요.
Phil: (당신 말이에요) 배짱이 대단하셨네요. 아주, 아주 강한 분임이 틀림없네요.

in ... 전치 ... 분야에 종사하는, ...를 전공하는   **poetry** 명 시 (집합명사: 시들: 한 시인의 시 전체, 어떤 사조의 시들 전체 등). 한 편의 개별적인 시는 poem

---

장면 ▶ Groundhog Day (2월 2일) 축제를 보도한 직후에, 일기예보 기자인 Phil이 프로듀서인 Rita에게 관심을 보이면서 서로의 배경에 관한 이야기를 이끈다.

example Soon after I was invited to a potluck dinner, the hostess dropped off a long recipe full of all kinds of exotic ingredients and elaborate directions for me to prepare. Although I was anxious to turn down the invitation, I was afraid of a negative impression. But I am really dreadful of the time and the money. **It was** very **unmannerly of the lady to put** me in this kind of distress.

내가 어떤 potluck 저녁 모임에 초대된 지 얼마 안 되어, 주최한 여자분이 내게 준비하라고 온갖 종류의 이국적인 재료들과 복잡한 지시사항들로 가득한 긴 요리법을 떨구고 갔다. 초대를 거절하고 싶은 마음 간절했지만, 부정적인 인상을 줄까 두려웠다. 그러나 난 그 시간과 돈이 정말 두렵다. 그 부인이 나를 이런 스트레스에 빠지게 하다니 아주 매너가 없었다.

---

exotic 형 이국적인   **ingredient** 명 (음식의) 재료   **elaborate** 형 정교한, 상세한, 공들인   **directions** 명 지시 사항들   **anxious + to**-부정사: ... 하고 싶어서 조바심 내다, 열렬히 ... 하고 싶어 하다   **turn down**: 거절하다; reject; decline   **dreadful** 형 두려워하는   **unmannerly** 형 매너/예의가 없는   **distress** 명 (정신적) 고통   **potluck**: 초대된 사람들이 함께 나누어 먹기 위해 각자 자기 나름의 음식을 준비해서 오는 모임

Exercise

다음의 표현들 중에서 어법상 잘못된 것은 어느 것입니까?

❶ It was greedy and reckless for Nixon to seek reelection by hook or by crook.

❷ It was necessary even for Republicans to question the morality of Nixon, a Republican president.

❸ It's difficult for the Senate to impeach a president.

❹ It was easy for President Ford to pardon Nixon.

[정답과 해설]

해설 >>>

주목 ▶ Easy, hard, difficult, necessary, simple, tough를 대표적으로 포함하는 대부분의 형용사들은 '...가 ...하는 것은 ...하/이다 (형용사)'라는 구문을 It is + 형용 + for + 목적어 + to-부정

사의 형태로, to-부정사의 행위자 (소위 의미상의 주어)를 for + 목적어 (대명사의 복적격 또는 명사)의 형태로 표현한다. 이 어법과 대조적으로 greedy와 reckless 등을 포함한 사람의 성격, 인격, 인품에 관한 논평을 하는 형용사가 사용되는 경우에는 for 대신에 **of**를 사용한다. 따라서 문장 (1)은 It was greedy and reckless of Nixon to seek reelection by hook or by crook.이 되어야 한다.

번역 >>>

❶ 무슨 수단 방법을 동원해서라도 재선을 꾀하다니 Nixon은 탐욕적이고 무모했다.
[Richard Milhous Nixon (1913-1994): 미국 37대 대통령 (1969-1974), the Watergate Scandal로 사임 (1974)]

❷ 공화당 사람들 조차도 공화당 출신 대통령인 Nixon의 도덕성에 의문을 제기하는 것이 필요했다.

❸ 상원 (the Senate)이 대통령을 탄핵하는 것은 어렵다.

❹) Ford 대통령이 Nixon을 사면하는 것은 쉬웠다.

정답: ❶

---

greedy 형 탐욕적인 **reckless** 형 무모한, 조심성 없는 **reelection** 재선
the Senate 명 (미국) 상원. 하원은 the House (of Representatives) **impeach** 타동 탄핵하다 **pardon** 타동 용서/사면하다 **by hook or (by) crook**: by any means (whether legal or illegal, just or unjust, ethical or unethical); 무슨 (합법적이든 불법적이든, 윤리적이든 비윤리적이든) 수단과 방법을 써서라도

 President Nixon wanted to get reelected **by hook or by crook**.

Nixon 대통령은 무슨 방법을 동원해서라도 재선이 되길 원했다.

1972년의 대통령 선거에서 재선의 야망에 눈먼 Nixon 대통령은 자신의 재선선거위원회의 조직을 통해 적수 정당인 민주당 (the Democratic Party)의 선거 작전을 입수하고 무력화시키기 위해, Washington, D.C.에 소재한 Watergate 아파트-사무실 complex에 들어 있던 민주당 선거운동 본부에 침투시키고 그 불법행위를 은폐하고 자기의 권력을 남용하여 수사를 방해하는 불법행위를 함으로써, 1974년에 치욕적으로 사임하게 되었으며 곧 뒤따른 Gerald Ford 대통령에 의해 사면 (amnesty; pardon)을 받았다. 그것이 바로 the **Watergate Scandal**이다.

Scene

Jennifer: **146** Would you **147** stop blaming **148** yourself, you **149** goddamn stupid preppie? **150** It's nobody's fault. It's not your fault. That's the only thing
151 I'm gonna ask you. *(Oliver nods his head, trying to hold back his tears.)*

[*Love Story* (1970 film)]

Words & Phrases

· **blame** [타동] ...를 탓하다, 책임을 묻다
· **fault** [명] 잘못, 과실, 결함
· **nod** [타동] (고개를) 끄덕이다, 떨구다
· **hold back**: 뒤에서 붙잡다, 앞으로 나가지 못하게 하다, 억제하다
· **tear** [명] 눈물. 영어의 tear는 대부분의 경우 눈물 방울 하나 (a tear)가 아닌 경우, tears라고 가산명사의 복수형으로 취급한다.

장 면 · · · ·

Jennifer의 시한부 삶을 알게 되고 난 후로, Oliver는 파리에 대학원 유학을 갈 꿈을 포기하고 자기와 결혼한 Jennifer에 대한 커다란 미안함을 느껴왔는데, 죽음이 임박하자 Jennifer는 자책감으로 괴로워하는 Oliver에게 자책하지 말 것을 부탁한다.

번 역 · · · ·

Jennifer 자기 멍청이 preppie, 자책 그만할래? 누구의 잘못도 아니야. 자기 잘못 아니야. 그게 내가 자기한테 바라는 유일한 거야. (Oliver는 눈물을 흘리지 않으려고 애쓰면서 고개를 끄덕인다.)

146 Would you ...?: 의미 (1) (2)

Would you stop blaming yourself?

자기 자책하는 것 멈춰 줄래?

Cross-reference

비교: would: 의도:
➡ (53) (513) (521)

비교: would: 추측:
➡ (511)

Would you ...?는 형태상으로만 과거시제 (would)이지 시간적으로 미래 지향적인 두 가지 의미를 가진다.

의미-1 '상대방 (말을 듣는 이)에게 ... 하겠는가' 하는 상대방의 의향/의견/바램을 묻는 표현이다.

의미-2 상대방의 의사를 묻는 것이기는 하지만 기본적으로는 내가 (말하는 사람이) 상대방에게 ...를 해 달라고 주문, 부탁, 또는 제안을 하는 표현이다.

양쪽의 경우 다 would 대신에 will을 사용하는 경우보다 정중하고 신중한 표현이다. 이 경우의 Would you ...?는 두 번째의 의미로 쓰였다.
[➡ (152) (482) (508)]

의미-1

example The pastor asked his congregation, thundering, "**Would you** really vote for the presidential candidate who supports the right to abortion?"

그 목사는 "여러분 정말로 임신중절권을 지지하는 대통령 후보에게 투표하시겠습니까?"라고 (마치 천둥이 치듯이 큰소리로) 호통치면서 그의 신자들에게 물었다.

pastor 명 목사　**congregation** 명 (모여 있는) 신자들 (집합명사)　**thunder** 자동 (호령하듯이 크게) 소리치다　**presidential candidate** 대통령 후보　**abortion** 명 낙태, 임신중절

example

Waiter: **Would you** like to start off with something to drink?
Jamie: Sweet tea, please.
Landon: Make that two.
Waiter: Right away.
　　　　　　　　　　　　　　　　　　　　[*A Walk to Remember* (2002 film)]

웨이터: 뭔가 마실 걸로 시작하시겠습니까?

Jamie: 달콤한 차를 주세요.

Landon: 그걸 두 개로 해 주세요.

웨이터: 곧바로 옵니다.

example

Jack: Greg, **would you** like to say grace?

Greg: I'd love to.   [*Meet the Parents* (2000 film)]

Jack: Greg, 기도해 주겠니?

Greg: 그럼요 (원하시면 기쁘게 해드리겠다는 표현)

장면 ▶ Jack이 자기 딸 Pam과의 결혼을 승낙 받기 위해 찾아온 Greg에게 저녁 식사에 앞서서 기도를 해 줄 것을 부탁한다.

---

say grace 기도하다; pray

---

example

Steve: **Would you** please tell me you love me too, Katie?

Katie: I love you too, Steve.

Steve: Katie, 자기도 날 사랑한다고 말해 줄래?

Katie: 나도 자기 사랑해, Steve.

---

147 **stop + -ing (동명사): ... 하기를/하던 일을 멈추다**
       stop + to-부정사: ... 하기 위해 (하던 일을) 멈추다/멈춰 서다

---

stop blaming yourself
자책하는 것을 멈추다

---

stop이 뒤에 동사형을 취할 경우, 어떤 형태를 취할 것인지는 기계적으로 결정되는 것이 아니라 의미에 의해 결정된다. '...하는 것' (동작, 행위, 상태)을 멈춘다는 뜻일 경우 stop + -ing (동명사)의 형태를 취하며 (이 경우 stop은 동명사를 목적어로 취하는 타동사이다), '...하기 위해서'라는 목적이나 의도를 위해 다른 것을 중단하는 경우 ('중단하고/멈추고 ...하다'라고 번역될 수 있는 경우도 종종 있다)에는 stop + to-부정사 (동사 원형)의 형태를 취한다 (이 경우 to-부정사는 stop의 목적어가 아니라, 목적/의도를 나타내는 부사구이며 stop은 자동사이다.

[➡ (441)]

[stop + -ing]

example We've **stop**ped call**ing** short people dwarfs. We've **stop**ped call**ing** disabled people handicapped.

우리는 키가 작은 사람들을 난장이라고 부르는 것을 멈췄다. 우리는 몸이 불편한 사람들을 장애인이라고 부르는 것을 멈췄다. (대신 disabled (불능이 된) 이라고 부른다).

참고 ▶ 영어로 장애인을 표현할 때 오랫동안 사용되어 온 handicapped를 장애인들에 대한 차별적이거나 모욕적인 어감을 준다는 이유로, 이 말을 기피하고 disabled 또는 physically disadvantaged (육체적으로 불이익을 당한/유리한 점을 잃은) 등의 표현을 선호하는 사람들이 증가한 것은 사실이지만, handicapped를 더 이상 사용하지 않는 것은 결코 아니다.

[stop + to-부정사]

example I was returning to New York from Georgia when my car blew a tire. Soon two Southern gentlemen **stop**ped **to help**.

[My car blew a tire: My car/I had a flat (tire)/ blowout.]

나는 Georgia 주로부터 New York으로 돌아오고 있는데 차 타이어가 터졌다. 곧 두 명의 남부 신사들이 (하던 일을 멈추고) 도우려고 멈추었다 (멈추고서 도와 주었다).

설명 ▶ My car blew a tire on the road. (도로 상에서/주행 중에 내 차의 타이어가 터졌다):
유사한 표현들: My car/I had a flat (tire)/blowout/ tire malfunction. I/One of the tires got a puncture. My car/One of the tires went flat. One of the tires/ A tire/ My tire popped. One of the tires/ My tire blew/burst. One of the tires/ My tire went dead/kaput/shot/ toast/out. I had a tire go out on me. One of the tires went out on me. One of the tires/ My tire deflated. One of the wheels/tires got messed up. I had/got a tire failure/leak. One of the tires/ A tire/ My tire sprung a leak/bit the dust.

148 oneself (재귀 대명사: Reflexive Pronoun): 어법 (1) (2)

blaming yourself
너 자신을 탓하는 것

재귀대명사 (I - myself, you - yourself, he - himself, she - herself, it - itself, we - ourselves, you (복수) - yourselves, they - themselves)는 [어법-1] 주어를 설명하는 동사의 동작이나 술부에 사용된 전치사의 영향이 주어 자신에게 가해지는 경우, 또는 [어법-2] 문장의 주어, 목적어, 또는 보어를 강조하는 경우에 사용된다.

[어법-1]의 경우 재귀대명사는 문장 구조의 필수적인 요소로 생략될 수 없으며, 재귀대명사의 재귀적 용법이라고 불린다. 그와 대조적으로 [어법-2]의 경우는 문장의 필수적인 요소가 아니라 추가적인 요소이므로, 생략이 가능하며 (생략하는 경우에는 강조의 의미는 없어진다) 재귀대명사의 강조적 용법이라고 부른다.

어법-1

example All over the country, women have begun to ask the hard questions: "How do I stop playing the same old role every day?" "How do I change my husband? my boss? my family? my friend? the limitations that surround me?" And, hardest of all, "How do I change **myself**?"

전국 각지에서 여성들이 어려운 질문들을 던지기 시작했다: "나는 어떻게 하면 그 똑같은 구식의 (여자로서의) 역할을 매일 (반복) 하는 것을 중단할 것인가? 나는 어떻게 내 남편을, 내 보스를, 내 가족을, 내 친구를, 나를 둘러싼 한계들을 변화시키는가?" 그리고 이 모든 질문들 중에 가장 어려운 것으로, "나는 어떻게 나 자신을 변화시키는가?"

example Have not women trapped **themselves** within the narrow walls of their homes?

여성들은 자기 자신들을 자기 집의 좁은 벽들 안에 가두어 놓고 오지 않았던가?

어법-2

example Unlike the old feminists, the new feminist likes to know how to cook and enjoys preparing a meal **herself**.

[여기서 herself는 남이 아니라 그녀 자신이라는 뜻으로, 주어인 the new feminist를 강조]

구식의 여권주의자들과는 달리 새로운 여권주의자는 요리하는 법을 알기를 좋아하고 식사를 그녀가 직접 준비하는 것을 즐긴다.

example Today's hard right seeks total dominion. The target is not the Democrats but democracy **itself**.

[여기서 itself는 주격보어인 democracy를 강조]

오늘날의 강경 우파는 전적인 지배를 꾀한다. 그 표적은 민주당 사람들이 아니라 민주주의 그 자체/바로 그것이다.

---

right the right: 우파, 보수파. 앞에 소유격인 today's가 사용되어 the가 생략되었다
seek [타동] 찾다, 추구하다   **dominion** [명] 지배, 장악

149　Goddamn

Goddamn

Cross-reference
➡ (134)

Oliver (to his wife, Jennifer): Can't I take my **goddamn** wife to dinner if I want to?

[*Love Story* (1970 film)]

Oliver: 난 내가 원해도 젠장 와이프를 저녁 식사에 데리고 나갈 수 없단 말이야?

여기서 goddamn은 신참 변호사로 바쁜 일정을 지내고 있는 남편에 짜증을 내고 있는 아내 Jennifer에 대한 Oliver의 순간적인 불만을 나타낸다.

150　it = 상황의 it

It's nobody's fault.
그건 어느 누구의 잘못도 아니야

여기서의 주어인 It은 앞에 언급된 어떤 구체적인 대상을 가리키는 용법이 아니라, 상황이나 문맥에 의해 그 의미가 드러나고 이해되는 소위 '상황의 it (situation it)'이다. 여기서는 문맥상 '나의 시한부 인생을 초래한 병 (my terminal illness)'을 가리킨다. 한국의 영어교육에서는 상황의 'it'의 교육이 대단히 미약하지만 실제의 영어에서는 (특히 비격식체와 일상 구어체에서는) 대단히 자주 사용됨에 주목하고 숙달해서 사용할 수 있어야 한다.
➡ (13) (48) (102) (249) (305) (394) (415) (468)

example The Rocky Mountain home of cowboys and lumberjacks has become a magnet for telecommuters and Range Rover-driving yuppies. So far, **it**'s been a booming good time.

[여기서의 **it**은 로키 산맥 일대의 도시들의 최근에 들어 번창하고 있는 모습 또는 1990년대 이후의 번성기를 나타낸다.]

카우보이들과 나뭇꾼들의 로키 산맥 고향에는 원거리/자택 근무자들과 Range Rover를 모는 젊은 전문인들이 모여 살게 되었다. 지금까지는 그곳의 상황은 번창하는 호시절이었다.

lumberjack 명 나뭇꾼, 벌목장 또는 제재소 근로자   magnet 명 자석. 여기서는 사람들을 끄는 곳
telecommuter: 자택 또는 원거리에서 근무하는 (telecommuting) 사람
Range Rover 영국산 SUV   yuppie/ yuppy 명 young urban professional: 도시에 거주
하면서 전문직에 종사하는 젊은이   booming 형 번창하고 있는

151 관계 대명사의 생략: 관계대명사 = 타동사의 목적어

That's the only thing <u>I'm gonna ask you</u>.
그건 내가 자기한테 부탁하고자 하는 유일한 거야

Cross-reference
비교: 전치사의 목적어인 관
계대명사의 생략:
➡ (546)

이 문장은 That's the only thing (that) I'm gonna ask you.에서 관계대
명사 that이 관계사절 안에서의 타동사 (여기서는 ask)의 목적어일 때 생
략될 수 있는 어법에 따라 생략된 것이다.
[➡ (231) (253) (285) (549) (577)]

That's the only thing. + [I'm gonna ask you that only thing (= that).]
= That's the only thing (that) I'm gonna ask you.

example
Jake (to Melanie, his wife): Hell, I'm just a simple country boy. There's words
(**<u>that</u>**/**<u>which</u>**) I can't even pronounce.   [*Sweet Home Alabama* (2002 film)]

Jake (아내 Melanie에게): 제기랄, 난 그냥 단순한 시골놈이야. 내가 발음조차 할 수 없는 말들이 있어.

주목 ▶ There's words ...: 현대 영어의 구어체에서는 There is/There's ... 구문에서, 문법적인 주
어 (여기서는 words)가 복수형이라도 문두에 위치하여, 형식적인 주어인 There에 일치하는 be 동
사는 단수형인 is가 쓰이는 경향이 현저하다.

장면 ▶ 자기를 남부의 무식쟁이로 취급하면서 이혼을 요구하는 아내 Melanie에게, 많은 교육을
받지 못하고 소박한 환경 속의 자기 정체성을 당당히 밝히는 Jake의 표현이다.

example Religion and politics are two topics (**<u>that</u>**/**<u>which</u>**) you should never bring
up at a dinner party.

종교와 정치는 저녁식사 파티에서 절대로 거론해선 안 되는 두 가지 주제들이다.

Scene

Jennifer **152** Would you **153** please do **154** something for me, Ollie?
152 Would you **153** please hold me? (Oliver pulls his head over to
Jennifer's head.) No, I mean, really hold me, **155** next to me.

[*Love Story* (1970 film)]

장 면 • • • •

임종을 눈앞에 둔 Jennifer의 병상에서 Jennifer가 Oliver에게 더 이상 자책하지 말고 자기 바로 곁에 누워 꼭 껴안아 달라고 부탁한다. Oliver는 Jennifer의 병상에 올라 그녀의 머리 바로 곁에 자기 머리를 묻고 오른팔로는 그녀의 가슴과 머리를 안는다. 그러면서 Jennifer는 숨을 거둔다.

번 역 • • • •

Jennifer Ollie   자기 날 위해 뭔가 해 줄 수 있어? 날 껴안아 줄래? (Oliver가 머리를 Jennifer의 머리 쪽으로 끌어간다.) 아니, 날 정말로 껴안아 달라는 거야, 내 곁에서.

영어의 이해 with Dr. David

152   Would you ...? = 주문, 부탁, 제안

<u>Would you</u> please do something for me, Ollie?
<u>Would you</u> please hold me?
Ollie, 자기 날 위해 뭘 좀 해줄래? 날 좀 껴안아 줄래?

여기서의 Would you ...?는 '...하겠는가?'라고 상대방의 의향을 묻는 것이 아니라, 내가 (말하는 사람이) 상대방에게 '...를 해 달'고 주문, 부탁, 바램, 또는 제안을 하는 표현이다. 이 어법에서의 would 는 would 대신에 will을 사용하는 경우보다 정중하고 신중한 표현이다. [➡ (146) (의미 2)]

153 Please

please

한국의 영어 교육에서는 상당한 공손함을 나타내며 거의 기계적으로 '제발'이라고 번역하도록 가르치는 말이지만, 대부분의 경우에는 (여기서의 경우를 포함하여) 실은 그렇게 공손하거나 절박하거나 저자세의 표현은 아니며, 흔히 please 자체는 번역하지 않고도 문장의 어감을 느끼고 번역할 수 있다. 명령, 주문, 부탁, 권고 등의 표현에 상대방이 불쾌하게 느끼지 않을 정도의 기본 예의를 갖추거나, 신중한 어감을 더하는 부사로 보면 대부분의 경우 적절한 이해이다.

영어권의 사람들은 어릴 때부터 상대방에게 무엇을 부탁할 때, 그것이 비록 가벼운 부탁이라도 거의 대부분의 경우에 please를 사용하도록 가르친다. 그러나 경우에 따라서는 오히려 은근히 강력히, 짜증스럽게, 또는 더 이상 인내할 수 없다는 듯이 촉구하거나 반감을 나타내는 어감을 나타낼 수도 있다.
[➡ (428)]

[Please: 보통의 경우: 기본 예의]

 Please reserve these seats for the elderly and handicapped.

이 자리들은 연로하신 분들과 장애인들을 위해 남겨 주십시오.
[대중 교통에서 노약자 보호석을 위한 sign]

[Please: 절실한 요청]

example

Dr. Swain: You carry our love and our undying gratitude. **Please**, come back safely to your homes. *[Peyton Place* (1957 film)]

여러분은 우리의 사랑과 우리의 끊임없는 고마움을 지니고 가십시오. 제발 안전하게 여러분의 집으로 돌아오십시오.

> **장면** Dr. Swain이 2차 세계대전에 징집된 Peyton Place의 젊은이들을 떠나 보내면서, 격려와 감사와 살아 돌아오라는 기원의 말을 하고 있다.

[Please: 짜증, 인내의 한계, 반감]

example Today's working moms are irritated that schools ask them to attend a class play or a parent-teacher meeting, during business hours, crying "Oh **Pleeeease** knock it off."

[여기서의 Pleeeease는 강한 싫어함 또는 짜증을 강조하기 위해 임의로 표기한 철자]

오늘날의 직장 생활을 하는 엄마들은 학교가 자기들에게 (아이들의) 학급 연극이나 학부모-선생님의 만남에 참석하기를 부탁하면, "오, 제발 그만 두세요"하고 외치면서 짜증을 낸다.

irritate 타동 짜증나게 하다	attend 타동 참가/참석하다	play 명 연극

knock it off (속어) 그만 두다, 중지하다; stop, quit, or discontinue it; cut it out

example I am appalled at kids' sports. Youngsters play only to win, not for the pleasure of just playing. Parents should be ashamed of themselves! Kids, get a grip! The world doesn't revolve around sports or around you. Parents, **please**. It's just a game.

[한 14세 소녀가 미국의 스포츠 열광 (sports craze)에 반감을 나타낸 표현]

전 애들 운동을 보면 끔찍해요. 애들은 그냥 play하는 즐거움을 위해서가 아니라, 오로지 이기기 위해 play해요. 부모들은 자기들이 부끄러운 줄 알아야 해요. 애들아, 정신차려라. 세상이 스포츠와 니네들을 중심으로 돌아가지 않는단다. 부모님들, 제발. 그냥 게임일 뿐이예요.

Get a grip. (속어): **Get a life.** (속어); **Be/Get real.**; **Get with it.**; Don't be stupid.; (세상을, 현실을, 또는 뭐가 뭔지) 제대로 알아라 또는 행동해라; 정신차려라; 꿈 깨라; 황당한 또는 뭘 모르는 소리 마라; 아서라. 이 표현들은 모두 무례하거나 당돌하게 받아들여질 경우들이 있다.
appall 타동 끔찍하게 느끼게 하다   **youngster** 명 어린이, 젊은이   **be ashamed of** ...: ...를 수치스럽게 여기다   **revolve around** ...: center around/on ...: ...를 중심으로 돌다/움직이다

154 some: 의문문에 쓰인 some

Would you please do <u>something</u> for me?
자기 날 위해 뭘 좀 해줄래?

Cross-reference

비교: 부정문에서의 some:
➡ 193

비교: if-조건절에서의 some:
➡ 500

의문문에 대명사 something이 사용된 경우이다. 한국의 영어 교육에서는 부정 (비특정) 대명사 또는 형용사로 쓰이는 some (something, someone, somebody; 부사 somehow와 somewhere에도 적용)과 any (anything, anyone, anybody; 부사 anyhow와 anywhere에도 적용)의 용법에 관해, some은 긍정문에 any는 부정문 (그리고 if-조건절)에 쓰인다고 가르친다. 즉, some과 any의 사용은 그것이 사용된 문장이 긍정문인가 또는 부정문인가에 따라, 서로 배타적으로 선택되는 것으로 가르친다.

그러나, 이것은 some과 any에 관한 근본적인 무지와 오해이며, 한국의 영어 교육이 이해에 있어서 얼마나 피상적이고 생명력과 현실성이 없는지, 그리고 설명에 있어 얼마나 도식적이고 기계적인지 극명하게 보여 주는 한 단

적인 예이다.

핵심적으로 설명하자면 some과 any는 같은 동전의 양면이어서 문장의 형태에 따라 이쪽 저쪽으로 기계적으로 면이 선택되는 것이 전혀 아니라 둘 다 비록 비특정한 대상이나 수량을 가리키지만, 서로 다르고 독자적인 의미와 뉘앙스를 가지며, 둘 다 의문문에 (긍정문과 부정문 그리고 조건절에도) 쓰일 수 있다.

의문문에 쓰이는 대명사 any (또는 형용사로서의 any)는 그것이 지칭하는 사람/사물의 수량, 종류, 성 격 등을 불문에 부치는 질문을 나타내며, 언급하고 있는 내용에 대해 종종 부정적이거나 회의적인 태도를 함축한다. 이와 비교적으로 의문문에 some이 쓰이는 경우에는, 그 some (또는 something, someone, somebody, somehow, somewhere)이 가리키는 대상물이나 사람에 대해 그 존재를 긍정적으로 전제, 가정, 또는 인정하는 어감에 기초하여 질문을 던지는 표현이 되며, 그것을 권유하거나 격려하거나 긍정적으로나 적극적으로 대하는 경우에 자주 쓰인다.

[➡ (197) (412) (484)]

[의문문에서의 any]

example In this era of e-mail, does **anybody** write love letters anymore?

이 이메일의 시대에 아직도 여전히 누가 연애편지를 쓰나요? ('아마 없겠지만 혹시 아직도 연애편지를 쓰는 사람이 누구든 있나요?'라는 뉘앙스)

이 표현에서 anybody가 쓰인 것은 이 문장이 기본적으로 의문문이어서가 아니다. 의문문 중에도 그것이 누구든 간에 그 수가 얼마든 간에, 그런 사람이 (혹시) 있을까 하고 (그렇다면 의아해하고 놀랄 일이라고 전제하며, 즉 회의적이고 부정적인 뉘앙스를 함축하며) 묻는 것이다. 그렇게 일단 적어도 any가 쓰인 표현 안에서는 대부분의 경우 구체적으로 또는 특정적으로 누구인지 또는 수량이 얼마나 되는지 개의치 않으며, 또 대부분의 경우 아마 그런 사람/것이 없겠지만 혹시 있을까를 의심스러워 하면서 또는 부정적인 뉘앙스로 묻는 것이다 (이미 바로 앞에서 이 시대는 글로 편지를 쓰는 시대가 아니라 이메일의 시대라고 했다). 그런 사람이 있는 것으로 전제 또는 가정하거나, 그런 사람이 있음을 실은 알고 있으면서 그렇게 연애편지를 쓰는 사람이 있으면, 그 사람은 손을 들어 보라던지 말해 달라고 하는 표현을 하려면 anybody 대신에 somebody (또는 someone)를 써야 한다.

 example

Woman clerk: I was in California once. How do you get **any** work done with all that sunshine?
Katherine: We tan in class.
Woman clerk: Really?
Katherine: No.

[*Mona Lisa Smile* (2003 film)]

여직원: 저 California 주에 한 번 갔었는데요. 그 모든 (멋진) 햇살에도 불구하고 조금이라도 일이 되나요?

Katherine: 우린 수업 중에 일광욕을 해요.

여직원: 정말요?

Katherine: 아니에요 (농담).

설명 Some (something, someone, somebody, somehow, somewhere)은 한국에서 가르치는 것과 전혀 달리, 음식이나 마실 것을 권하는 경우들을 넘어서 의문문에서도 얼마든지 쓰일 수 있으며, 그러한 경우 some은 질문의 초점인 어떤 또는 어떤 수량의 대상에 관해 권유, 격려, 시인, 전제 등의 긍정적인 뉘앙스를 함축한다.

[의문문에서의 some]

example

Landon: Will you go out with me on Saturday night?

Jamie: Um ... I'm sorry I can't go.

Landon: Oh, um, you have **something** else going on?

Jamie: No, um, it's not that.

Landon: Then what is it?

Jamie: I'm not allowed to date.   [*A Walk To Remember* (2002 film)]

Landon: 토요일 저녁 (밤)에 나랑 데이트 할래?

Jamie: 음 ... 미안해, (데이트) 나갈 수 없어.

Landon: 오, 음, 다른 무슨 일이 있는 모양이지?

Jamie: 아니, 음, 그게 아니야.

Landon: 그럼 뭔데?

Jamie: 나 데이트 하게끔 허용이 안돼 (아빠한테).

설명 이 경우에서는 이 말을 하는 사람인 Landon이 바로 앞에서 Jamie가 갈 수 없다고 한 말을 기반으로 해서, Jamie가 다른 어떤 선약이나 다른 무슨 일이 이미 계획되어 있음을 짐작하거나 전제하는 긍정적인 어감을 가지고 질문하는 것이다. 여기에서 만약 Do you have anything else? 로 표현되었다면 '다른 어떤 일이든 (그게 어떤 종류나 성격의 일이건) 혹시 있어요?' 정도의 의미로, 일의 성격이나 종류에 무관하게 그런 일이 혹시 있는지 하는 의미이며, 종종 의구심이나 부정적 태도를 내포하면서 물어보는 표현이 된다. 한국의 많은 영어 선생님들이나 영어 학습서가 가르치는 것과는 달리, 의문문에서 사용되는 some은 예외적인 경우가 아니라 이렇게 긍정적인 의미를 갖는 some 자신의 독자적인 의미를 전한다.

---

go out 데이트 나가다/하다   **allow** 타동 허용/허락하다

example When you stare into the night sky, is **someone** – or **something** – is staring back? If so, you're not alone.

밤하늘을 들여다 볼 때 누군가 – 또는 무엇인가가 – (당신 쪽을) 바라보고 있나요? 그렇다면 당신 혼자만이 그런 것이 아닙니다.

---

stare 자동 응시/주시하다, 빤히 쳐다보다

Topic

미국인들의 약 30%가 외계인 [extraterrestrial: 발음에 주의 (ek`•strə•tə•res´•trē•əl)]과 비행접시 (flying saucer; UFO (unidentified flying object: 미확인 비행물체)) 등이 존재하고 있다고 믿는다.

설명 ▶ 여기서도 의문문에 someone과 something이 쓰여 있는 것은 밤하늘을 쳐다볼 때 (아마도 아무도 또는 아무것도 없겠지만) 혹시 어떤 누가 또는 무언가 있다고 생각하거나 느끼냐고 물어보는, 즉 그럴 리가 아마 없을 것이라고 보는 부정적인 태도를 나타내거나 부정적인 대답을 기대하는 것이 아니라 (만일 그렇다면 When you stare into the night sky, is anyone – or anything – staring back?이라고 해야 한다), "누군가 또는 무언가가 당신을 바라보고 있지 않나요?" 정도의, 즉 그런 누군가가 또는 무엇인가가 있어서 당신을 바라보고 있다고 느끼거나 생각되지 않느냐는 긍정적인 뉘앙스를 나타낸다.

---

155 next to: 의미 (1) (2) (3)

next to me
내 곁에서, 내게 가까이

구전치사인 (구전치사는 두 개 이상의 낱말들이 모여 의미상 그리고 문법적으로 하나의 총체적인 전치사의 기능을 할 때를 일컫는다) next to는 세 가지 의미를 가질 수 있다.

의미-1 위치나 장소가 '...에 (아주) 가까이, ... 바로 곁에, ...에 인접하여' (close beside; adjacent to).

의미-2 순서, 정도, 질, 수량, 가치, 중요함 등이 '... 바로 다음에, ...을 제외하고' (following in order, degree, quality, quantity, value, importance; aside from).

의미-3 부사적으로 쓰여서 정도, 수량, 수준 등이 '거의, 실질적으로 ...에 가까움' (almost, nearly; practically, virtually)을 나타낸다.

여기서의 next to는 첫 번째 의미로 쓰였다.

There are no pretensions in a diner. The garbageman sits **next to** the college president and the chief of police sits **next to** a longhaired kid.

여기서 두 번째 문장은 and에 의해 두 문장 (등위절/대등절)이 쉼표 (comma) 없이 연결되어 의미의 전달이 불명확한 문장이다. 보다 정확한 문장은: The garbageman sits next to the college president, **and** the chief of police sits next to a longhaired kid.]

다이너에서는 척하는 것이 없다. 쓰레기 청소부가 대학 총장 바로 곁에 앉고 경찰서장이 긴 머리를 한 꼬마 옆에 앉는다.

---

diner 명 다이너. 긴 카운터 (counter)와 벤치 (bench)형 의자와 부스 (booth)형 테이블과 저렴한 가격과 풍부한 음식량을 특징으로 하는 음식점의 일종으로, 미국에서는 특히 동북부에 오랜 전통을 가지고 있다.   **pretention:** (종종 복수형 -s) 명 우쭐거림, 거들먹거림, 중요한 또는 잘난 척   **diner (ˊdī·nər)** 음식점의 일종으로 비교적 작고 길다란 건물에 길다란 카운터에 나란히 앉거나, 등과 등이 붙은 booth에 앉아 식사를 한다. 음식 가격이 저렴하고 주로 전통적인 미국 메뉴를 중심으로 하며, 미국 동북부 주들에 강한 기반을 가지고 있다   **garbageman:** garbage/trash collector; sanitation worker: 쓰레기 청소부   **college president** 대학 총장

의미-2

example Cleanliness is **next to** godliness. (proverb)

깔끔함은 신성함에 버금간다. (속담)

example **Next to** eating and politics, fishing is a holy occupation among Louisianans.

낚시는 (미국의 남부 주인) 루이지애나 사람들 간에는 식사와 정치 바로 다음으로 성스러운 일이다.

---

occupation 명 직업   **Louisianans** 명 미국 남부 Louisiana주 사람

의미-3

example Hitting 800 home runs in major-league baseball is **next to** impossible.

메이저 리그 야구에서 800개의 홈런을 때리는 것은 거의 불가능하다.

example In the booming economy of the late '90s, unemployment was **next to** nothing in many mid- and small-sized cities.

1990년대 후반의 호경기에는 많은 중소 도시들에서는 실업률이 거의 제로였다.

Oliver   (in a soliloquy)What can you say about a **156** 25-year-old **157** girl who died? **158** That she was beautiful and brilliant? That she loved Mozart, Bach, hah, the Beatles … and me?

[Love Story (1970 film)]

Words & Phrases

- **soliloquy** 명 독백
- **brilliant** 형 대단히 명석한. 똑똑하다는 의미인 smart나 bright보다 더욱 (아주 밝게 빛나듯이) 똑똑함을 나타낸다.

장 면 ᐧ ᐧ ᐧ ᐧ

Love Story의 시작 장면에 연결되는 장면으로, Oliver는 한때 자신이 Jennifer에게 하키 스케이팅의 묘기를 보여 주었던 야외 스케이트장을 내려다보는 작은 관중석에 홀로 앉아, 25세의 나이에 백혈병으로 막 세상을 떠난 아내 Jennifer와의 사랑의 여정을 돌이켜 보면서 총정리적인 독백을 한다. 이 영화 전체가 Oliver가 Jennifer와의 사랑을 회고하는 장면들로 구성되어 있다.

번 역 ᐧ ᐧ ᐧ ᐧ

Oliver   (독백으로) (한창 젊은) 25세의 나이에 세상을 떠난 여자에 관해 무슨 말을 할 수 있겠어? (기가 막히고 참담하다는 뉘앙스) 그 애가 아름답고 똑똑했다는 것을 (말할까)? 그 애가 모차르트, 바흐, 하, 비틀즈, 그리고 나를 사랑했다는 것을 (말할까)?

영어의 이해 with Dr. David

156   복수 수사-단수 명사 + 명사

a 25-year-old girl
스물 다섯 난 여자

25년/스물다섯 해라고 하면 twenty-five가 복수 수사이니, 복수 수사의 수식을 받는 명사인 years가 복수형이 되는 것이 마땅하다.

그러나, 여기서는 twenty-five-year라고 복수 수사 뒤에 명사 year가 단수형으로 되어 있다. 이렇게 복수 수사 + 복수 명사가 하나의 전체 (형용사)가 되어 그 뒤에 오는 명사를 수식할 경우 (여기서는 25-year가 뒤에 오는 old와 결합하여 뒤따르는 명사인 girl을 수식한다), 그 복수 명사는 단수형이 된다.
(X) a 25-years-old girl [➡ (113)]

example Picasso donated a **50-foot Cubist sculpture** to the people of Chicago.

Picasso는 50 피트의 입체파 조각 작품을 시카고 사람들에게 기증했다.

The sculpture was 50 feet long. [부사 (50 feet) + 형용사 long]
= It was a 50-foot-long sculpture. [a + 형용사 (50-foot-long) + 명사 (sculpture)]

---

donate 타동 기증하다   **sculpture** 명 조각(예술/작품)

Exercise

■ 다음의 표현을 주어진 영어 어구를 이용하여 영작해 보세요.

피자가 배달되면 배달한 사람에게 적어도 2-3불의 팁을 주어야 합니다.

---

deliver 배달하다. 배달되다: be/get delivered   **deliveryperson** 배달하는 사람
at least 적어도   **2-3불의 팁** a two- or/to three-dollar tip]

[모범영작]

When your pizza is delivered, you should give at least a <u>two-</u> or/to <u>three-dollar</u> <u>tip</u> to the deliveryperson.

---

girl

Cross-reference

boy의 경우:
➡ (253) (255)

배경: 언어문화 ▶ Girl이라고 해서 어린 여자애라든지 소녀라든지 또는 10대까지만 뜻하는 것이 아니다. Girl은 여기에서처럼 성인인 경우라도 wife, girlfriend, 또는 가까운 여자를 애정 또는 친밀감을 표현하기 위해 사용할 수 있어서 (boy의 경우도 마찬가지다), 75세의 남자가 78세의 자기 부인을 girl이라고 부르고 다른 사람에게 소개할 때도 사용할 수 있는 것이다.

그러나 친밀하지 않은 사이에서 (특히 직장에서와 같이 위아래가 있는 상황에서 여자가 아랫사람이거나 18-22세 정도로 나이가 비교적 어리다고 해서) 함부로 girl이라고 부르면, 흔히 그 여자가 모욕적이거나 불쾌하게 받아들이게 된다. **Woman**은 성인인 여자를 남자 (man)와 구별하여 객관적으로 표현하는 말이며, **lady**는 존중하는 태도나 어감을 더하는 말이다. [➡ (336)]

example

Gonna give you all my love, **boy**
My fear is fading fast
Been saving it all for you
'Cause only love can last

[Madonna, *Like a Virgin* (pop song, 1984)]

[(I'm) gonna ...]
[(I've) been saving ...]

당신에게 내 온 사랑을 드릴께요
나의 두려움은 빨리 사라지고 있어요
내 모든 사랑을 당신을 위해 모아 두고 있었어요
사랑만이 영원할 수 있으니까

---

fade 자동 (빛이나 색이) 바래다, (서서히) 사라지다   **save** 타동 저축하다, 모으다
last 자동 지속/계속되다

주목 ▶ 여기서의 'boy'는 소년이나 어린 또는 연하의 남자를 뜻하는 것이 아니다. Boyfriend, girlfriend, 애인, 배우자, 파트너 등 사랑하는 사람을 뜻하거나 부를 때 나이에 무관하게 일상 구어체 또는 비격식체에서 boy와 girl이 자주 사용된다.

example

Today I met the **boy** I'm gonna marry.

He's just what I've been waiting for, oh, yeah.
With every kiss, oh, this is it, my heart keeps saying.
Today I met the **boy** I'm going to marry.

[Darlene Love, *Today I Met the Boy I'm Gonna Marry* (a pop/rock song, 1963)]

오늘 전 결혼할 남자를 만났습니다.
그 사람은 제가 기다려 온 바로 그 사람이죠, 오, 그럼요.
매번 키스는, 오, 바로 이거야라고 제 가슴이 계속 말해 줍니다.
오늘 전 결혼할 남자를 만났습니다.

158 생략: 표현의 경제를 위한 생략 / can = 제안, 부탁, 권고

(Can I say) That she was beautiful and brilliant?
(Can I say) That she loved Mozart, Bach, hah, the Beatles ... and me?

그녀가 아름답고 똑똑했다는 것을 (말할까)? 그녀가 모차르트, 바흐, 하, 비틀즈, 그리고 나를 사랑했다는 것을?

여기서 접속사 that에 의해 이끌리는 이 두 절은 앞에 온 질문인 What can you say ... who died?에 대한 대답이며 say의 목적어인데, 문맥상 뚜렷한 표현의 반복을 피하기 위해 (단 질문에서의 you가 이 대답에서는 I가 되어) Can I say가 생략된 것이다. 그리고 Can I say ...?에서의 can은 상대방으로부터 허락을 구하는 것이 아니라, 상대방에게 제안하거나 원하는 바를 표현하는 어법으로 쓰인 것이다.

즉, Oliver는 Jennifer와의 사랑을 회고하면서 Jennifer가 아름답고 아주 똑똑했으며, 모차르트, 바흐, 비틀즈를 좋아한 만큼이나 자기를 사랑했다는 것을 말하고 싶은 것이다. [➡ (140) (215) (218) (313)]
비교적 앞에 오는 What can you say ... who died?에서의 can은 가능성 (possibility)을 나타낸다.

example When loved ones gather for Thanksgiving, your inclination is to hang out with them, not hover over a hot stove. So, be ready to take the offer from the guests when they ask, "What **can** I bring?"

Thanksgiving (추수감사절, 11월 넷째 목요일)을 위해 사랑하는 사람들이 모일 때 당신이 원하는 것은 그들과 함께 어울리는 것이지 뜨거운 스토브 (요리용 오븐) 위에서 맴도는 것이 아니다. 그러니 손님들이 "제가 뭘 가져 갈까요?" 하고 물으면 (요리를 뭔가 해 가져가겠다는 제안을 하면) 그 제안을 받아들일 준비를 하고 계십시오 (그 제안을 바로 받아 들이십시오).

[혼자서 모든 요리와 준비를 다 하려고 일에 묻혀 있지 말고 필요한 것들은 손님들에게 부탁하고 나눠서 하고 손님들과 어울리면서 좋은 시간을 보내라는 충고]

inclination 명 성향, 취향, 하고 싶은 것, 마음이 끌리는 것   **hover** 자동 공중에서 빙빙 돌다. hover over a hot stove: 뜨거운 화로 위에서 맴돌다. 여기서는 비유적으로 뜨거운 주방에서 혼자서 힘들게 모든 요리와 준비를 하는 모습을 나타낸다

Jake: <u>Can</u> we just skip all this small talk? You know, who are you, who am I, what are we here doing together tonight? When you first meet somebody, you have to be totally honest, because you have nothing to lose.

[*Must Love Dogs* (2005 film)]

Jake: 우리 이 모든 자질구레한 얘기들은 그냥 생략하는 게 어때요? (문맥상) 있잖아요, 당신은 누구인지, 나는 누구인지, 우리 여기서 이 저녁에 뭘 함께 할 건지 그런 것 있죠 (그런 것을 얘기하죠)? 누군가를 처음으로 만날 때는 완전히 솔직해야 해요. 손해 볼 게 없으니까요.

장면 ▶ 30대 중년에 이혼을 한 Jake과 Sarah가 두 번째로 데이트를 하면서 식당에 막 앉았다. Jake가 Sarah에게 이제 서로를 진지하게 알아보자고 제안한다.

The End (Book 1)

Thank you very much for studying Book 1.

I'll be looking forward to seeing you again with Book 2.

INDEX
찾아보기

'뉴 로맨틱 잉글리쉬'에서 설명하고 있는 주요 단어, 구문, 문법, 어법 항목들입니다. 다만 예문 해설에 설명된 항목들과 간접적으로 설명된 항목들은 여기에 포함되어 있지 않습니다.

'뉴 로맨틱 잉글리쉬'에서 설명하고 있는 주요 단어, 구문, 문법, 어법 항목들입니다. 다만 예문 해설에 설명된 항목들과 간접적으로 설명된 항목들은 여기에 포함되어 있지 않습니다.

103. this + 형용사/부사: this = 정도의 지시 부사

104. will = 추측 (현재 또는 미래)

105. a breeze: 유사한 표현들

106. take + 목적어 + to be + 목적 보어

107. 명사 + to-부정사 (타동사): 명사 = 타동사의 목적어

108. do = 강조의 조동사

109. 생략: 표현의 경제를 위한 생략; 명령문: Don't be + 형용사

110. mean + -ing (동명사); mean + to-부정사

111. -ing (동명사)의 부정 = not/never + -ing

112. have to의 부정: do not have to = do not need to, need not

113. 복수 수사-단수 명사 + 명사

114. cannot seem + to-부정사

115. 문장 부사: 기본 유형들

116. then = 결론/결과

117. will = 주어의 의지

118. the: 문맥상 또는 암묵적으로 이해되는 the

119. that ... it

120. have to = 추측: 확실성, 필연성

121. will = 주어의 의지

122. What do you mean(,) ...?

123. if-절 = 양보/인정

124. 짤린 (clipped) to-부정사

125. must = 추측: 확실성, 필요성, 논리성

126. 조동사 + 진행형 = 조동사 + be + -ing

127. Guess what.: 의사소통의 윤활유

128. will = 추측 (현재 또는 미래)

129. 전치사의 생략: (on) + 날(짜)

130. just = 강조 = only; just의 위치 = just + 본동사

131. 목적어 + 주어 + 타동사

132. have got; 've got; got = 소유

133. 관계사 which: 계속적, 설명적 용법

134. goddamn

135. after all: 의미 (1) (2) (3)

136. be going to = 추측: 가능성/순리 + 말하는 이의 의지

137. the: 문맥상 또는 암묵적으로 이해되는 the

138. will = 말하는 이의 의지

139. 부가 의문문: (all) right?, O.K.?, (you) see?, you know?, huh?

140. can = 제안, 부탁, 권고

141. 형용사 = 부사: sure

142. will = 주어의 의지

143. even: 강조의 부사; even의 위치

144. 생략: 주어 + 술부 동사의 생략

145. It is + 성질 형용사 + of + 목적어 (+ to-부정사)

146. Would you ...?: 의미 (1) (2)

147. stop + -ing (동명사); stop + to-부정사

148. oneself (재귀 대명사): 어법 (1) (2)

149. goddamn

150. it = 상황의 it

151. 관계 대명사의 생략: 관계대명사 = 타동사의 목적어

152. Would you ...? = 주문, 부탁, 제안

153. please

154. some: 의문문에 쓰인 some

'뉴 로맨틱 잉글리쉬'에서 설명하고 있는 주요 단어, 구문, 문법, 어법 항목들입니다. 다만 예문 해설에 설명된 항목들과 간접적으로 설명된 항목들은 여기에 포함되어 있지 않습니다.